高等职业教育交通土建类专业教材

道路建筑材料综合实训

主　编　张俊红
参　编　程泽梅　郭慧敏
　　　　李　瑞　仝　佳
主　审　邬培荣

北京理工大学出版社
BEIJING INSTITUTE OF TECHNOLOGY PRESS

内容提要

本书以国家最新颁布的技术标准和技术规范为依据编写。全书共分为四个项目，主要内容包括AC-13沥青混凝土目标配合比设计、C25水泥混凝土配合比设计、水泥稳定级配碎石目标配合比设计、路基填土指标检测。另外，还配套实训记录本。本书内容力求深入浅出，贯彻"以学生为中心，以就业为导向"的方针，编写时始终坚持教学与实践相结合，使学生掌握道路建筑材料的基本理论、基本方法和基本原理，为将来从事道路建筑工作打下扎实的实践基础。

本书可作为高职院校道路桥梁工程技术等相关专业的教材，也可作为工程技术人员的学习参考书。

版权专有　侵权必究

图书在版编目(CIP)数据

道路建筑材料综合实训／张俊红主编．—北京：北京理工大学出版社，2017.4（2020.8重印）
ISBN 978-7-5682-3801-4

Ⅰ.①道… Ⅱ.①张… Ⅲ.①道路工程－建筑材料 Ⅳ.①U414

中国版本图书馆CIP数据核字(2017)第047724号

出版发行／北京理工大学出版社有限责任公司	
社　　址／北京市海淀区中关村南大街5号	
邮　　编／100081	
电　　话／(010)68914775(总编室)	
(010)82562903(教材售后服务热线)	
(010)68948351(其他图书服务热线)	
网　　址／http://www.bitpress.com.cn	
经　　销／全国各地新华书店	
印　　刷／北京紫瑞利印刷有限公司	
开　　本／787毫米×1092毫米　1/16	
印　　张／24.5	责任编辑／封　雪
字　　数／596千字	文案编辑／封　雪
版　　次／2017年4月第1版　2020年8月第2次印刷	责任校对／周瑞红
定　　价／49.80元（含实训记录本）	责任印制／边心超

图书出现印装质量问题，请拨打售后服务热线，本社负责调换

前 言

"道路建筑材料综合实训"是道路桥梁工程类专业的一门实训课。课程内容的选择首先根据道路桥梁工程类专业人才培养目标和职业能力要求,并结合公路工程材料试验检测员从业资格证书中相关考核要求,由学校专任教师、行业和企业专家合作共同进行。课程内容与生产一线的实际需要紧密结合,主要训练学生的砂石材料、沥青、水泥等原材料和沥青混合料、水泥混凝土、水稳碎石等混合料常规指标的检测技能,同时在进行沥青混合料、水泥混凝土、水稳碎石配合比设计过程中培养学生分析问题、解决问题的能力,形成诚实、守信、善于沟通、善于合作、科学严谨的职业素养,养成爱护仪器设备、正确使用仪器设备、安全用电、节约用电用水的良好习惯。

本书在编写过程中以交通部最新颁布的技术标准和技术规范为依据,内容力求深入浅出,注重学习者的技能训练和综合素质的提高,将知识学科本位变为职业能力本位,以"工作项目"为主线,创设工作情境,紧紧围绕典型工作任务的需要来组织课程内容,以提高学生的专业技术能力。本书在编写过程中,直接面向确定的工作岗位,应用性强。

本书共分四个项目,实训时可以根据课时及硬件条件进行项目选择。课程教学通过具体的教学项目来完成,实行"理实一体化"教学,教学评价采用过程评价与"材料试验工"应知应会技能考核相结合,体现职业技术教育的特色。

全书由山西交通职业技术学院张俊红担任主编,山西省交通建设质量安全监督局试验检测处程泽梅,山西交通职业技术学院郭慧敏、李瑞、仝佳参与了本书编写工作。具体编写分工为:张俊红编写项目一(包括试验检测记录表及报告表);李瑞和郭慧敏编写项目二(包括试验检测记录表及报告表);仝佳编写项目三(包括试验检测记录表及报告表);程泽梅编写项目四(包括试验记录表及报告表)。全书由山西交通职业技术学院公路工程乙级资质检测中心邬培荣主审。

本书在编写过程中得到了山西协力监理有限公司、山西公路局晋中公路分局实验室的大力支持，在此致以衷心的感谢。

由于编者水平有限，书中难免有不妥和谬误之处，恳请各位同仁、读者批评指正，提出您宝贵的意见。

编　者

目 录

项目一　AC-13 沥青混凝土目标配合比设计 …………………… 1

任务一　集料的指标检测 ………………………………………………5
　　一、粗集料的指标检测 …………………………………………………6
　　二、细集料的指标检测 …………………………………………………23
　　三、矿粉的指标检测 ……………………………………………………33
　　四、矿质混合料的组成设计 ……………………………………………37

任务二　沥青的指标检测 ………………………………………………40
　　一、检测各项技术指标，填写检测记录表 ……………………………40
　　二、编制检测报告 ………………………………………………………58

任务三　最佳沥青用量设计 ……………………………………………60
　　一、成型马歇尔试件 ……………………………………………………60
　　二、检测各项物理力学指标，填写试验检测记录表 …………………65
　　三、确定沥青混合料的最佳沥青用量（OAC），填写试验检测记录表 ……78
　　四、编制检测报告 ………………………………………………………80

任务四　出具配合比设计报告书 ………………………………………81
　　一、配合比设计报告书包含内容 ………………………………………81
　　二、配合比报告书格式要求 ……………………………………………81

项目二　C25 水泥混凝土配合比设计 ……………………………… 83

任务一　集料的指标检测 ………………………………………………86
　　一、粗集料的技术指标检测 ……………………………………………86
　　二、天然砂的技术指标检测 ……………………………………………94

任务二　水泥的指标检测 ………………………………………………99
　　一、检测各项技术指标，填写试验检测记录表 ………………………99

二、编制检测报告 ··117
　任务三　确定试验室配合比 ··119
　　一、确定试验室配合比，填写试验检测记录表 ·····························119
　　二、编制检测报告 ··137
　任务四　出具配合比设计报告书 ···137
　　一、配合比设计报告书包含内容 ···137
　　二、配合比报告书格式要求 ···138

项目三　水泥稳定级配碎石目标配合比设计 ································**139**
　任务一　组成材料的指标检测 ···142
　　一、粗集料的指标检测 ···142
　　二、细集料的指标检测 ···145
　　三、矿质混合料的组成设计 ···149
　　四、水泥的指标检测 ··150
　任务二　确定最佳水泥剂量 ··150
　　一、确定最佳水泥剂量，填写试验检测记录表 ·····························151
　　二、编制检测报告 ··165
　任务三　出具配合比设计报告书 ···166
　　一、配合比设计报告书包含内容 ···166
　　二、配合比报告书格式要求 ···166

项目四　路基填土指标检测 ··**167**
　任务一　路基填土的命名 ···168
　　一、测定颗粒组成及塑性指数 ···169
　　二、编制检测报告 ··174
　任务二　路基填土的技术指标检测 ··180
　　一、检测各项技术指标，填写试验检测记录表 ·····························180
　　二、编制检测报告 ··190
　任务三　出具检验报告书 ···191
　　一、检验报告书包含内容 ··191
　　二、检验报告书格式要求 ··191

参考文献 ··193

项目一　AC-13 沥青混凝土目标配合比设计

【项目描述】

沥青混合料的质量，一方面取决于原材料的质量，另一方面取决于原材料的配合比例。在沥青路面施工准备阶段，必须完成所用沥青混合料的配合比设计。沥青混合料配合比设计包括目标配合比设计、生产配合比设计和生产配合比验证3个阶段。各阶段的工作内容虽有所不同，但每个阶段最终需要解决的问题是相同的，一是确定矿料的配合比例，二是确定沥青用量。目标配合比设计是在试验室内完成的，是混合料配合组成的初级阶段，包括原材料的试验、混合料组成设计试验和验证试验，在此基础上提出的配合比例称为目标配合比。

完成沥青混合料的目标配合比设计首先应对原材料进行检验，目的是为混合料选择质量符合要求的原材料并且为配合比计算提供数据，结合原材料检验提供的数据，利用试算法或图解法确定矿质混合料的配合比例。再根据混合料性能指标的技术要求，在检测沥青混合料性能指标的基础上，利用马歇尔试验法，得出最佳沥青用量。

本项目是完成沥青混凝土的目标配合比设计，包括集料的指标检测、沥青的指标检测、最佳沥青用量设计、出具配合比报告书4个任务。学生通过系统完整的训练，能掌握沥青混合料所用原材料及沥青混合料的技术指标的检测技能，并能评价其质量；能简要分析影响沥青混合料质量的因素，能掌握沥青混合料的配合比设计方法步骤。

【设计资料】

在太原地区新建二级公路，沥青路面上面层采用 AC-13 普通沥青混凝土面层，施工单位将 AC-13 沥青混凝土目标配合比设计任务外委至山西交通职业技术学院公路交通试验检测中心完成。

山西交通职业技术学院公路交通试验检测中心具有公路工程试验检测综合乙级资质，该检测中心下设集料室、水泥室、水泥混凝土室、水泥混凝土试块标准养护室、沥青室、沥青混合料室、土工室、基层材料室、化学室、力学室等功能室。检测中心办公室接待人员与客户洽谈后，送样人员填写了试验委托单(附表1.1)，样品管理员接收并签字，同时根据试验委托单约定的检测任务对各功能室下发任务单(附表1.2～附表1.4)。

【实训任务】

学生模拟检测中心各功能室的检测人员，完成各功能室所接收到的任务单(附表2～附表4)所要求的检测任务。

完成本项目需要两名指导教师，其职责除指导学生实训外，其中一名模拟检测中心技术负责人，负责签发检测报告。

附表1.1 山西交通职业技术学院
公路交通试验检测中心检验委托单

编号：WT-20160313-018

工程名称		×××二级公路		委托单位		山西省×××路桥建设有限公司
使用部位		沥青混凝土路面上面层		日期		2016.3.13
试样情况	名称	规格	产地	数量	用途	样品状态
	碎石	10～15 mm	寿阳	100 kg	配合比设计	干燥、洁净、无杂质
	碎石	5～10 mm	寿阳	100 kg	配合比设计	干燥、洁净、无杂质
	石屑	0～5 mm	寿阳	100 kg	配合比设计	干燥、洁净、无杂质
	天然砂	—	忻州	100 kg	配合比设计	干燥、洁净、无杂质
	矿粉	—	寿阳	50 kg	配合比设计	干燥、洁净、无杂质
	道路石油沥青	70#A级	壳牌	20 kg	配合比设计	黑色，黏稠固体，无污染
	—	—	—	—	—	—
	—	—	—	—	—	—
	—	—	—	—	—	—
双方约定事项(检测项目、方法及其他)		检测项目：1. 原材料检验 2. 矿料级配比例设计 3. 最佳油石比 检测依据：JTG F40—2004 试验依据：JTG E20—2011，JTG E42—2005 其他：1. 使用该AC-13沥青混凝土工程位于太原地区 2. 矿质混合料级配范围按JTG E42—2005要求 3. 2016年3月28日取检验报告				
试验室对委托试样意见		样品数量及状态满足试验要求				
送样人		×××	接收人	×××	见证人	×××
联系电话		×××	联系电话	×××	联系电话	×××

说明：本委托书一式两联，第一联交委托单位存留，第二联主检单位存留。

附表1.2　山西交通职业技术学院
公路交通试验检测中心检测项目任务单

任务通知部门：　　　　　　　　　　　　　　　　　　　集料室任务单编号：RW-2016-020

样品名称	规格型号	样品编号	样品数量	样品状态描述
碎石	10～15 mm	YP-2016-CJL-013	100 kg	干燥、洁净、无杂质
碎石	5～10 mm	YP-2016-CJL-014	100 kg	干燥、洁净、无杂质
石屑	0～5 mm	YP-2016-CJL-015	100 kg	干燥、洁净、无杂质
天然砂	—	YP-2016-XJL-010	100 kg	干燥、洁净、无杂质
矿粉	—	YP-2016-KFJ-002	50 kg	干燥、洁净、无杂质
—	—	—	—	—
要求检测项目、参数	1. 碎石：压碎值，磨耗值，颗粒级配，表观相对密度，毛体积相对密度，吸水率，针、片状颗粒含量 　　石屑：颗粒级配、表观相对密度、毛体积相对密度 　　天然砂：颗粒级配、表观相对密度、含泥量 　　矿粉：颗粒级配、矿粉密度 2. 矿质混合料的配合比例			
试验依据	JTG E42—2005			
试验方法	T 0316—2005，T 0317—2005，T 0304—2005，T 0308—2005，T 0312—2005，T 0302—2005，T 0327—2005，T 0328—2005，T 0333—2000，T 0334—2005，T 0351—2000，T 0352—2000			
是否存留样	否	剩余样品处理方式	自行转沥青混合料室	
要求完成时间	2016.3.16			
样品管理员	×××	通知日期	2016.3.13	
集料室负责人	×××	接收日期	2016.3.13	
备注	集料均用于AC-13沥青混凝土，矿质混合料级配范围按JTG E42—2005要求。			

注：本任务单一式两联，第一联交付试验检测人员存留，第二联办公室存留。

附表1.3 山西交通职业技术学院
公路交通试验检测中心检测项目任务单

任务通知部门：沥青室   任务单编号：RW-2016-021

样品名称	规格型号	样品编号	样品数量	样品状态描述
道路石油沥青	70#A	YP-2016-LQJ-003	20 kg	黑色，黏稠固体，无污染
—	—	—	—	—
—	—	—	—	—
—	—	—	—	—
—	—	—	—	—
要求检测项目、参数	沥青的相对密度、针入度、延度、软化点			
试验依据	JTG E20—2011			
试验方法	T 0604—2011，T 0605—2011，T 0606—2011			
是否存留样	留样	剩余样品处理方式	自行转沥青混合料室	
要求完成时间	2016.3.14			
样品管理员	×××	通知日期	2016.3.13	
沥青室负责人	×××	接收日期	2016.3.13	
备注	使用该沥青工程位于太原地区			

注：本任务单一式两联，第一联交付试验检测人员存留，第二联办公室存留。

附表1.4 山西交通职业技术学院
公路交通试验检测中心检测项目任务单

任务通知部门：沥青混合料室   任务单编号：RW-2016-022

样品名称	规格型号	样品编号	样品数量	样品状态描述
碎石	10～15 mm	YP-2016-CJL-013	100 kg	干燥、洁净、无杂质
碎石	5～10 mm	YP-2016-CJL-014	100 kg	干燥、洁净、无杂质
石屑	3～5 mm	YP-2016-CJL-015	100 kg	干燥、洁净、无杂质
天然砂	—	YP-2016-XJL-010	100 kg	干燥、洁净、无杂质
矿粉	—	YP-2016-KFJ-002	50 kg	干燥、洁净、无杂质
道路石油沥青	70#A	YP-2016-LQL-003	20 kg	黑色，黏稠固体，无污染
要求检测项目、参数	AC-13沥青混凝土的最佳油石比			
试验依据	JTG E20—2011			
试验方法	T 0702—2011，T 0709—2011，T 0719—2011			
是否存留样	道路石油沥青留样，其他样品不留样	剩余样品处理方式	自行转学生实训场所	
要求完成时间	2016.3.19			
样品管理员	×××	通知日期	2016.3.13	
沥青混合料室负责人	×××	接收日期	2016.3.13	
备注	1. 矿料配合比例依据集料室试验结果 2. 该AC-13沥青混凝土使用工程位于太原地区，用于二级公路上面层			

注：本任务单一式两联，第一联交付试验检测人员存留，第二联办公室存留。

【知识回顾】

沥青混凝土配合比设计流程

沥青混合料配合比设计方法根据《公路沥青路面施工技术规范》(JTG F40—2004)采用马歇尔试验法。当采用其他方法设计沥青混合料配合比时,应进行马歇尔试验及各项配合比设计检验,并报告不同设计方法的试验结果。

密级配沥青混凝土及沥青稳定碎石混合料目标配合比设计按附图1.1流程进行。

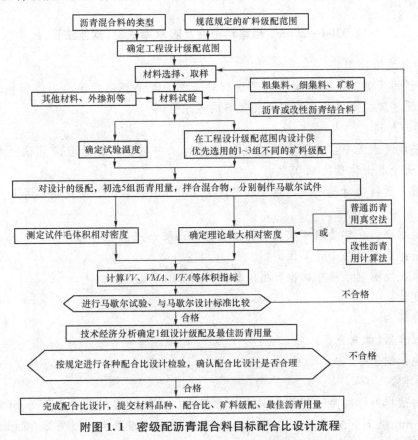

附图1.1 密级配沥青混合料目标配合比设计流程

任务一 集料的指标检测

【任务描述】

本任务是学生模拟检测中心集料室试验检测员独立完成"附表1.2"任务单中10~15 mm碎石、5~10 mm碎石、0~5 mm石屑、天然砂、矿粉的技术指标检测任务,完成五种矿料的级配组成设计,正确完整填写检验记录表,并编制检验报告。

一、粗集料的指标检测

1. 检测各项技术指标，填写试验检测记录表

检测 10~15 mm、5~10 mm 碎石的各项技术指标，检验依据为《公路工程集料试验规程》(JTG E42—2005)。

(1)测定表观密度、表观相对密度、毛体积密度、毛体积相对密度、吸水率。

1)试验方法。

T 0304—2005　粗集料密度及吸水率试验(网篮法)

1. 目的与适用范围

本方法适用于测定各种粗集料的表观相对密度、表干相对密度、毛体积相对密度、表观密度、表干密度、毛体积密度以及粗集料的吸水率。

2. 仪具与材料

(1)天平或浸水天平：可悬挂吊篮测定集料的水中质量，称量应满足试样数量称量要求，感量不大于最大称量的 0.05%。

(2)吊篮：耐锈蚀材料制成，直径和高度为 150 mm 左右，四周及底部用 1~2 mm 的筛网编制或具有密集的孔眼。

(3)溢流水槽：在称量水中质量时能保持水面高度一定。

(4)烘箱：能控温在 105 ℃±5 ℃。

(5)毛巾：纯棉制，洁净，也可用纯棉的汗衫布代替。

(6)温度计。

(7)标准筛。

(8)盛水容器(如搪瓷盘)。

(9)其他：刷子等。

3. 试验准备

3.1　将试样用标准筛过筛除去其中的细集料，对较粗集料可用 4.75 mm 筛过筛，对 2.36~4.75 mm 集料，或者混在 4.75 mm 以下石屑中的粗集料，则用 2.36 mm 标准筛过筛，用四分法或分料器法缩分至要求的质量，分两份备用。对沥青路面用粗集料，对不同规格的集料分别测定，不得混杂，所取的每一份集料试样应基本上保持原有的级配。在测定 2.36~4.75 mm 的粗集料时，试验过程中应特别小心，不得丢失集料。

3.2　经缩分后供测定密度和吸水率的粗集料质量应符合表 T 0304—1 的规定。

表 T 0304—1　测定密度所需要的试样最小质量

公称最大粒径/mm	4.75	9.5	16	19	26.5	31.5	37.5	63	75
每一份试样的最小质量/kg	0.8	1	1	1	1.5	1.5	2	3	3

3.3　将每一份集料试样浸泡在水中，并适当搅动，仔细洗去附在集料表面的尘土和石粉，经多次漂洗干净至水完全清澈为止。清洗过程中不得散失集料颗粒。

4. 试验步骤

4.1　取试样一份装入干净的搪瓷盘中，注入洁净的水，水面至少应高出试样 20 mm，轻轻搅动石料,使附着在石料上的气泡完全逸出。在室温下保持浸水 24 h。

4.2 将吊篮挂在天平的吊钩上,浸入溢流水槽中,向溢流水槽中注水,水面高度至水槽的溢流孔为止,将天平调零。吊篮的筛网应保证集料不会通过筛孔流失,对 2.36～4.75 mm 粗集料应更换小孔筛网,或在网篮中加入一个浅盘。

4.3 调节水温在 15 ℃～25 ℃ 范围内。将试样移入吊篮中。溢流水槽中的水面高度由水槽的溢流孔控制,维持不变。称取集料的水中质量(m_w)。

4.4 提起吊篮,稍稍滴水后,将试样倒入浅搪瓷盘中,或直接将粗集料倒在拧干的湿毛巾上。将较细的粗集料(2.36～4.75 mm)连同浅盘一起取出,稍稍倾斜搪瓷盘,仔细倒出余水,将粗集料倒在拧干的湿毛巾上,用毛巾吸走从集料中漏出的自由水。此步骤需特别注意不得有颗粒丢失,或有小颗粒附在吊篮上。再用拧干的湿毛巾轻轻擦干集料颗粒的表面水,至表面看不到发亮的水迹,即为饱和面干状态。当粗集料尺寸较大时,宜逐颗擦干。注意对较粗的粗集料,拧湿毛巾时不要太用劲,防止拧得太干。对较细的含水较多的粗集料,毛巾可拧得稍干些。擦颗粒的表面水时,既要将表面水擦掉,又千万不能将颗粒内部的水吸出。整个过程中不得有集料丢失,且已擦干的集料不得继续在空气中放置,以防止集料干燥。

注:对 2.36～4.75 mm 集料,用毛巾擦拭时容易黏附细颗粒集料从而造成集料损失,此时宜改用洁净的纯棉汗衫布擦拭至表干状态。

4.5 立即在保持表干状态时,称取集料的表干质量(m_f)。

4.6 将集料置于浅盘中,放入 105 ℃±5 ℃ 的烘箱中烘干至恒重。取出浅盘,放在带盖的容器中冷却至室温,称取集料的烘干质量(m_a)。

注:恒重是指相邻两次称量间隔时间大于 3 h 的情况下,其前后再次称量之差小于该项试验要求的精密度,即 0.1%。一般在烘箱中烘烤的时间不得少于 4～6 h。

4.7 对同一规格的集料应平行试验两次,取平均值作为试验结果。

5. 计算

5.1 表观相对密度 γ_a、表干相对密度 γ_s、毛体积相对密度 γ_h 按式(T 0304—1)、式(T 0304—2)、式(T 0304—3)计算至小数点后 3 位。

$$\gamma_a = \frac{m_a}{m_a - m_w} \quad \text{(T 0304—1)}$$

$$\gamma_s = \frac{m_f}{m_f - m_w} \quad \text{(T 0304—2)}$$

$$\gamma_h = \frac{m_a}{m_f - m_w} \quad \text{(T 0304—3)}$$

式中 γ_a——集料的表观相对密度,量纲为1;
γ_s——集料的表干相对密度,量纲为1;
γ_h——集料的毛体积相对密度,量纲为1;
m_a——集料的烘干质量(g);
m_f——集料的表干质量(g);
m_w——集料的水中质量(g)。

5.2 集料的吸水率以烘干试样为基准,按式(T 0304—4)计算,准确至 0.01%。

$$w_x = \frac{m_f - m_a}{m_a} \times 100\% \quad \text{(T 0304—4)}$$

式中 w_x——粗集料的吸水率(%)。

5.3 粗集料的表观密度(视密度)ρ_a、表干密度ρ_s、毛体积密度ρ_b，按式(T 0304－5)、式(T 0304－6)、式(T 0304－7)计算，准确至小数点后3位。不同水温条件下测量的粗集料表观密度需进行水温修正，不同试验温度下水的密度ρ_T及水的温度修正系数α_T按表T 0304－2选用。

$$\rho_a = \gamma_a \times \rho_T \text{ 或 } \rho_a = (\gamma_a - \alpha_T) \times \rho_W \qquad (T\ 0304-5)$$
$$\rho_s = \gamma_s \times \rho_T \text{ 或 } \rho_s = (\gamma_s - \alpha_T) \times \rho_W \qquad (T\ 0304-6)$$
$$\rho_b = \gamma_b \times \rho_T \text{ 或 } \rho_b = (\gamma_b - \alpha_T) \times \rho_W \qquad (T\ 0304-7)$$

式中 ρ_a——粗集料的表观密度(g/cm^3)；
　　 ρ_s——粗集料的表干密度(g/cm^3)；
　　 ρ_b——集料的毛体积密度(g/cm^3)；
　　 ρ_T——试验温度T时水的密度，按表T 0304－2取用；
　　 α_T——试验温度T时的水温修正系数，按表T 0304－2取用；
　　 ρ_W——水在4℃时的密度(1.000 g/cm^3)。

表 T 0304－2 不同水温时水的密度及水温修正系数 α_T

水温/℃	15	16	17	18	19	20
水的密度ρ_T/(g·cm^{-3})	0.999 13	0.998 97	0.998 80	0.998 62	0.998 43	0.998 22
水温修正系数α_T	0.002	0.003	0.003	0.004	0.004	0.005
水温/℃	21	22	23	24	25	
水的密度ρ_T/(g·cm^{-3})	0.998 02	0.997 79	0.997 56	0.997 33	0.997 02	
水温修正系数α_T	0.005	0.006	0.006	0.007	0.007	

6. 精密度或允许差

重复试验的精密度，对表观相对密度、表干相对密度、毛体积相对密度，两次结果相差不得超过0.02，对吸水率不得超过0.2%。

2)完成本试验需思考的问题提示。完成"粗集料密度及吸水率试验"需思考的问题及提示见表1.1.1。

表1.1.1 完成"粗集料密度及吸水率试验"需思考的问题及提示

序号	问题	提示	备注
1	试样过筛要求	根据本试验3.1条确定	—
2	10～15 mm碎石、5～10 mm碎石的取样方法	根据本试验3.1条确定	思考四分法缩分取样步骤
3	测定10～15 mm、5～10 mm碎石密度的取样数量	根据本试验3.2条确定	思考"每份试样最小质量"的含义
4	结果计算至小数点后几位	根据本试验5.1条确定	根据"数据修约规则"进行修约
5	重复试验的精密度超过要求怎么办	正确理解本试验6条的要求	思考"什么是重复性试验"
6	试样需浸水24 h	—	注意时间的统筹安排
7	试验中用到浸水天平	—	思考是否掌握浸水天平的正确操作步骤

3)填写试验检测记录表。

①试验检测记录表格式说明。

《公路试验检测数据报告编制导则》(JT/T 828—2012)规定公路工地试验室及等级试验检测机构的试验检测数据记录表格式分为标题区、基本信息区、检验数据区、附加声明区及落款区。具体格式见图1.1.1。

| ××××试验检测记录表 | | 第×页，共×页
×J××××× | 标题区 |

试验室名称：		记录编号：	
工程部位/用途		委托/任务编号	
试验依据		样品编号	
样品名称		样品描述	
试验条件		试验日期	
主要仪器及编号			

（基本信息区）

（检验数据区）

| 备注： | | （附加声明区） |

| 试验： | 复核： | 日期： 年 月 日 | 落款区 |

图1.1.1　试验检测记录表格式图

②"粗集料密度及吸水率试验检测记录表"填写要求见表 1.1.2。

表 1.1.2 "粗集料密度及吸水率试验检测记录表"填写要求

记录表名称	代号	填写要求
粗集料密度及吸水率试验检测记录表	本项目 JJ0208a	1. 基本信息区参照任务单内容填写，"试验条件"为环境条件，"样品名称"中标注规格 2. 主要仪器设备名称要填写 3. 数据区用铅笔填写，教师批阅后可修改 4. 落款区"试验"处要本人签名；"复核"处要小组长签名 5. 10～15 mm 和 5～10 mm 分别填写各自记录表 6. 空白格中打横杠

(2)测定 10～15 mm、5～10 mm 碎石的颗粒级配。
1)试验方法。

T 0302—2005 粗集料及集料混合料的筛分试验

1. 目的与适用范围

1.1 测定粗集料(碎石、砾石、矿渣等)的颗粒组成。对水泥混凝土用粗集料可采用干筛法筛分，对沥青混合料及基层用粗集料必须采用水洗法试验。

1.2 本方法也适用于同时含有粗集料、细集料、矿粉的集料混合料筛分试验，如未筛碎石、级配碎石、天然砂砾、无机结合料稳定基层材料、沥青拌合楼的冷料混合料、热料仓材料、沥青混合料经溶剂抽提后的矿料等。

2. 仪具与材料

(1)试验筛：根据需要选用规定的标准筛。
(2)摇筛机。
(3)天平或台秤：感量不大于试样质量的 0.1%。
(4)其他：盘子、铲子、毛刷等。

3. 试验准备

按规定将来料用分料器或四分法缩分至表 T 0302—1 要求的试样所需量，风干后备用。根据需要可按要求的集料最大粒径的筛孔尺寸过筛，除去超粒径部分颗粒后，再进行筛分。

表 T 0302—1 筛分用的试样质量

公称最大粒径/mm	75	63	37.5	31.5	26.5	19	16	9.5	4.75
试样质量不少于/kg	10	8	5	4	2.5	2	1	1	0.5

4. 水泥混凝土用粗集料干筛法试验步骤

4.1 取试样一份置于 105 ℃±5 ℃烘箱中烘干至恒重，称取干燥集料试样的总质量(m_0)，精确至 0.1%。

4.2 用搪瓷盘作筛分容器，按筛孔大小排列顺序逐个将集料过筛。人工筛分时，需使集料在筛面上同时有水平方向及上下方向的不停顿的运动，使小于筛孔的集料通过筛孔，直至 1 min 内通过筛孔的质量小于筛上残余量的 0.1%为止；当采用摇筛机筛分时，应在摇筛机筛分后再逐个由人工补筛。将筛出通过的颗粒并入下一号筛，和下一号筛中的试样一起过筛,顺序进行,直至各号筛全部筛完为止。应确认 1 min 内通过筛孔的质量确实小于筛上残余量的 0.1%。

注:由于 0.075 mm 筛干筛几乎不能把沾在粗集料表面的小于 0.075 mm 部分的石粉筛过去,而且对水泥混凝土用粗集料而言,0.075 mm 通过率的意义不大,所以也可以不筛,且把通过 0.15 mm 筛的筛下部分全部作为 0.075 mm 的分计筛余,将粗集料的 0.075 mm 通过率假设为 0。

4.3 如果某个筛上的集料过多,影响筛分作业时,可以分两次筛分。当筛余颗粒的粒径大于 19 mm 时,筛分过程中允许用手指轻轻拨动颗粒,但不得逐颗塞过筛孔。

4.4 称取每个筛上的筛余量,精至总质量的 0.1%。各筛分计筛余量及筛底存量的总和与筛分前试样的干燥总质量 m_0 相比,相差不得超过 m_0 的 0.5%。

5. 沥青混合料及基层用粗集料水洗法试验步骤

5.1 取一份试样,将试样置于 105 ℃±5 ℃烘箱中烘干至恒重,称取干燥集料试样的总质量(m_3),准确至 0.1%。

注:恒重是指相邻两次称量间隔时间大于 3 h(通常不少于 6 h)的情况下,前后两次称量之差小于该项试验所要求的称量精密度。下同。

5.2 将试样置一洁净容器中,加入足够数量的洁净水,将集料全部淹没,但不得使用任何洗涤剂、分散剂或表面活性剂。

5.3 用搅棒充分搅动集料,使集料表面洗涤干净,使细粉悬浮在水中,但不得破碎集料或有集料从水中溅出。

5.4 根据集料粒径大小选择组成一组套筛,其底部为 0.075 mm 标准筛,上部为 2.36 mm 或 4.75 mm 筛。仔细将容器中混有细粉的悬浮液倒出,经过套筛流入另一容器中,尽量不将粗集料倒出,以免损坏标准筛筛面。

注:无须将容器中的全部集料都倒出,只倒出悬浮液。且不可直接倒至 0.075 mm 筛上,以免集料掉出损坏筛面。

5.5 重复步骤 5.2~5.4,直至倒出的水洁净为止,必要时可采用水流缓慢冲洗。

5.6 将套筛每个筛子上的集料及容器中的集料全部回收在一个搪瓷盘中,容器上不得有黏附的集料颗粒。

注:沾在 0.075 mm 筛面上很难回收的细粉扣入搪瓷盘中,此时需将筛子倒扣在搪瓷盘上用少量的水并助以毛刷将细粉刷落入搪瓷盘中,并注意不要散失。

5.7 在确保细粉不散失的前提下,小心泌去搪瓷盘中的积水,将搪瓷盘连同集料一起置 105 ℃±5 ℃烘箱中烘干至恒重,称取干燥集料试样的总质量(m_4),准确至 0.1%。以 m_3 与 m_4 之差作为 0.075 mm 的筛下部分。

5.8 将回收的干燥集料按干筛方法筛分出 0.075 mm 的筛以上各筛的筛余量,此时 0.075 mm 筛下部分应为 0,如果尚能筛出,则应将其并入水洗得到的 0.075 mm 的筛下部分,且表示水洗得不干净。

6. 计算

6.1 干筛法筛分结果的计算。

6.1.1 计算各筛分计筛余量及筛底存量的总和与筛分前试样的干燥总质量 m_0 之差,作为筛分时的损耗,并计算损耗率,记入记录表中,若损耗率大于 0.3%,应重新进行试验。

$$m_5 = m_0 - (\sum m_i + m_{底}) \tag{T 0302-1}$$

式中 m_5——由于筛分造成的损耗(g);
m_0——用于干筛的干燥集料总质量(g);
m_i——各号筛上的分计筛余(g);
i——依次为 0.075 mm,0.15 mm,…,至集料最大粒径的排序;
$m_{底}$——筛底(0.075 mm 以下部分)集料总质量(g)。

6.1.2 干筛分计筛余百分率。
干筛后各号筛上的分计筛余百分率按式(T 0302-2)计算,精确至 0.1%。

$$p'_i = \frac{m_i}{m_0 - m_5} \times 100\% \tag{T 0302-2}$$

式中 p'_i——各号筛上的分计筛余百分率(%);
m_5——由于筛分造成的损耗(g);
m_0——用于干筛的干燥集料总质量(g);
m_i——各号筛上的分计筛余(g);
i——依次为 0.075 mm,0.15 mm,…,至集料最大粒径的排序。

6.1.3 干筛累计筛余百分率。
各号筛的累计筛余百分率为该号筛以上各号筛的分计筛余百分率之和,精确至 0.1%。

6.1.4 干筛各号筛的质量通过百分率。
各号筛的质量通过百分率 P_i 等于 100 减去该号筛累计筛余百分率,精确至 0.1%。

6.1.5 由筛底存量除以扣除损耗后的干燥集料总质量计算 0.075 mm 筛的通过率。

6.1.6 试验结果以两次试验的平均值表示,精确至 0.1%。当两次试验结果 $P_{0.075}$ 的差值超过 1% 时,试验应重新进行。

6.2 水筛法筛分结果的计算。

6.2.1 按式(T 0302-3)、式(T 0302-4)计算粗集料中 0.075 mm 筛下部分质量 $m_{0.075}$ 和含量 $P_{0.075}$,精确至 0.1%。当两次试验结果 $P_{0.075}$ 的差值超过 1% 时,试验应重新进行。

$$m_{0.075} = m_3 - m_4 \tag{T 0302-3}$$

$$P_{0.075} = \frac{m_{0.075}}{m_3} = \frac{m_3 - m_4}{m_3} \times 100\% \tag{T 0302-4}$$

式中 $P_{0.075}$——粗集料中小于 0.075 mm 的含量(通过率)(%);
$m_{0.075}$——粗集料中水洗得到的小于 0.075 mm 部分的质量(g);
m_3——用于水洗的干燥粗集料总质量(g);
m_4——水洗后的干燥粗集料总质量(g)。

6.2.2 计算各筛分计筛余量及筛底存量的总和与筛分前试样的干燥总质量 m_4 之差,作为筛分时的损耗,并计算损耗率,若大于 0.3%,应重新进行试验。

$$m_5 = m_3 - (\sum m_i + m_{0.075}) \tag{T 0302-5}$$

式中 m_5——由于筛分造成的损耗(g);
m_3——用于水筛筛分的干燥集料总质量(g);
m_i——各号筛上的分计筛余(g);
i——依次为 0.075 mm,0.15 mm,…,至集料最大粒径的排序;
$m_{0.075}$——水洗后得到的 0.075 mm 以下部分质量(g),即 $m_3 - m_4$。

6.2.3 计算其他筛的分计筛余百分率、累计筛余百分率、质量通过百分率，计算方法与6.1干筛法相同。当干筛筛分有损耗时，应按6.1的方法从总质量中扣除损耗部分，将计算结果分别记入记录表中。

6.2.4 试验结果以两次试验的平均值表示。

7. 报告

7.1 筛分结果以各筛孔的质量通过百分率表示。

7.2 对用于沥青混合料、基层材料配合比设计用的集料，宜绘制集料筛分曲线，其横坐标为筛孔尺寸的0.45次方，纵坐标为普通坐标。

7.3 同一种集料至少取两份试样平行试验两次，取平均值作为每号筛上余量的试验结果，报告集料级配组成通过百分率及级配曲线。

2)完成本试验需思考的问题提示。完成"粗集料筛分试验"需思考的问题及提示见表1.1.3。

表1.1.3 完成"粗集料筛分试验"需思考的问题及提示

序号	问题	提示	备注
1	10～15 mm、5～10 mm 碎石的取样方法	四分法缩分取样	要严格按四分法缩分取样
2	10～15 mm、5～10 mm 碎石筛分试验的取样数量	根据本试验3条确定	—
3	水洗法如何洗	根据本试验5.2～5.5条确定	思考"水洗的目的是什么"
4	结果计算至小数点后几位	根据本试验6.1.2条确定	根据"数据修约规则"进行修约
5	绘制级配曲线坐标如何建立	正确理解本试验7.2条的要求	思考"横坐标为筛孔尺寸的0.45次方如何确定"
6	水洗烘干后再筛分	—	注意时间的统筹安排

3)填写试验检测记录表。"粗集料筛分试验检测记录表"填写要求见表1.1.4。

表1.1.4 "粗集料筛分试验检测记录表"填写要求

记录表名称	代号	填写要求
粗集料筛分试验检测记录表（水洗法）	本项目JJ0201b	1. 基本信息区参照任务单内容填写，"试验条件"为环境条件 2. 主要仪器设备名称要填写 3. 数据区用铅笔填写，教师批阅后可修改 4. 落款区"试验"处要本人签名；"复核"处要小组长签名 5. 10～15 mm和5～10 mm分别填写各自记录表 6. 空白格中打横杠

(3)测定10～15 mm碎石的压碎值。

1)试验方法。

T 0316—2005 粗集料压碎值试验

1. 目的与适用范围

集料压碎值用于衡量石料在逐渐增加的荷载下抵抗压碎的能力，是衡量石料力学性质的指标，以评定其在工程中的适用性。

2. 仪具与材料

(1)石料压碎值试验仪：由内径 15 mm、两端开口的钢制圆形试筒、压柱和底板组成，其尺寸见表 T 0316—1。试筒内壁、压柱的底面及底板的上表面等与石料接触的表面都应进行热处理，使表面硬化，达到维氏硬度 65 并保持光滑状态。

表 T 0316—1　试筒、压柱和底板尺寸表

部位	符号	名称	尺寸/mm
试筒	A	内径	150±0.3
	B	高度	125～128
	C	壁厚	≥12
压柱	D	压头直径	149±0.2
	E	压杆直径	100～149
	F	压柱总长	100～110
	G	压头厚度	≥25
底板	H	直径	200～220
	I	厚度(中间部分)	6.4±0.2
	J	边缘厚度	10±0.2

(2)金属棒：直径 10 mm，长 450～600 mm，一端加工成半球形。

(3)天平：称量 2～3 kg，感量不大于 1 g。

(4)标准筛：孔径 13.2 mm、9.5 mm、2.36 mm 的方孔筛各一个。

(5)压力机：500 kN，应能在 10 min 内达到 400 kN。

(6)金属筒：圆柱形，内径 112.0 mm，高 179.4 mm，容积 1 767 cm³。

3. 试验准备

3.1　采用风干石料，用 13.2 mm 和 9.5 mm 标准筛过筛，取 9.5～13.2 mm 的试样 3 组各 3 000 g，供试验用。如过于潮湿需加热烘干时，烘箱温度不应超过 100 ℃，烘干时间不超过 4 h。试验前，石料应冷却至室温。

3.2　每次试验的石料数量应满足按下述方法夯击后石料在试筒内的深度为 100 mm。

在金属筒中确定石料数量的方法如下：

将试样分 3 次(每次数量大体相同)均匀装入试模中，每次均将试样表面整平，用金属棒的半球面端从石料表面上均匀捣实 25 次，最后用金属棒作为直刮刀将表面仔细整平。称取量筒中试样质量(m_0)。以相同质量的试样进行压碎值的平行试验。

4. 试验步骤

4.1　将试筒安放在底板上。

4.2　将要求质量的试样分 3 次(每次数量大体相同)均匀装入试模中，每次均将试样表面整平，用金属棒的半球面端从石料表面上均匀捣实 25 次，最后用金属棒作为直刮刀将表面仔细整平。

4.3　将装有试样的试筒放到压力机上，同时将压头放入试筒内石料面上，注意使压头摆平，勿楔挤试模侧壁。

4.4 开动压力机,均匀地施加荷载,在 10 min 左右的时间内达到总荷载 400 kN,稳压 5 s,然后卸荷。

4.5 将试筒从压力机上取下,取出试样。

4.6 用 2.36 mm 筛筛分经压碎的全部试样,可分几次筛分,均需筛至在 1 min 内无明显的筛出物为止。

4.7 称取通过 2.36 mm 筛孔的全部细料质量(m_1),精确至 1 g。

5. 结果整理

石料压碎值按式(T 0316—1)计算,精确至 0.1%。

$$Q_a = \frac{m_1}{m_0} \times 100\% \qquad (\text{T } 0316-1)$$

式中 Q_a——石料压碎值(%);
　　　m_0——试验前试样质量(g);
　　　m_1——试验后通过 2.36 mm 筛孔的细料质量(g)。

6. 报告

以 3 个试样平行试验结果的算术平均值作为压碎值的测定值。

注:2003 年颁布的《水泥混凝土路面施工技术规范》粗集料的压碎指标是以原 T 0315 为基准的,在该规范下次修订前,可采用本方法 T 0316 试验后,按相关关系式 $y=0.816x-5$ 换算。

2)完成本试验需思考的问题提示。完成"粗集料压碎值试验"需思考的问题及提示见表 1.1.5。

表 1.1.5 完成"粗集料压碎值试验"需思考的问题及提示

序号	问题	提示	备注
1	10~15 mm 碎石压碎值试验粒径要求	根据本试验 3.1 条确定	思考"如何获取 9.5~13.2 mm 碎石"
2	5~10 mm 碎石为什么不做压碎值试验	5~10mm 规格的碎石其公称最大粒径为 9.5 mm	—
3	加载速率如何控制	根据本试验 4.4 条确定	1. 反思"压力机的正确使用"是否掌握 2. 查找资料了解压力机的工作原理
4	结果计算至小数点后几位	根据本试验 5 条确定	根据"数据修约规则"进行修约
5	三次试验所需试样质量的关系	根据本试验 3.2 条确定	—

3)填写试验检测记录表。"粗集料压碎值试验检测记录表"填写要求见表 1.1.6。

表 1.1.6 "粗集料压碎值试验检测记录表"填写要求

记录表名称	代号	填写要求
粗集料压碎值试验检测记录表	本项目 JJ0203	1. 基本信息区参照任务单内容填写,"试验条件"为环境条件,"样品名称"中标注规格 2. 主要仪器设备名称要填写 3. 数据区用铅笔填写,教师批阅后可修改 4. 落款区"试验"处要本人签名;"复核"处要小组长签名 5. 空白格中打横杠

(4)测定 10～15 mm、5～10 mm 碎石的洛杉矶磨耗损失。
1)试验方法。

T 0317—2005 粗集料磨耗试验(洛杉矶法)

1. 目的与适用范围

1.1 测定标准条件下粗集料抵抗摩擦、撞击的能力,以磨耗损失(%)表示。

1.2 本方法适用于各种等级规格集料的磨耗试验。

2. 仪具与材料

(1)洛杉矶磨耗试验机:圆筒内径 710 mm±5 mm,内侧长 510 mm±5 mm,两端封闭,投料口的钢盖通过紧固螺栓和橡胶垫与钢筒紧闭密封。钢筒的回转速率为 30～33 r/min。

(2)钢球:直径约为 46.8 mm,质量为 390～445 g,大小稍有不同,以便按要求组合成符合要求的总质量。

(3)台秤:感量 5 g。

(4)标准筛:符合要求的标准筛系列,以及筛孔为 1.7 mm 的方孔筛一个。

(5)烘箱:能使温度控制在 105 ℃±5 ℃范围内。

(6)容器:搪瓷盘等。

3. 试验步骤

3.1 将不同规格的集料用水冲洗干净,置烘箱中烘干至恒重。

3.2 对所使用的集料,根据实际情况按表 T 0317—1 选择最接近的粒级类别,确定相应的试验条件,按规定的粒级组成备料、筛分。其中水泥混凝土集料宜采用 A 级粒度;沥青路面及各种基层、底基层的粗集料,表中的 16 mm 筛孔也可用 13.2 mm 筛孔代替。对非规格材料,应根据材料的实际粒度,从表 T 0317—1 中选择最接近的粒度类别及试验条件。

表 T 0317—1 粗集料洛杉矶试验条件

粒度类别	粒级组成(方孔筛)/mm	试样质量/g	试样总质量/g	钢球数量/个	钢球总质量/g	转动次数/转	适用的粗集料 规格	公称粒径/mm
A	26.5～37.5 19.0～26.5 16.0～19.0 9.5～16.0	1 250±25 1 250±25 1 250±10 1 250±10	5 000±10	12	5 000±25	500	—	—
B	19.0～26.5 16.0～19.0	2 500±10 2 500±10	5 000±10	11	4 850±25	500	S6 S7 S8	15～30 10～30 10～25
C	9.5～16.0 4.75～9.5	2 500±10 2 500±10	5 000±10	8	3 330±20	500	S9 S10 S11 S12	10～20 10～15 5～15 5～10
D	2.36～4.75	5 000±10	5 000±10	6	2 500±15	500	S13 S14	3～10 3～5

续表

粒度类别	粒级组成(方孔筛)/mm	试样质量/g	试样总质量/g	钢球数量/个	钢球总质量/g	转动次数/转	适用的粗集料 规格	适用的粗集料 公称粒径/mm
E	63～75 53～63 37.5～53	2 500±50 2 500±50 5 000±50	10 000±100	12	5 000±25	1 000	S1 S2	40～75 40～60
F	37.5～53 26.5～37.5	5 000±50 5 000±25	10 000±75	12	5 000±25	1 000	S3 S4	30～60 25～50
G	26.5～37.5 19～26.5	5 000±25 5 000±25	10 000±50	12	5 000±25	1 000	S5	20～40

注：1. 表中 16 mm 也可用 13.2 mm 代替。
2. A 级适用于未筛碎石混合料及水泥混凝土用集料。
3. C 级中 S12 可全部采用 4.75～9.5 mm 颗粒 5 000 g；S9 及 S10 可全部采用 9.5～16 mm 颗粒 5 000 g。
4. E 级中 S2 中缺 63～75 mm 颗粒可用 53～63 mm 颗粒代替。

3.3 分级称量(精确至 5 g)，称取总质量(m_1)，装入磨耗机圆筒中。

3.4 选择钢球，使钢球的数量及总质量符合表 T 0317—1 中规定。将钢球加入钢筒中，盖好筒盖，紧固密封。

3.5 将计数器调整到零位，设定要求的回转次数，对水泥混凝土集料，回转次数为 500 转，对沥青混合集料，回转次数应符合表 T 0317—1 的要求。开动磨耗机，以 30～33 r/min 转速转动至要求的回转次数为止。

3.6 取出钢球，将经过磨耗后的试样从投料口倒入接收容器(搪瓷盘)中。

3.7 将试样用 1.7 mm 的方孔筛过筛，筛去试样中被撞击磨碎的细屑。

3.8 用水冲干净留在筛上的碎石，置 105 ℃±5 ℃ 烘箱中烘干至恒重(通常烘干时间不少于 4 h)，准确称量(m_2)。

4. 计算

按式(T 0317—1)计算粗集料洛杉矶磨耗损失，精确至 0.1%。

$$\rho = \frac{m_2 - m_1}{m_1} \times 100\% \quad\quad\quad (\text{T } 0317-1)$$

式中 Q——洛杉矶磨耗损失(%)；

m_1——装入圆筒中试样质量(g)；

m_2——试验后在 1.7 mm 筛上的洗净烘干的试样质量(g)。

5. 报告

5.1 试验报告应记录所使用的粒度类别和试验条件。

5.2 粗集料的磨耗损失取两次平行试验结果的算术平均值为测定值，两次试验的差值不应大于 2%，否则须重做试验。

2)完成本试验需思考的问题提示。完成"粗集料磨耗试验"需思考的问题及提示见表 1.1.7。

表1.1.7 完成"粗集料磨耗试验"需思考的问题及提示

序号	问题	提示	备注
1	10～15 mm 碎石磨耗试验取样数量	根据本试验表 T 0317—1 选择	—
2	5～10 mm 碎石磨耗试验取样数量		—
3	结果计算至小数点后几位	根据本试验4条确定	根据"数据修约规则"进行修约
4	平行两次试验差值大于规定值怎么办	根据本试验5.2条确定	—

3) 填写试验检测记录表。"粗集料磨耗试验检测记录表"填写要求见表1.1.8。

表1.1.8 "粗集料磨耗试验检测记录表"填写要求

记录表名称	代号	填写要求
粗集料洛杉矶磨耗值试验检测记录表	本项目 JJ0204	1. 基本信息区参照任务单内容填写，"试验条件"为环境条件，"样品名称"中标注规格 2. 主要仪器设备名称要填写 3. 数据区用铅笔填写，教师批阅后可修改 4. 落款区"试验"处本人签名；"复核"处要小组长签名 5. 10～15 mm 和 5～10 mm 碎石分别填写各自记录表 6. 空白格中打横杠

(5) 测定10～15 mm 碎石、5～10 mm 碎石的针、片状颗粒含量。
1) 试验方法。

T 0312—2005 粗集料针、片状颗粒含量试验(游标卡尺法)

1. 目的与适用范围

1.1 本方法适用于测定粗集料的针状及片状颗粒含量，以百分率计。

1.2 本方法测定的针、片状颗粒，是指用游标卡尺测定的粗集料颗粒的最大长度(或宽度)方向与最小厚度(或直径)方向的尺寸之比大于3倍的颗粒。有特殊要求采用其他比例时，应在试验报告中注明。

1.3 本方法测定的粗集料中针、片状颗粒的含量，可用于评价集料的形状和抗压碎的能力，以评定石料生产厂的生产水平及该材料在工程中的适用性。

2. 仪具与材料

(1) 标准筛：孔径 4.75 mm 的方孔筛。
(2) 游标卡尺：精密度为 0.1 mm。
(3) 天平：感量不大于 1 g。

3. 试验步骤

3.1 按现行集料随机取样的方法，采集粗集料试样。按四分法选取 1 kg 左右的试样。对每一种规格的粗集料，应按照不同的公称粒径，分别取样检验。

3.2 用 4.75 mm 标准筛将试样过筛，取筛上部分供试验用，称取试样的总质量 m_0，准确到 1 g，试样数量应不少于 800 g，并不少于 100 颗。

注：对 2.36～4.75 mm 级粗集料，由于卡尺量取有困难，故一般不做测定。

3.3 将试样平摊于桌面上，首先用目测挑出接近立方体的符合要求的颗粒，剩下可能属于针状(细长)和片状(扁平)的颗粒。

3.4 将欲测量的颗粒放在桌面上成一稳定的状态,颗粒平面方向的最大长度为 L,侧面厚度的最大尺寸为 t,颗粒最大宽度为 $w(t<w<L)$,用卡尺逐颗测量颗粒的 L 及 t,将 $L/t \geqslant 3$ 的颗粒(即最大长度方向与最大厚度方向的尺寸之比大于 3 的颗粒)分别挑出作为针、片颗粒。称取针、片状颗粒的质量 m_1,精确至 1 g。

4. 计算

按式(T 0312-1)计算针、片状颗粒含量,精确至 0.1%。

$$Q_e = \frac{m_1}{m_0} \times 100\% \qquad (\text{T } 0312-1)$$

式中 Q_e——针、片状颗粒含量(%);
m_0——试验用的集料总质量(g);
m_1——针、片状颗粒的质量(g)。

5. 报告

5.1 试验要平行测定两次,计算两次结果的平均值。如两次测定结果之差小于平均值的 20%,取平均值为试验值;如两次测定结果之差大于或等于 20%,应追加测定一次,取三次测定结果的平均值为测定值。

5.2 试验报告应报告集料的种类、产地、岩石名称、用途。

2)完成本试验需思考的问题及提示。完成"粗集料针、片状颗粒含量试验"需思考的问题及提示见表 1.1.9。

表 1.1.9 完成"粗集料针、片状颗粒含量试验"需思考的问题及提示

序号	问题	提示	备注
1	10~15 mm、5~10 mm 碎石针、片状颗粒含量试验试样粒径要求	根据本试验 3.2 条选择	高速公路所用沥青混合料所用粗集料的针、片状颗粒含量还需区分粒径 9.5 mm 以上及以下的含量
2	10~15 mm、5~10 mm 碎石针、片状颗粒含量试验试样数量要求	根据本试验 3.1、3.2 条选择	
3	结果计算至小数点后几位	根据本试验 4 条确定	根据"数据修约规则"进行修约

3)填写试验检测记录表。"粗集料针、片状颗粒含量试验检测记录表"填写要求见表 1.1.10。

表 1.1.10 "粗集料针、片状颗粒含量试验检测记录表"填写要求

记录表名称	代号	填写要求
粗集料针、片状颗粒含量试验检测记录表(游标卡尺法)	本项目 JJ0202b	1. 基本信息区参照任务单内容填写,"试验条件"为环境条件 2. 主要仪器设备名称要填写 3. 数据区用铅笔填写,教师批阅后可修改 4. 本项目所用集料无须测定粒径 9.5 mm 以上及以下针、片状粒含量(设计背景资料为二级公路) 5. 落款区"试验"处要本人签名;"复核"处要小组长签名 6. 10~15 mm 和 5~10 mm 碎石分别填写各自记录表 7. 空白格中打横杠

2. 编制检测报告

(1)粗集料的技术要求。沥青层用粗集料包括碎石、破碎砾石、筛选砾石、钢渣、矿渣等,但高速公路和一级公路不得使用筛选砾石和矿渣。粗集料必须由具有生产许可证的采石场生产或施工单位自行加工。《公路沥青路面施工技术规范》(JTG F40—2004)对所用粗集料的要求如下:

1)对集料最大粒径的要求。沥青面层集料的最大粒径宜从上至下逐渐增大,并应与压实层厚度相匹配。对热拌热铺密级配沥青混合料,沥青层一层的压实厚度不宜小于集料公称最大粒径的2.5~3倍,对SMA和OGFC等嵌挤型混合料不宜小于公称最大粒径的2~2.5倍,以减少离析,便于压实。

2)对压碎值,洛杉矶磨耗损失,针、片状颗粒含量等的要求。沥青混合料所用的粗集料要求洁净、干燥、无风化、无杂质,并且具有足够的强度和耐磨性,形状要接近正立方体,针、片状颗粒的含量应符合要求,且要求表面粗糙,有一定的棱角,其各项质量要求符合表1.1.11。

表1.1.11 沥青混合料用粗集料质量技术要求

指标	单位	高速公路及一级公路		其他等级公路	试验方法
		表面层	其他层次		
石料压碎值,不大于	%	26	28	30	T 0316
洛杉矶磨耗损失,不大于	%	28	30	35	T 0317
表观相对密度,不小于	—	2.60	2.50	2.45	T 0304
吸水率,不大于	%	2.0	3.0	3.0	T 0304
坚固性,不大于	%	12	12		T 0314
针、片状颗粒含量(混合料),不大于 其中粒径大于9.5 mm,不大于 其中粒径小于9.5 mm,不大于	%	15 12 18	18 15 20	20 — —	T 0312
水洗法<0.075 mm颗粒含量,不大于	%	1	1	1	T 0310
软石含量,不大于	%	3	5	3	T 0320

注:1. 坚固性试验可根据需要进行。
  2. 用于高速公路、一级公路时,多孔玄武岩的实密度可放宽至2.45 t/m³,吸水率可放宽至3%,但必须得到建设单位的批准,且不得用于SMA路面。
  3. 对S14即3~5 mm规格的粗集料,针、片状颗粒含量可不予要求,<0.075 mm含量可放宽至3%。

3)粒径规格要求。购买集料首先要讲究规格,沥青混合料的粗集料规格应符合表1.1.12的要求。

表1.1.12 沥青混合料用粗集料规格

规格	公称粒径/mm	通过下列筛孔(单位 mm)的质量百分率/%											
		106	75	63	53	37.5	31.5	26.5	19.0	13.2	9.5	4.75	2.36	0.6
S1	40~75	100	90~100	—		0~15		0~5						
S2	40~60		100	90~100		0~15			0~5					
S3	30~60			100	90~100	—		0~15		0~5				

续表

规格	公称粒径/mm	通过下列筛孔(单位 mm)的质量百分率/%											
		106	75	63	53	37.5	31.5	26.5	19.0	13.2	9.5	4.75	2.36	0.6
S4	25~50			100	90~100	—		0~15		0~5				
S5	20~40				100	90~100	—		0~15		0.5			
S6	15~30					100	90~100		0~15	—	0~5			
S7	10~30					100	90~100			0~15	0~5			
S8	15~25						100	90~100		0~15	—	0~5		
S9	10~20							100	90~100		0~15	0~5		
S10	10~15								100	90~100	0~15	0~5		
S11	5~15								100	90~100	40~70	0~15	0~5	
S12	5~10									100	90~100	0~15	0~5	
S13	3~10									100	90~100	40~70	0~20	0~5
S14	3~5										100	90~100	0~15	0~3

4)磨光值的要求。对高速公路、一级公路沥青路面表面层(或磨耗层)、二级公路的表面层的粗集料的磨光值应满足表1.1.13的规定。其他等级公路可参照执行。除SMA、OGFC路面外,允许在硬质粗集料中掺部分较小粒径磨光值达不到要求的粗集料,其最大掺加比例由磨光值试验确定。

表1.1.13 粗集料磨光值的技术要求

年降雨量/mm \ PSV \ 公路等级	高速公路和一级公路	二级公路
>1 500	>42	>40
500~1 000	>40	>38
250~500	>38	>36
<250	>36	—

5)与沥青的黏附性的要求。加工粗集料选用的岩石应尽量选用碱性岩石。由于碱性岩石与沥青具有较强的黏附力,组成沥青结合料可得到较高的力学强度。粗集料与沥青的黏附性应符合表1.1.14的规定。在缺少碱性岩石的情况下,也可采用酸性岩石代替,当黏附性不符合要求时,粗集料宜掺加消石灰、水泥或用饱和石灰水处理后使用,必要时可同时在沥青中掺加耐热、耐水、长期性能好的抗剥落剂,也可采用改性沥青的措施,使沥青混合料的水稳性检验达到要求,掺加外加剂的剂量由沥青混合料的水稳性检验确定。

表1.1.14 粗集料与沥青的黏附性的技术要求

雨量气候区		1(潮湿区)	2(湿润区)	3(半干区)	4(干旱区)
年降雨量/mm		>1 000	1 000~500	500~250	<250
粗集料与沥青黏附性(级)	表面层	5	4	4	3
	其他层次	4	4	3	3

(2)检测报告的编制要求。

1)《公路试验检测数据报告编制导则》(JT/T 828—2012)规定公路工地试验室及等级试验检测机构的试验检测数据报告表格式分为标题区、基本信息区、检验对象属性区检验数据区、附加声明区及落款区。具体格式如图1.1.2所示。

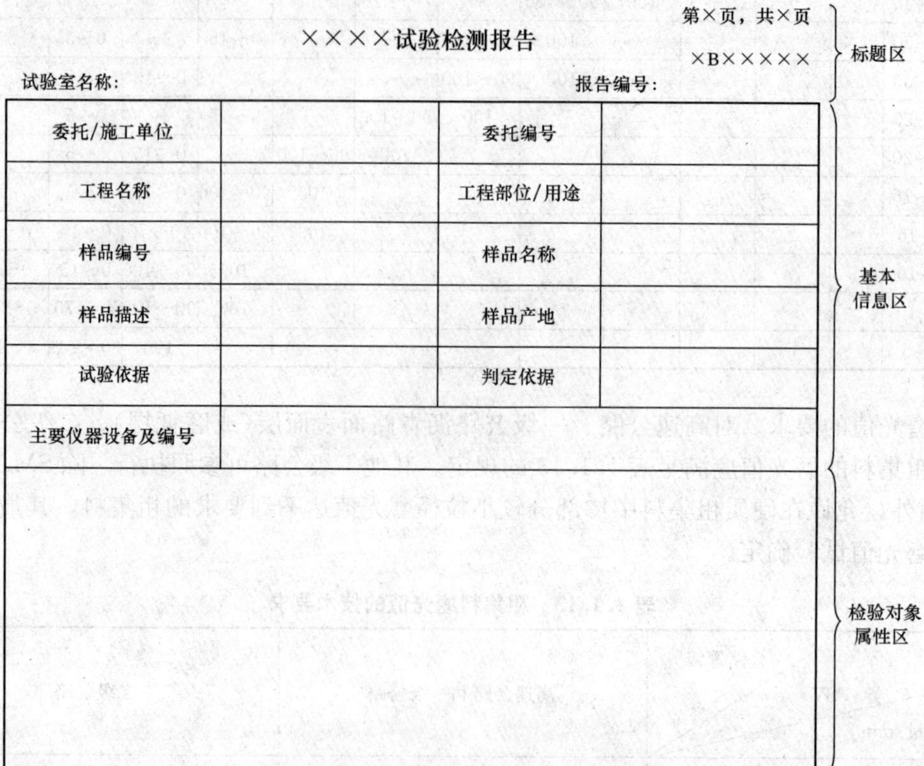

××××试验检测报告

标题区	第×页，共×页　×B×××××
基本信息区	试验室名称：　　报告编号： 委托/施工单位　　委托编号 工程名称　　工程部位/用途 样品编号　　样品名称 样品描述　　样品产地 试验依据　　判定依据 主要仪器设备及编号
检验对象属性区	
检验数据区	
附加声明区	检测结论： 备注：
落款区	试验：　审核：　签发：　日期：　年　月　日

图 1.1.2　试验检测报告表格式图

2)"10～15 mm、5～10 mm 碎石检测报告"的编制要求见表 1.1.15。

表 1.1.15 "10～15 mm、5～10 mm 碎石检测报告"编制要求

检测报告名称	代号	填写要求
粗集料试验检测报告（沥青混合料用）	本项目报告续页 JB010202	1. 基本信息区参照委托单内容填写 2. 判定依据为《公路沥青路面施工技术规范》(JTG F40—2004) 3. 主要仪器设备名称要填写 4. 数据区用签字笔填写，错误处按要求"修改"并在修改处签名 5. 检测结论要严谨准确 6. 落款区"试验"处要本人签名；"复核"处要小组长签名；"签发"处指导教师签名 7. 10～15 mm 和 5～10 mm 碎石各自独立编制检测报告 8. 空白格中打横杠

二、细集料的指标检测

1. 检测各项技术指标，填写检测记录表

检测天然砂、石屑的各项技术指标，试验依据为《公路工程集料试验规程》(JTG E42—2005)。

(1)测定天然砂、石屑的表观密度及表观相对密度。

1)试验方法。

T 0328—2005 细集料表观密度试验（容量瓶法）

1. 目的与适用范围

用容量瓶法测定细集料(天然砂、石屑、机制砂)在 23 ℃时对水的表观相对密度和表观密度。本方法适用于含有少量粒径大于 2.36 mm 部分的细集料。

2. 仪具与材料

(1)天平：称量 1 kg，感量不大于 1 g。

(2)容量瓶：500 mL。

(3)烘箱：能控温在 105 ℃±5 ℃。

(4)烧杯：500 mL。

(5)洁净水。

(6)其他：干燥器、浅盘、铝制料勺、温度计等。

3. 试验准备

将缩分至 650 g 左右的试样在温度为 105 ℃±5 ℃的烘箱中烘干至恒重，并在干燥器内冷却至室温，分成两份备用。

4. 试验步骤

4.1 称取烘干的试样约 300 g(m_0)，装入盛有半瓶洁净水的容量瓶中。

4.2 摇转容量瓶，使试样在已保温至 23 ℃±1.7 ℃的水中充分搅动以排除气泡，塞紧瓶塞，在恒温条件下静置 24 h 左右，然后用滴管添水，使水面与瓶颈刻度线平齐，再塞紧瓶塞，擦干瓶外水分，称其总质量(m_2)。

4.3 倒出瓶中的水和试样，将瓶的内外表面洗净，再向瓶内注入同样温度的洁净水

（温差不超过2℃）至瓶颈刻度线，塞紧瓶塞，擦干瓶外水分，称其总质量(m_1)。

  注：在砂的表观密度试验过程中应测量并控制水的温度，试验期间的温差不得超过1℃。

5. 计算

5.1 细集料的表观相对密度按式（T 0328-1）计算至小数点后3位。

$$\gamma_a = \frac{m_0}{m_0 + m_1 - m_2} \quad \text{(T 0328-1)}$$

式中 γ_a——细集料的表观相对密度，量纲为1；

   m_0——试样的烘干质量(g)；

   m_1——水及容量瓶总质量(g)；

   m_2——试样、水及容量瓶总质量(g)。

5.2 表观密度 ρ_a 按式（T0328-2）计算，精确至小数点后3位。

$$\rho_a = \lambda_a \times \rho_T \text{ 或 } \rho_a = (\lambda_a - \alpha_T) \times \rho_w \quad \text{(T 0328-2)}$$

式中 ρ_a——细集料的表观密度(g/cm^3)；

   ρ_w——水在4℃时的密度(g/cm^3)；

   ρ_T——试验温度T℃时水的密度(g/cm^3)，按表T 0304-2取用；

   α_T——试验温度T℃时的水温修正系数，按表T 0304-2取用。

6. 报告

以两次平行试验结果的算术平均值作为测定值，如两次测定结果之差值大于0.01 g/cm^3，则应重新取样进行试验。

2）完成本试验需思考的问题提示。完成"细集料表观密度试验"需思考的问题及提示见表1.1.16。

表1.1.16 完成"细集料表观密度试验"需思考的问题及提示

序号	问题	提示	备注
1	适用范围要求	根据本试验1条确定	—
2	水温要求	根据本试验4.2.2条确定	思考水温如何控制
3	如何判定水面与刻度线齐平	—	视线、刻度、水面三者齐平
4	两次容量瓶中的水温差值要求	根据本试验4.2.3条确定	思考如何使水温差值符合要求
5	结果计算至小数点后几位	根据本试验5.1条确定	根据"数据修约规则"进行修约
6	平行试验的精密度超过要求怎么办	正确理解本试验6条的要求	思考"什么是平行试验"
7	试样需浸水24 h	—	注意时间的统筹安排

3）填写试验检测记录表。"细集料表观密度试验检测记录表"填写要求见表1.1.17。

表1.1.17 "细集料表观密度试验检测记录表"填写要求

记录表名称	代号	填写要求
细集料表观密度试验检测记录表（容量瓶法）	本项目 JJ0209b	1. 基本信息区参照任务单内容填写，"试验条件"为环境条件 2. 主要仪器设备名称要填写 3. 数据区用铅笔填写，教师批阅后可修改 4. 落款区"试验"处要本人签名；"复核"处要小组长签名 5. 天然砂和石屑分别填写各自记录表 6. 空白格中打横杠

(2)测定天然砂的含泥量。
1)试验方法。

T 0333—2000　细集料含泥量试验(筛洗法)

1. 目的与适用范围
1.1　本方法仅用于测定天然砂中粒径小于0.075 mm的尘屑、淤泥和黏土的含量。
1.2　本方法不适用于人工砂、石屑等矿粉成分较多的细集料。
2. 仪具与材料
(1)天平：称量1 kg，感量不大于1 g。
(2)烘箱：能控温在105 ℃±5 ℃。
(3)标准筛：孔径0.075 mm及1.18 mm的方孔筛。
(4)其他：筒、浅盘等。
3. 试验准备
将试样用四分法缩分至每份约1 000 g，置于温度为105 ℃±5 ℃的烘箱中烘干至恒重，冷却至室温后，称取约400 g(m_0)的试样两份备用。
4. 试验步骤
4.1　取烘干的试样一份置于筒中，并注入洁净的水，使水面高出砂面约200 mm，充分拌和均匀后，浸泡24 h，然后用手在水中淘洗试样，使尘屑、淤泥和黏土与砂粒分离，并使之悬浮水中，缓缓地将浑浊液倒入1.18 mm至0.075 mm的套筛上，滤去小于0.075 mm的颗粒。试验前筛子的两面应先用水湿润，在整个试验过程中应注意避免砂粒丢失。
注：不得直接将试样放在0.075 mm筛上用水冲洗，或者将试样放在0.075 mm筛上后在水中淘洗，以避免误将小于0.075 mm的砂颗粒当作泥冲走。
4.2　再次加水于筒中，重复上述过程，直至筒内砂样洗出的水清澈为止。
4.3　用水冲洗剩留在筛上的细粒，并将0.075 mm筛放在水中(使水面略高出筛中砂粒的上表面)来回摇动，以充分洗除小于0.075 mm的颗粒；然后将两筛上筛余的颗粒和筒中已经洗净的试样一并装入浅盘，置于温度为105 ℃±5 ℃的烘箱中烘干至恒重，冷却至室温，称取试样的质量(m_1)。
5. 计算
砂的含泥量按式(T 0333—1)计算至0.1%。

$$Q_n = \frac{m_0 - m_1}{m_0} \times 100\% \qquad (\text{T 0333}-1)$$

式中　Q_n——砂的含泥量(%)；
　　　m_0——试验前的烘干试样质量(g)；
　　　m_1——试验后的烘干试样质量(g)。
以两个试样的试验结果的算术平均值作为测定值。两次测定结果的差值超过0.5%时，应重新取样进行试验。
2)完成本试验需思考的问题提示。完成"细集料含泥量试验"需思考的问题及提示见表1.1.18。
3)填写试验检测记录表。"细集料含泥量试验检测记录表"填写要求见表1.1.19。

表 1.1.18 完成"天然砂的含泥量试验"需思考的问题及提示

序号	问题	提示	备注
1	适用范围要求	根据本试验 1 条确定	—
2	准备试样要求	根据本试验 3 条确定	—
3	筛洗时为什要用 1.18 mm 和 0.075 mm 套筛	—	从保护筛面方面思考
4	结果计算至小数点后几位	根据本试验 5 条确定	根据"数据修约规则"进行修约
5	平行试验的精密度超过要求怎么办	正确理解本试验 6 条的要求	—

表 1.1.19 "天然砂的含泥量试验检测记录表"填写要求

记录表名称	代号	填写要求
细集料含泥量检测记录表(筛洗法)	本项目 JJ0206	1. 基本信息区参照任务单内容填写,"试验条件"为环境条件 2. 主要仪器设备名称要填写 3. 数据区用铅笔填写,教师批阅后可修改 4. 落款区"试验"处要本人签名;"复核"处要小组长签名 5. 空白格中打横杠

(3)测定石屑的砂当量。

1)试验方法。

T 0334—2005 细集料砂当量试验

1. 目的与适用范围

1.1 本方法适用于测定天然砂、人工砂、石屑等各种细集料中所含的黏性土或杂质的含量,以评定集料的洁净程序。砂当量用 SE 表示。

1.2 本方法适用于公称最大粒径不超过 4.75 mm 的集料。

2. 仪具与材料

(1)仪具:

1)透明圆柱形试筒:透明塑料制,外径 40 mm±0.5 mm,内径 32 mm±0.25 mm,高度 420 mm±0.25 mm。在距试筒底部 100 mm、380 mm 处刻划刻度线,试筒口配有橡胶瓶口塞。

2)冲洗管,由一根弯曲的硬管组成,不锈钢或冷锻钢制,其外径为 6 mm±0.5 mm,内径为 4 mm±0.2 mm。管的上部有一个开关,下部有一个不锈钢两侧带孔尖头,孔径为 1 mm±0.1 mm。

3)透明玻璃或塑料桶:容积为 5 L,有一根虹吸管放置桶中,桶底面高出工作台约 1 m。

4)橡胶管(或塑料管):长约 1.5 m,内径约 5 mm,同冲洗管联在一起吸液用,配有金属夹,以控制冲洗液流量。

5)配重活塞:由长 440 mm±0.25 mm 的杆、直径 25 mm±0.1 mm 底座(下面平坦、光滑、垂直杆轴)、套筒和配重组成。且在活塞上有三个横向螺钉可保持活塞在试筒中间,并使活塞与试筒之间有一条小缝隙。

套筒为黄铜或不锈钢制,厚 10 mm±0.1 mm,大小适合试筒并且引导活塞杆,能标记筒中活塞下沉的位置。套筒上有一个螺钉用以固定活塞杆。配重为1 kg±5 g。

6)机械振荡器：可以使试筒产生横向的直线运动振荡，振幅203 mm±1.0 mm，频率180次/min±2次/min。

7)天平：称量1 kg，感量不大于0.1 g。

8)烘箱：能使温度控制在105 ℃±5 ℃。

9)秒表、标准筛(筛孔为4.75 mm)、温度计、广口漏斗(玻璃或塑料制，口的直径100 mm左右)、钢板尺(长50 mm，刻度1 mm)。

10)其他：量筒(500 mL)、烧杯(1 L)、塑料桶(5 L)、烧杯、刷子、盘子、刮刀、勺子等。

(2)试剂：

1)无水氯化钙($CaCl_2$)：分析纯，含量96%，相对分子质量110.99，纯品为无色立方结晶，在水中溶解度大，溶解时放出大量热，它的水溶液呈微酸性，具有一定的腐蚀性。

2)丙三醇($C_3H_8O_3$)：又称甘油，分析纯，含量98%，相对分子质量92.09。

3)甲醛(HCHO)：分析纯，含量36%以上，相对分子质量30.03。

4)洁净水或纯净水。

3. 试验准备

3.1　试样制备

3.1.1　将样品通过孔径4.75 mm(圆孔筛5 mm)筛，去掉筛上的粗颗粒部分，试样数量不少于1 000 g。如样品过分干燥，可在筛分之前加少量水分润湿(含水量约为3%左右)，用包橡胶的小锤打碎土块，然后再过筛，以防止将土块作为粗颗粒筛除。当粗颗粒部分被在筛分时不能分离的杂质裹覆时，应将筛上部分的粗集料进行清洗，并回收其中的细粒放入试样中。

注：在配制稀浆封层及微表处混合料时，4.75 mm部分经常是由两种以上的集料混合而成，如由3~5 mm和3 mm以下石屑混合，或由石屑与天然砂混合组成时，可分别对每种集料按本方法测定其砂当量，然后按组成比例计算合成的砂当量。为减少工作量，通常做法是将样品按配比混合组成后用4.75 mm筛过筛，测定集料混合料的砂当量，以鉴定材料是否合格。

3.1.2　测定试样含水量。试验用的样品，在测定含水量和取样试验期间不要丢失水分。

由于试样是加水湿润过的，对试样含水量应按现行含水量测定方法进行，含水量以两次测定的平均值计，精确至0.1%。经过含水量测定的试样不得用于试验。

3.1.3　称取试样的湿重

根据测定的含水量按式(T 0334-1)计算相当于120 g干燥试样的样品湿重，精确至0.1 g。

$$m_1=\frac{120\times(100+w)}{100} \qquad (T\ 0334-1)$$

式中　w——集料试样的含水量(%)；

　　　m_1——相当于干燥试样120 g时的潮湿试样的质量(g)。

3.2　配制冲洗液

3.2.1　根据需要确定冲洗液的数量，通常一次配制5 L，约可进行10次试验。如试验次数较少,可以按比例减少,但不宜少于2 L,以减小试验误差。冲洗液的浓度以每升冲洗液中的氯化钙、甘油、甲醛含量分别为2.79 g、12.12 g、0.34 g控制。称取配制5 L冲洗液的各种试剂的用量:氯化钙14.0 g;甘油60.6 g;甲醛1.7 g。

3.2.2 称取无水氯化钙14.0 g放入烧杯中,加洁净水30 mL充分溶解,此时溶液温度会升高,待溶液冷却至室温,观察是否有不溶的杂质,若有杂质必须用滤纸将溶液过滤,以除去不溶的杂质。

3.2.3 然后倒入适量洁净水稀释,加入甘油60.6 g,用玻璃棒搅拌均匀后再加入甲醛1.7 g,用玻璃棒搅拌均匀后全部倒入1 L量筒中,并用少量洁净水分别对盛过3种试剂的器皿洗涤3次,每次洗涤的水均放入量筒中,最后加入洁净水至1 L刻度线。

3.2.4 将配制的1 L溶液倒入塑料桶或其他容器中,再加入4 L洁净水或纯净水稀释至5 L±0.005 L。该冲洗液的使用期限不得超过2周,超过2周后必须废弃,其工作温度为22 ℃±3 ℃。

注:有条件时,可向专门机构购买高浓度的冲洗液,按照要求稀释后使用。

4. 试验步骤

4.1 用冲洗管将冲洗液吸入试筒,直到最下面的100 mm刻度处(约需80 mL试验用冲洗液)。

4.2 把相当于120 g±1 g干料重的湿样用漏斗仔细地倒入竖立的试筒中。

4.3 用手掌反复敲打试筒下部,以除去气泡,并使试样尽快润湿,然后放置10 min。

4.4 在试样静止10 min±1 min结束后,在试筒上塞上橡胶塞堵住试筒,用手将试筒横向水平放置,或将试筒水平固定在振荡机上。

4.5 开动机械振荡器,在30 s±1 s的时间内振荡90次。用手振荡时,仅需手腕振荡,不必晃动手臂,以维持振幅230 mm±25 mm,振荡时间和次数与机械振荡器同。然后将试筒取下竖直放回试验台上,拧下橡胶塞。

4.6 将冲洗管插入试筒中,用冲洗液冲洗附在试筒壁上的集料,然后逐渐将冲洗管插到试筒底部,不断转动冲洗管,使附着在集料表面的土粒杂质浮游上来。

4.7 缓慢匀速向上拔出冲洗管,当冲洗管抽出液面,且保持液面位于380 mm刻度线时,切断冲洗管的液流,使液面保持在380 mm刻度线处,然后开动秒表在没有扰动的情况下静置20 min±15 s。

4.8 在静置20 min后,用尺量测从试筒底部到絮状凝结物上液面的高度(h_1)。

4.9 将配重活塞徐徐插入试筒里,直至碰到沉淀物时,立即拧紧套筒上的固定螺钉。将活塞取出,用直尺插入套筒开口中,量取套筒顶面至活塞底面的高度h_2,精确至1 mm。同时记录试筒内的温度,精确至1 ℃。

4.10 按上述步骤进行两个试样的平行试验。

注:①为了不影响沉淀的过程,试验必须在无振动的水平台上进行。随时检查试验的冲洗管口,防止堵塞。

②由于塑料在太阳光下容易变成不透明,应尽量避免将塑料量筒等直接暴露在太阳光下。盛试验溶液的塑料桶用毕要清洗干净。

5. 计算

5.1 试样的砂当量值按式(T 0334—2)计算。

$$SE=\frac{h_2}{h_1}\times 100\% \qquad (T\ 0334-2)$$

式中 SE——试样的砂当量(%);

h_2——试筒中用活塞测定的集料沉淀物的高度(mm);

h_1——试筒中絮凝物和沉淀物的总高度(mm)。

5.2 一种集料应平行测定两次,取两个试样的平均值,以活塞测得砂当量为准,并以整数表示。

2)完成本试验需思考的问题提示。完成"石屑的砂当量试验"需思考的问题及提示见表 1.1.20。

表 1.1.20 完成"石屑的砂当量试验"需思考的问题及提示

序号	问题	提示	备注
1	"砂当量"是评定石屑何种技术性质的指标	根据本试验 1.1 条确定	—
2	试样粒径要求	根据本试验 1.2 条确定	—
3	本试验 3.1.1 条要求"用橡胶的小锤打碎土块,以防止土块作为粗颗粒筛除",为什么土块不能作为粗颗粒筛除	—	从砂当量表现石屑的何种技术性质方面思考
4	冲洗液的使用期限要求	根据本试验 3.2.4 条确定	—
5	砂当量结果的表示	根据本试验 5.2 条确定	根据"数据修约规则"进行修约

3)填写试验检测记录表。"石屑的砂当量试验检测记录表"填写要求见表 1.1.21。

表 1.1.21 "石屑的砂当量试验检测记录表"填写要求

记录表名称	代号	填写要求
细集料砂当量试验检测记录表	本项目 JJ0207	1. 基本信息区参照任务单内容填写,"试验条件"为环境条件 2. 主要仪器设备名称要填写 3. 数据区用铅笔填写,教师批阅后可修改 4. 落款区"试验"处要本人签名;"复核"处要小组长签名 5. 空白格中打横杠

(4)测定天然砂、石屑的颗粒级配。

1)试验方法。

T 0327—2005 细集料筛分试验

1. 目的与适用范围

测定细集料(天然砂、人工砂、石屑)的颗粒级配及粗细程度。对水泥混凝土用细集料可采用干筛法,如果需要也可采用水洗法筛分;对沥青混合料及基层用细集料必须用水洗法筛分。

注:当细集料中含有粗集料时,可参照此方法用水洗法筛分,但需特别注意保护标准筛筛面不遭损坏。

2. 仪具与材料

(1)标准筛。

(2)天平：称量1 000 g，感量不大于0.5 g。

(3)摇筛机。

(4)烘箱：能控温在105 ℃±5 ℃。

(5)其他：浅盘和硬、软毛刷等。

3. 试验准备

根据样品中最大粒径的大小，选用适宜的标准筛，通常为9.5 mm筛(水泥混凝土用天然砂)或4.75 mm筛(沥青路面及基层用天然砂、石屑、机制砂等)筛除其中的超粒径材料。然后将样品在潮湿状态下充分拌匀，用分料器法或四分法缩分至每份不少于550 g的试样两份，在105 ℃±5 ℃的烘箱中烘干至恒重，冷却至室温后备用。

注：恒重是指相邻两次称量间隔时间大于3 h(通常不少于6 h)的情况下，前后两次称量之差小于该项试验所要求的称量精密度，下同。

4. 试验步骤

4.1 干筛法试验步骤。

4.1.1 称取烘干试样约500 g(m_1)，精确至0.5 g。置于套筛的最上一只，即4.75 mm筛上，将套筛装入摇筛机，摇筛约10 min，然后取出套筛，再按筛孔大小顺序，从最大的筛号开始，在清洁的浅盘上逐个进行手筛，直到每分钟的筛出量不超过筛上剩余量的0.1%时为止，将筛出通过的颗粒并入下一号筛，和下一号筛中的试样一起过筛，以此顺序进行至各号筛全部筛完为止。

注：①试验如为特细砂时，试样质量可减少到100 g。

②如试样含泥量超过5%时，不宜采用干筛法。

③无摇筛机时，可直接用手筛。

4.1.2 称量各筛筛余试样的质量，精确至0.5 g。所有各筛的分计筛余量和底盘中剩余量的总量与筛分前的试样总量，相差不得超过后者的1%。

4.2 水洗法试验步骤。

4.2.1 称取烘干试样约500 g(m_1)，精确至0.5 g。

4.2.2 将试样置一洁净容器中，加入足够数量的洁净水，将集料全部淹没。

4.2.3 用搅棒充分搅动集料，将集料表面洗涤干净，使细粉悬浮在水中，但不得有集料从水中溅出。

4.2.4 用1.18 mm筛及0.075 mm筛组成套筛。仔细将容器中混有细粉的悬浮液徐徐倒出，经过套筛流入另一容器中，但不得将集料倒出。

注：不可直接倒至0.075 mm筛，以免集料掉出损坏筛面。

4.2.5 重复步骤4.2.2～4.2.4，直至倒出的水洁净且粒径小于0.075 mm的颗粒全部倒出。

4.2.6 将容器中的集料倒入搪瓷盘中，用少量水冲洗，使容器上黏附的集料颗粒全部进入搪瓷盘中。将筛子反扣过来，用少量的水将筛上的集料冲洗入搪瓷盘中。操作过程中不得有集料散失。

4.2.7 将搪瓷盘连同集料一起置于105 ℃±5 ℃烘箱中烘干至恒重，称取干燥集料试样的总质量(m_2)，精确至0.1%。m_1与m_2之差即为通过0.075 mm筛部分。

4.2.8 将全部要求筛孔组成套筛(但不需 0.075 mm 筛),将已经洗去小于 0.075 mm 部分的干燥集料置于套筛上(一般为 4.75 mm 筛),将套筛装入摇筛机,摇筛约 10 min,然后取出套筛,再按筛孔大小顺序,从最大的筛号开始,在清洁的浅盘上逐个进行手筛,直至每分钟的筛出量不超过筛上剩余量的 0.1% 时为止。将筛出通过的颗粒并入下一号筛,和下一号筛中的试样一起过筛,这样顺序进行,直至各号筛全部筛完为止。

注:如为含有粗集料的集料混合料,套筛筛孔根据需要选择。

4.2.9 称量各筛筛余试样的质量,精确至 0.5 g。所有各筛的分计筛余量和底盘中剩余量的总质量与筛分前试样总量 m_2 的差值不得超过后者的 1%。

5. 计算

5.1 计算分计筛余百分率。

各号筛的分计筛余百分率为各号筛上的筛余时除以试样总量(m_1)的百分率,精确到 0.1%。对沥青路面细集料而言,0.15 mm 筛下部分即为 0.075 mm 的分计筛余,由上述测得的 m_1 与 m_2 之差即为小于 0.075 mm 的筛底部分。

5.2 计算累计筛余百分率。

各号筛的累计筛余百分率为该号筛及大于该号筛的各号筛的分计筛余百分率之和,精确至 0.1%。

5.3 计算质量通过百分率。

各号筛的质量通过百分率等于 100 减去该号筛的累计筛余百分率,精确至 0.1%。

5.4 根据各筛的累计筛余百分率或通过百分率,绘制级配曲线。

5.5 天然砂的细度模数按式(T 0327-1)计算,精确至 0.01。

$$M_x = \frac{(A_{0.15}+A_{0.3}+A_{0.6}+A_{1.18}+A_{2.36})-5A_{4.75}}{100-A_{4.75}} \quad \text{(T 0327-1)}$$

式中 M_x——砂的细度模数;

$A_{0.15}, A_{0.3}, \cdots, A_{4.75}$——分别为 0.15 mm、0.3 mm、…、4.75 mm 各筛上的累计筛余百分率(%)。

5.6 应进行两次平行试验,以试验结果的算术平均值作为测定值。如两次试验所得的细度模数之差大于 0.2,应重新进行试验。

2)完成本试验需思考的问题提示。完成"细集料筛分试验"需思考的问题及提示见表 1.1.22。

表 1.1.22 完成"细集料筛分试验"需思考的问题及提示

序号	问题	提示	备注
1	试验目的	根据本试验 1 条确定	—
2	细集料筛分试验分为几种方法,沥青混凝土用细集料采用什么方法	根据本试验 1 条确定	
3	沥青混凝土用细集料筛分试验准备试样粒径要求	根据本试验 3 条确定	回答试样过筛尺寸
4	沥青混合料用细集料筛分试验水洗的目的是什么	根据本试验 4.2.7 条回答	进一步解释这样做的理论依据
5	级配参数、细度模数结果计算至小数点后几位	根据本试验 5 条确定	根据"数据修约规则"进行修约
6	平行试验的精密度超过要求怎么办	正确理解本试验 6 条的要求	

3)填写试验检测记录表。"细集料筛分试验检测记录表"填写要求见表 1.1.23。

表 1.1.23 "细集料筛分试验检测记录表"填写要求

记录表名称	代号	填写要求
细集料筛分试验检测记录表（水洗法）	本项目 JJ0201d	1. 基本信息区参照任务单内容填写，"试验条件"为环境条件 2. 主要仪器设备名称要填写 3. 数据区用铅笔填写，教师批阅后可修改 4. 落款区"试验"处要本人签名；"复核"处要小组长签名 5. 天然砂和石屑分别填写各自记录表 6. 空白格中打横杠

2. 编制检测报告

(1)细集料的技术要求。《公路沥青路面施工技术规范》(JTG F40—2004)规定：细集料必须由具有生产许可证的采石场、采砂场生产，其技术要求如下：

1)物理性能要求。细集料应洁净、干燥、无风化、无杂质，质量应符合表1.1.24 的规定。

表 1.1.24 沥青混合料用细集料质量要求

项目	单位	高速公路、一级公路	其他等级公路	试验方法
表观相对密度，不小于	—	2.50	2.45	T 0328
坚固性(>0.3 mm)，不小于	%	12	—	T 0340
含泥量(小于 0.075 mm 的含量)，不大于	%	3	5	T 0330
砂当量，不小于	%	60	50	T 0334
亚甲蓝值，不大于	g/kg	25	—	T 0346
棱角性(流动时间)，不小于	s	30	—	T 0345

2)粒径规格要求。天然砂可采用河砂或海砂。通常采用粗砂和中砂，其规格符合表1.1.25 要求，砂的含泥量超过规定应水洗后使用，海砂中的贝壳类材料必须筛除。在热拌密级配沥青混合料中天然砂的用量，不宜超过集料总量的 20%，SMA 和 OGFC 混合料不宜使用天然砂。石屑是指采石场破碎岩石时通过 4.75 mm 或 2.36 mm 筛的筛下部分，其规格应符合表 1.1.26 要求。采石场生产石屑的过程中应具备抽吸设备。机制砂采用专用的制砂机制造，并选用优质石料生产，其级配应符合表 1.1.26 中 S16 的要求。细集料与粗集料和填料配制成矿质混合料，其级配应符合要求，当一种细集料不能满足级配要求时，可采用两种或两种以上的细集料掺合使用。

表 1.1.25 沥青混合料用天然砂规格

筛孔尺寸/mm	通过各筛孔的质量百分率/%		
	粗砂	中砂	细砂
9.5	100	100	100
4.75	90~100	90~100	90~100
2.36	65~95	75~100	85~100
1.18	35~65	50~90	75~100
0.6	15~29	30~59	60~84

续表

筛孔尺寸/mm	通过各筛孔的质量百分率/%		
	粗砂	中砂	细砂
0.3	5～20	8～30	15～45
0.15	0～10	1～10	0～10
0.075	0～5	0～5	0～5

表1.1.26 沥青混合料用机制砂或石屑规格

规格	公称粒径/mm	水洗法通过各筛孔的质量百分率/%							
		9.5 mm	4.75 mm	2.36 mm	1.18 mm	0.6 mm	0.3 mm	0.15 mm	0.075 mm
S15	0～5	100	90～100	60～90	40～75	20～55	7～40	2～20	0～10
S16	0～3	—	100	80～100	50～80	25～60	8～45	0～25	0～15

注：当生产石屑采用喷水抑制扬尘工艺时，应特别注意含粉量不得超过表中要求。

(2)检测报告的编制要求。天然砂、石屑检测报告的编制要求见表1.1.27。

表1.1.27 "天然砂、石屑检测报告"编制要求

检测报告名称	代号	填写要求
细集料试验检测报告（沥青混合料及基层用）	本项目报告续页 JB010205	1. 基本信息区参照委托单内容填写 2. 判定依据为《公路沥青路面施工技术规范》(JTG F40—2004) 3. 主要仪器设备名称要填写 4. 数据区用签字笔填写，错误处按要求"修改"并在修改处签名 5. 检测结论应严谨准确 6. 落款区"试验"处本人签名；"复核"处要小组长签名；"签发"处要指导教师签名 7. 石屑和机制砂各自独立编制检测报告 8. 空白格中打横杠

三、矿粉的指标检测

1. 检测各项技术指标，填写试验检测记录表

试验依据为《公路工程集料试验规程》(JTG E42—2005)。

(1)测定矿粉的表观密度及表观相对密度。

1)试验方法。

T 0352—2000 矿粉密度试验

1. 目的与适用范围

用于检验矿粉的质量，供沥青混合料配合比设计计算使用，同时适用于测定供拌制沥青混合料用的其他填料如水泥、石灰、粉煤灰的相对密度。

2. 仪具与材料

(1)李氏比重瓶：容量为250 mL或300 mL。

(2)天平：感量不大于0.01 g。

(3)烘箱：能控温在105℃±5℃。

(4)恒温水槽：能控温在20℃±0.5℃。

(5)其他：瓷皿、小牛角匙、干燥器、漏斗等。

3. 试验步骤

3.1 将代表性矿粉试样置于瓷皿中，在105℃烘箱中烘干至恒重(一般烘干时间不少于6h)，放入干燥器中冷却后，连同小牛角匙、漏斗一起准确称量(m_1)，精确至0.01g，矿粉数量应不少于200g。

3.2 向比重瓶中注入蒸馏水，至刻度0~1mL之间，将比重瓶放入20℃的恒温水槽中，静放至比重瓶中的水温不再变化为止(一般静止时间不少于2h)，读取比重瓶中水面的刻度(V_1)，精确至0.02mL。

3.3 用小牛角匙将矿粉试样通过漏斗徐徐加入比重瓶中，待比重瓶中水的液面上升对接近比重瓶的最大读数时为止，轻轻摇晃比重瓶，使瓶中的空气充分逸出。再次将比重瓶放入恒温水槽中，待温度不再变化时，读取比重瓶的读数(V_2)，精确至0.02mL。整个试验过程中，比重瓶中的水温变化不得超过1℃。

3.4 准确称取牛角匙、瓷皿、漏斗及剩余矿粉的质量(m_2)，精确至0.01g。

注：对亲水性矿粉应采用煤油作介质测定，方法相同。

4. 计算

按式(T 0352-1)及式(T 0352-2)计算矿粉的密度和相对密度，精确至小数点后3位。

$$\rho_f = \frac{m_1 - m_2}{V_2 - V_1} \quad (T\ 0352-1)$$

$$\gamma_f = \frac{\rho_f}{\rho_T} \quad (T\ 0352-2)$$

式中 ρ_f——矿粉的密度(g/cm³)；

γ_f——矿粉对水的相对密度，量纲为1；

m_1——牛角匙、瓷皿、漏斗及试验前瓷器中矿粉的干燥质量(g)；

m_2——牛角匙、瓷皿、漏斗及试验后瓷器中矿粉的干燥质量(g)；

V_1——加矿粉以前比重瓶的初读数(mL)；

V_2——加矿粉以后比重瓶的终读数(mL)；

ρ_T——试验温度时水的密度，按表T 0304-2取用。

5. 精密度或允许差

同一试样应平行试验两次，取平均值作为试验结果。两次试验结果的差值不得大于0.01 g/cm³。

2)完成本试验需思考的问题提示。完成"矿粉密度试验"需思考的问题及提示见表1.1.28。

表1.1.28 完成"矿粉密度试验"需思考的问题及提示

序号	问题	提示	备注
1	本试验所用天平的感量	根据本试验2.2条确定	查看仪器铭牌上的内容
2	本试验3.1条规定"连同小牛角匙、漏斗一起准确称量"，为什么要连同小牛角匙、漏斗一起称量	—	准确称取矿粉的质量并从使矿粉不损失方面考虑

续表

序号	问题	提示	备注
3	整个试验中比重瓶的水温变化要求	根据本试验3.3条确定	—
4	结果计算至小数点后几位	根据本试验4条确定	根据"数据修约规则"进行修约
5	平行试验的精密度超过要求怎么办	正确理解本试验6条的要求	—

3)填写试验检测记录表。"矿粉密度试验检测记录表"填写要求见表1.1.29。

表1.1.29 "矿粉密度试验检测记录表"填写要求

记录表名称	代号	填写要求
矿粉试验检测记录表	本项目 JJ0201e	1. 基本信息区参照任务单内容填写,"试验条件"为环境条件 2. 主要仪器设备名称要填写 3. 数据区填写"密度"检测相关数据,用铅笔填写,教师批阅后可修改

(2)矿粉的颗粒级配的测定。

1)试验方法。

T 0351—2000 矿粉筛分试验(水洗法)

1. 目的与适用范围

测定矿粉的颗粒级配。同时适用于测定供拌制沥青混合料用的其他填料如水泥、石灰、粉煤灰的颗粒级配。

2. 仪具与材料

(1)标准筛:孔径为0.6 mm、0.3 mm、0.15 mm、0.075 mm。

(2)天平:感量不大于0.1 g。

(3)烘箱:能控温在105 ℃±5 ℃。

(4)搪瓷盘。

(5)橡皮头研杵。

3. 试验步骤

3.1 将矿粉试样放入105 ℃±5 ℃烘箱中烘干至恒重,冷却,称取100 g,精确至0.1 g。如有矿粉团粒存在,可用橡皮头研杵轻轻研磨粉碎。

3.2 将0.075 mm筛装在筛底上,仔细倒入矿粉,盖上筛盖。手工轻轻筛分,至大体上筛不下去为止。存留在筛底上的小于0.075 mm部分可弃去。

3.3 除去筛盖和筛底,按筛孔大小顺序套成套筛。将存留在0.075 mm筛上的矿粉倒回0.6 mm筛上,在自来水龙头下方接一胶管,打开自来水,用胶管的水轻轻冲洗矿粉过筛,0.075 mm筛下部分任其流失,直至流出的水色清澈为止。水洗过程中,可以适当用手扰动试样,加速矿粉过筛,待上层筛冲干净后,取去0.6 mm筛,接着从0.3 mm筛或0.15 mm筛上冲洗,但不得直接冲洗0.075 mm筛。

注:①自来水的水量不可太大太急,防止损坏筛面或将矿粉冲出,水不得从两层筛之间流出,自来水龙头宜装有防溅水龙头。当现场缺乏自来水时,也可由人工浇水冲洗。

②如直接在0.075 mm筛上冲洗,将可能使筛面变形,筛孔堵塞,或者造成矿粉与筛

面发生共振，不能通过筛孔。

3.4 分别将各筛上的筛余反过来用小水流仔细冲洗入各个搪瓷盘中，待筛余沉淀后，稍稍倾斜，仔细除去清水，放入105℃烘箱中烘干至恒重。称取各号筛上的筛余量，精确至0.1 g。

4. 计算

各号筛上的筛余量除以试样总量的百分率，即为各号筛的分计筛余百分率，准确至0.1%。用100减去0.6 mm、0.3 mm、0.15 mm、0.075 mm各筛的分计筛余百分率，即为通过0.075 mm筛的通过百分率，加上0.075 mm筛的分计筛余百分率即为0.15 mm筛的通过百分率，依次类推，计算出各号筛的通过百分率，精确至0.1%。

5. 精密度或允许差

以两次平行试验结果的平均值作为试验结果。各号筛的通过率相差不得大于2%。

2)完成本试验需思考的问题提示。完成"矿粉筛分试验"需思考的问题及提示见表1.1.30。

表1.1.30 完成"矿粉筛分试验"需思考的问题及提示

序号	问题	提示	备注
1	冲洗方法	根据本试验3.3条确定	—
2	如何称取各筛上的筛余量	根据本试验3.4条确定	—
3	通过百分率计算至小数点后几位	根据本试验4条确定	根据"数据修约规则"进行修约
4	平行试验的精密度要求	根据本试验5条确定	—

3)填写试验检测记录表。"矿粉筛分试验检测记录表"填写要求见表1.1.31。

表1.1.31 "矿粉筛分试验检测记录表"填写要求

记录表名称	代号	填写要求
矿粉试验检测记录表	本项目 JJ0201e	1. 与"矿粉密度试验"为同一试验检测记录表 2. 数据区用铅笔填写，教师批阅后可修改 3. 填写"筛分试验"检测数据 4. 落款区"试验"处要本人签名；"复核"处小组长签名 5. 空白格中打横杠

2. 编制检测报告

(1)矿粉的技术要求。《公路沥青路面施工技术规范》(JTG F40—2004)规定沥青混合料用矿粉，必须采用石灰岩或岩浆岩中的强基性岩石(碱性岩石)磨细制得的矿粉。矿粉应干燥、洁净，其质量应符合表1.1.32的要求。若使用粉煤灰作为填料时，其用量不得超过填料总量的50%，烧失量应小于12%，与矿粉混合后塑性指数小于4%，其余质量要求与矿粉相同，高速公路、一级公路沥青面层不宜采用粉煤灰作填料。拌合机的粉尘可作为矿粉的一部分回收使用，但每盘用量不得超过填料总量的25%，掺有粉尘填料的塑性指数不得大于4%。

表1.1.32 沥青混合料用矿粉质量要求

项目	单位	高速公路、一级公路	其他等级公路	试验方法
表观密度，不小于	kg/m³	2.50	2.45	T 0352
含水量，不大于	%	1	1	T 0103 烘干法
粒度范围<0.6 mm	%	100	100	
<0.15 mm	%	90～100	90～100	T 0351
<0.075 mm	%	75～100	70～100	
外观	—	无团粒结块		
亲水系数	—	<1	—	T 0353
塑性指数	%	<4		T 0354
加热安定性	—	实测记录		T 0355

（2）检测报告的编制要求。"矿粉试验检测报告"的编制要求见表1.1.33。

表1.1.33 "矿粉试验检测报告"编制要求

检测报告名称	代号	填写要求
矿粉试验检测报告	本项目报告续页 JB010205	1. 基本信息区参照委托单内容填写 2. 判定依据为《公路沥青路面施工技术规范》(JTG F40—2004) 3. 主要仪器设备名称要填写 4. 数据区用签字笔填写，错误处按要求"修改"并在修改处签名 5. 绘制矿粉的颗粒级配曲线 6. 检测结论应严谨准确 7. 落款区"试验"处要本人签名；"复核"处要小组长签名；"签发"处指导教师签名 8. 空白格中打横杠

四、矿质混合料的组成设计

1. 确定沥青混合料的矿料级配范围

沥青路面工程矿质混合料的级配范围由工程设计文件或招标文件规定。工程设计级配范围不宜超出施工规范要求，符合表1.1.34的要求。

本项目委托单中要求矿质混合料的级配范围为表1.1.34中AC-13规定的范围。

表1.1.34 密级配沥青混凝土混合料矿料级配范围

级配类型		通过下列筛孔(方孔筛，mm)的质量百分率/%											
		31.5	26.5	19.0	16.0	13.2	9.5	4.75	2.36	1.18	0.6	0.3	0.15	0.075
粗粒式	AC-25	100	90～100	75～90	65～83	57～76	46～65	24～52	16～42	12～33	8～24	5～17	4～13	3～7
中粒式	AC-20		100	90～100	78～92	62～80	50～72	26～56	16～44	12～33	8～24	5～17	4～13	3～7
	AC-16			100	90～100	76～92	60～80	34～62	20～48	13～36	9～26	7～18	5～14	4～8
细粒式	AC-13				100	90～100	68～85	38～68	24～50	15～38	10～28	7～20	5～15	4～8
	AC-10					100	90～100	45～75	30～58	20～44	13～32	9～23	6～16	4～8
砂粒式	AC-5						100	90～100	55～75	35～55	20～40	12～28	7～18	5～10

2. 汇总各组成矿料的筛分结果

汇总 10～15 mm 碎石、5～10 mm 碎石、石屑、天然砂和矿粉的筛分结果。

3. 设计组成材料的配合比，填写记录表

(1)确定成材料的初步比例。根据各组成材料的筛分试验资料，采用图解法，确定符合级配范围的各组成材料用量比例。图解法步骤如下：

1)绘制级配曲线坐标图。按照一定的尺寸绘制矩形图框，通常纵坐标通过量取 10 cm，横坐标筛孔尺寸(或粒径)取 15 cm。连接对角线 OO' 作为设计级配中值曲线，如图 1.1.3 所示。按常数(算术)标尺在纵坐标上标出通过量百分率(0～100%)位置，然后将设计要求的级配范围中值(各筛孔通过百分率，举例见表 1.1.35 中数据)标于纵坐标上，并从纵坐标引水平线与对角线相交，再从交点作垂线与横坐标相交，该交点即为各相应筛孔尺寸的位置。

表 1.1.35　某混合料用矿料级配范围

筛孔尺寸/mm	16.0	13.2	9.5	4.75	2.36	1.18	0.6	0.3	0.15	0.075
级配范围/mm	100	95～100	70～88	48～68	36～53	24～41	18～30	12～22	8～16	4～8
级配中值/mm	100	98	79	58	45	33	24	17	12	6

2)确定各种集料用量。以图 1.1.3 为基础，将各种集料的通过百分率级配曲线绘制于图上，结果如图 1.1.4 所示，然后根据相邻两条级配曲线之间的关系确定各种集料的用量。

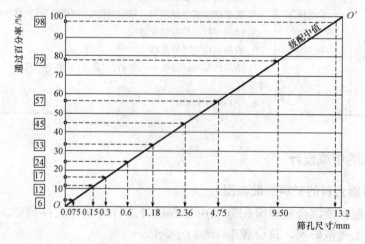

图 1.1.3　设计级配范围中值曲线

由图 1.1.4 可知，任意两条相邻的集料级配曲线之间的关系只可能是下列三种情况之一：

①两相邻级配曲线重叠。在图 1.1.4 中，集料 A 的级配曲线下部与集料 B 的级配曲线上部搭接。此时，在两级配曲线之间引一根垂线 AA'，使其与集料 A、B 的级配曲线截距相等，即 $a=a'$。垂线 AA' 与对角线 OO' 交于点 M，通过点 M 作一水平线与纵坐标交于点 P，OP 即为集料 A 的用量。

②两相邻级配曲线相接。在图 1.1.4 中，集料 B 的级配曲线末端与集料 C 的级配曲线首端正好在同一垂直线上。对于这种情况仅需将集料 B 的级配曲线末端与集料 C 的级配曲线首端直接相连，得垂线 BB'。BB' 与对角线 OO' 交于点 N，过点 N 作一水平线与纵坐标

交于点 Q，PQ 即为集料 B 的用量。

③两相邻级配曲线相离。在图 1.1.4 中，集料 C 的级配曲线末端与集料 D 的级配曲线首端在水平方向彼此分离。此时，作一条垂线 CC' 平分这段水平距离，使 $b=b'$，垂线 CC' 与对角线 OO' 交于点 R，通过 R 作一水平线与纵坐标交于点 S，QS 即为集料 C 的用量。剩余 ST 即为集料 D 的用量。

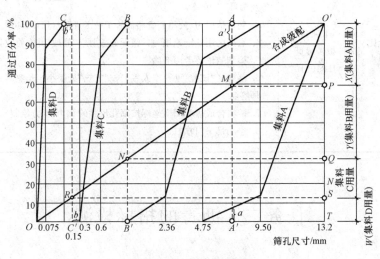

图 1.1.4　图解法用图

(2)合成级配的计算与校核。在图解法求解过程中，各种集料用量比例也是根据部分筛孔确定的，所以需要用电算法对矿料的合成级配进行计算，同时参照级配范围进行校核。

1)合成级配的调整。当合成级配超出级配范围或级配不好时，需要调整各集料的用量。

2)矿质混合料配合比设计试验检测记录表的填写要求。"矿质混合料配合比设计试验检测记录表"填写要求见表 1.1.36。

表 1.1.36　"矿质混合料配合比设计试验检测记录表"填写要求

记录表名称	代号	填写要求
矿质混合料配合比设计试验检测记录表	本项目 JJ0901	1. 本记录表共 2 页 2. 基本信息区"样品名称、样品编号、样品描述、试验条件、主要仪器设备及编号"不填 3. 试验依据为《公路沥青路面施工技术规范》(JTG F40—2004) 4. 数据区用铅笔填写，教师批阅后可修改 5. 数据区"规定通过百分率"按级配范围填写 6. 数据区矿料合成级配图横坐标按筛孔尺寸的 0.45 次方绘制 7. 落款区"试验"处要本人签名；"复核"处要小组长签名 8. 空白部分打横杠

4. 编制检测报告

"矿质混合料配合比设计试验检测报告"的编制要求见表 1.1.37。

表 1.1.37 "矿质混合料配合比设计试验检测报告"填写要求

检测报告名称	代号	填写要求
矿质混合料配合比设计试验检测报告	本项目报告续页 JB010910	1. 基本信息区参照委托单内容填写 2. 基本信息区"样品名称、样品编号、样品描述、试验条件、主要仪器设备及编号"不填 3. 判定依据为《公路沥青路面施工技术规范》(JTG F40—2004)/设计文件 4. 数据区用签字笔填写,错误处按要求"修改"并在修改处签名 5. 检测结论要严谨准确 6. 落款区"试验"处要本人签名;"复核"处要小组长签名;"签发"处要指导教师签名 7. 矿料合成级配图横坐标按筛孔尺寸的 0.45 次方绘制 8. 空白部分打横杠

任务二 沥青的指标检测

任务描述

本任务是学生模拟检测中心沥青室试验检测员独立完成附表 1.3 的任务单中 70♯A 级道路石油沥青的技术指标检测任务,正确完整填写检验记录表,并编制检验报告。

一、检测各项技术指标,填写检测记录表

检测 70♯A 级道路石油沥青的各项技术指标,试验依据为《公路工程沥青及沥青混合料试验规程》(JTG E20—2011)。

1. 沥青的取样方法及试样制备方法

(1)试验方法。

T 0601—2011 沥青取样法

1. 目的与适用范围

1.1 本方法适用于在生产厂、储存或交货验收地点为检查沥青产品质量而采集各种沥青材料的样品。

1.2 进行沥青性质常规检验的取样数量为:黏稠沥青或固体沥青不少于 4.0 kg;液体沥青不少于 1 L;沥青乳液不少于 4 L。

进行沥青性质非常规检验及沥青混合料性质试验所需的沥青数量,应根据实际需要确定。

2. 仪具与材料技术要求

2.1 盛样器:根据沥青的品种选择。液体或黏稠沥青采用广口、密封带盖的金属容器(如锅、桶等);乳化沥青也可使用广口、带盖的聚氯乙烯塑料桶;固体沥青可用塑料袋,

但需要有外包装，以便携运。

2.2 沥青取样器：金属制、带塞、塞上有金属长柄提手。

3. 方法与步骤

3.1 准备工作。

检查取样器和盛样器是否干净、干燥，盖子是否配合严密。使用过的取样器或金属桶等盛样容器必须洗净、干燥后才可再使用。对供质量仲裁用的沥青试样，应采用未使用过的新容器存放，且由供需双方人员共同取样，取样后双方在密封条上签字盖章。

3.2 试验步骤。

3.2.1 从储油罐中取样。

(1)无搅拌设备的储罐。

1)液体沥青或经加热已经变成液体的黏稠沥青取样时，应先关闭进油阀和出油阀，然后取样。

2)用取样器按液面上、中、下位置(液面高各为1/3等分处，但距罐底不得低于总液面高度的1/6)各取1~4 L样品。每层取样后，取样器应尽可能倒净。当储罐过深时，亦可在流出口按不同深度分3次取样。对静态存取的沥青，不得仅从罐顶用小桶取样，也不得仅从罐底阀门流出少量沥青取样。

3)将取出的3个样品充分混合后取4 kg样品作为试样，样品也可分别进行检验。

(2)有搅拌设备的储罐。将液体沥青或经加热已经变成流体的黏稠沥青充分搅拌后，用取样器从沥青层的中部取规定数量试样。

3.2.2 从槽车、罐车、沥青洒布车中取样。

(1)设有取样阀时，可旋开取样阀，待流出至少4 kg或4 L后取样。

(2)仅有放料阀时，待放出全部沥青的1/2取样。

(3)从顶盖处取样时，可用取样器从中取样。

3.2.3 在装料或卸料过程中取样。

在装料或卸料过程中取样时，要按时间间隔均匀地取至少3个规定样品，然后将这些样品充分混合后取规定样品作为试样，样品也可分别进行检验。

3.2.4 从沥青储存池中取样。

沥青储存池中的沥青应待加热熔化后，经管道或沥青泵流出至沥青加热锅之后取样。分间隔每锅至少取3个样品，然后将这些样品充分混匀后取4.0 kg作为试样，样品也可分别进行检验。

3.2.5 从沥青运输船中取样。

沥青运输船到港后，应分别从每个沥青舱取样，每个舱从不同部位取3个4 kg的样品，混合在一起，将这些样品充分混合后再从中取出4 kg，作为一个舱的沥青样品供检验用。在卸油过程中取样时，应根据卸油量，大体均匀地分间隔3次从卸油口或管道途中的取样口取样，然后混合作为一个样品供检验用。

3.2.6 从沥青桶中取样。

(1)当能确认是同一批生产的产品时，可随机取样。当不能确认是同一批生产的产品时，应根据桶数按照表T 0601规定或按总桶数的立方根随机选取沥青桶数。

表 T 0601　选取沥青样品桶数

沥青桶总数	选取桶数	沥青桶总数	选取桶数
2～8	2	217～343	7
9～27	3	344～512	8
28～64	4	513～729	9
65～125	5	730～1 000	10
126～216	6	1 001～1 331	11

(2)将沥青桶加热使桶中沥青全部熔化成流体后，按罐车取样方法取样。每个样品的数量，以充分混合后能满足供检验用样品的规定数量不少于 4 kg 要求为限。

(3)当沥青桶不便加热熔化沥青时，可在桶高的中部凿开取样，但样品应在距桶壁 5 cm 以上的内部凿取，并采取措施防止样品散落地面沾有尘土。

3.2.7　固体沥青取样。

从桶、袋、箱或散装整块中取样时，应在表面以下及容器侧面以内至少 5 cm 处采取。如沥青能够打碎，可用一个干净的工具将沥青打碎后取中间部分试样；若沥青是软塑的，则用一个干净的热工具切割取样。

当能确认是同一批生产的样品时，应随机取出一件按本条的规定取 4 kg 供检验用。

3.2.8　在验收地点取样。

当沥青到达验收地点卸货时，应尽快取样。所取样品为两份：一份样品用于验收试验；另一份样品留存备查。

3.3　样品的保护与存放。

3.3.1　除液体沥青、乳化沥青外，所有需加热的沥青试样必须存放在密封带盖的金属容器中，严禁灌入纸袋、塑料袋中存放。试样应存放在阴凉干净处，注意防止试样污染。装有试样的盛样器加盖、密封好并擦拭干净后，应在盛样器上(不得在盖上)标出识别标记，如试样来源、品种、取样日期、地点及取样人。

3.3.2　冬季乳化沥青试样应注意采取妥善防冻措施。

3.3.3　除试样的一部分用于检验外，其余试样应妥善保存备用。

3.3.4　试样需加热采取时，应一次取够一批试样所需的数量装入另一盛样器，其余试样密封保存，应尽量减少重复加热取样。用于质量仲裁检验的样品，重复加热的次数不得超过两次。

(2)完成正确取样需思考的问题提示。完成"沥青的正确取样"需思考的问题及提示见表 1.2.1。

表 1.2.1　完成"沥青的正确取样"需思考的问题及提示

序号	问题	提示	备注
1	取样时金属桶的要求	根据本试验3.1条确定	—
2	从沥青桶中取样	根据本试验3.2.6条确定	—
3	样品取用加热次数	根据本试验3.3.4条确定	思考加热次数为什么不能过多

2. 沥青的试样制备方法

(1)试验方法。

T 0602—2011　沥青试样准备方法

1. 目的与适用范围

1.1　本方法规定了按本规程 T 0601 取样的沥青试样在试验前的试样准备方法。

1.2　本方法适用于黏稠道路石油沥青、煤沥青、聚合物改性沥青等需要加热后才能进行试验的沥青试样，按此法准备的沥青供立即在试验室进行各项试验使用。

1.3　本方法也适用于对乳化沥青试样进行各项性能测试。每个样品的数量根据需要决定，常规测定不少于 600 g。

2. 仪器与材料要求

2.1　烘箱：200 ℃，装有温度控制调节器。

2.2　加热炉具：电炉或燃气炉(丙烷石油气、天然气)。

2.3　石棉垫：不小于炉具上面积。

2.4　滤筛：筛孔孔径 0.6 mm。

2.5　沥青盛样器皿：金属锅或瓷坩埚。

2.6　烧杯：1 000 mL。

2.7　温度计：量程 0 ℃～100 ℃及 200 ℃，分度值 0.1 ℃。

2.8　天平：称量 2 000 g，感量不大于 1 g；称量 100 g，感量不大于 0.1 g。

2.9　其他：玻璃棒、溶剂、棉纱等。

3. 方法与步骤

3.1　热沥青试样制备。

3.1.1　将装有试样的盛样皿带盖放入恒温烘箱中，当石油沥青试样中含有水分时，烘箱温度 80 ℃左右，加热至沥青全部熔化后供脱水用。当石油沥青中无水分时，烘箱温度宜为软化点温度以上 90 ℃，通常为 135 ℃左右。对取来的沥青试样不得直接采用电炉或燃气炉明火加热。

3.1.2　当石油沥青试样中含有水分时，将盛样皿放在可控温的砂浴、油浴、电热套上加热脱水，不得已采用电炉、燃气炉加热脱水时必须加石棉垫。加热时间不超过 30 min，并用玻璃棒轻轻搅拌，防止局部过热。在沥青温度不超过 100 ℃的条件下，仔细脱水至无泡沫为止，最后的加热温度不宜超过软化点以上 100 ℃(石油沥青)或 50 ℃(煤沥青)。

3.1.3　将盛样器中的沥青通过 0.6 mm 的滤筛过滤，不等冷却立即一次灌入各项试样的模具中。当温度下降太多时，宜适当加热再灌模。根据需要也可将试样分装入擦拭干净并干燥的一个或数个沥青盛样皿中，数量应满足一批试验项目所需的沥青样品。

3.1.4　在沥青灌模过程中，如温度下降可放入烘箱中适当加热，试样冷却后反复加热的次数不得超过两次，以防沥青老化影响试验结果。为避免混进气泡，在沥青灌模时不得反复搅动沥青。

3.1.5　灌模剩余的沥青应立即清洗干净，不得重复使用。

3.2　乳化沥青试样制备。

3.2.1　将按本规程 T 0601 取有乳化沥青的盛样器适当晃动，使试样上下均匀。试样数量较少时，宜将盛样器上下倒置数次，使上下均匀。

3.2.2 将试样倒出要求数量,装入盛样皿或烧杯中,供试验使用。

3.2.3 当乳化沥青在试验室自行配制时,可按下列步骤进行:

(1)按上述方法准备热沥青试样。

(2)根据所需制备的沥青乳液质量及沥青、乳化剂、水的比例计算各种材料的数量。

1)沥青用量按式(T 0602—1)计算。

$$m_b = m_E \times P_b \qquad (T\ 0602-1)$$

式中 m_b——所需的沥青质量(g)。

m_E——乳液总质量(g);

P_b——乳液中沥青含量(g)。

2)乳化剂用量按式(T 0602—2)计算。

$$m_e = m_E \times P_E / P_e \qquad (T\ 0602-2)$$

式中 m_e——乳化剂用量(g)。

P_E——乳液中乳化剂的含量(%);

P_e——乳化剂浓度(乳化剂中有效成分含量)(%)。

③水的用量按式(T 0602—3)计算。

$$m_w = m_E - m_E \times P_b \qquad (T\ 0602-3)$$

式中 m_w——配制乳液所需水的质量(g)。

(3)称取所需质量的乳化剂放入1 000 mL烧杯中。

(4)向盛有乳化剂的烧杯中加入所需的水(扣除乳化剂中所含水的质量)。

(5)将烧杯放到电炉上加热并不断搅拌,直到乳化剂完全溶解,当需要调节pH值时可加入适量的外加剂,将溶液加热到40 ℃~60 ℃。

(6)在容器中称取准备好的沥青并加热到120 ℃~150 ℃。

(7)开动乳化机,用热水先把乳化机预热几分钟,然后把热水排净。

(8)将预热的乳化剂倒入乳化机中,随即将预热的沥青徐徐倒入,待全部沥青乳液在机中循环1 min后放出,进行各项试验或密封保存。

注:在倒入乳化沥青过程中,需随时观察乳化情况。如出现异常,应立即停止倒入乳化沥青,并把乳化机中的沥青乳化剂混合液放出。

(2)完成正确准备试样需思考的问题提示。完成"正确准备沥青试样"需思考的问题及提示见表1.2.2。

表1.2.2 完成"正确准备沥青试样"需思考的问题及提示

序号	问题	提示	备注
1	沥青的脱水加热仪器	根据本试验3.1.2条确定	—
2	沥青的脱水温度要求	根据本试验3.1.2条确定	—
3	沥青的脱水时间要求	根据本试验3.1.2条确定	—
4	脱水后沥青的加热温度	根据本试验3.1.2条确定	—
5	浇模前沥青过筛要求	根据本试验3.1.3条确定	思考"筛过沥青的筛子如何清洗"
6	试样反复加热的次数	根据本试验3.1.4条确定	—
7	灌模剩余的沥青如何处理	根据本试验3.1.5条确定	—

3. 测定密度及相对密度

(1)试验方法。

T 0603—2011　沥青密度与相对密度试验

1. 目的与适用范围

本方法适用于使用比重瓶测定各种沥青材料的密度与相对密度。非特殊要求，本方法宜在试验温度 25 ℃及 15 ℃下测定沥青密度与相对密度。

注：对液体石油沥青，也可以采用适宜的液体比重计测定密度或相对密度。

2. 仪具与材料技术要求

2.1　比重瓶：玻璃制，瓶塞下部与瓶口处须仔细研磨。瓶塞中间有一个垂直孔，其下部为凹形，以便由孔中排除空气。比重瓶的容积为 20~30 mL，质量不超过 40 g，形状和尺寸如图 T 0603-1 所示。

2.2　恒温水槽：控温的准确度为 0.1 ℃。

2.3　烘箱：200 ℃，装有温度自动调节器。

2.4　天平：感量不大于 1 mg。

2.5　滤筛：0.6 mm、2.36 mm 各一个。

2.6　温度计：0 ℃~50 ℃，分度为 0.1 ℃。

2.7　烧杯：600~800 mL。

2.8　真空干燥剂。

2.9　洗液：玻璃仪器清洗液，三氯乙烯(分析纯)等。

2.10　蒸馏水(或纯净水)。

2.11　表面活性剂：洗衣粉(或洗涤灵)。

2.12　其他：软布、滤纸等。

3. 试验方法与步骤

3.1　准备工作。

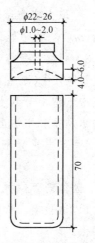

图 T 0603-1　比重瓶(单位：mm)

3.1.1　用洗液、水、蒸馏水先后仔细洗涤比重瓶，然后烘干称其质量(m_1)，精确至 1 mg。

3.1.2　将盛有冷却蒸馏水的烧杯浸入恒温水槽中保温，在烧杯中插入温度计，水的深度必须超过比重瓶顶部 40 mm 以上。

3.1.3　使恒温水槽及烧杯中的蒸馏水达至规定的试验温度，偏差±0.1 ℃。

3.2　比重瓶水值的测定步骤。

3.2.1　将比重瓶及瓶塞放入恒温水槽中的烧杯里，烧杯底浸没水中的深度应不少于 100 mm，烧杯口露出水面，并用夹具将其固牢。

3.2.2　待烧杯中水温再次达到规定温度并保温 30 min 后，将瓶塞塞入瓶口，使多余的水由瓶塞上的毛细孔中挤出。此时比重瓶内不得有气泡。

3.2.3　将烧杯从水槽中取出，再从烧杯中取出比重瓶，立即用干净软布将瓶塞顶部擦拭一次，再迅速擦干比重瓶外面的水分，称其质量(m_2)，精确至 1 mg。瓶塞顶部只能擦拭一次，即使由于膨胀瓶塞上有小水滴也不能再擦拭。

3.2.4　以 m_2-m_1 作为试验温度时比重瓶的水值。

3.3　液体沥青试样的试验步骤。

3.3.1 将试样过筛(0.6 mm)后注入干燥比重瓶中至满，不得混入气泡。

3.3.2 将盛有试样的比重瓶及瓶塞移入恒温水槽(测定温度±0.1 ℃)内盛有水的烧杯中，水面应在瓶口下约 40 mm。不得使水浸入瓶内。

3.3.3 待烧杯内的水温达到要求的温度后保温 30 min，然后将瓶塞塞上，使多余的试样由瓶塞的毛细孔中挤出。用蘸有三氯乙烯的棉花擦净孔口挤出的试样，并保持孔中充满试样。

3.3.4 从水中取出比重瓶，立即用干净软布擦去瓶外的水分或黏附的试样(不得再擦孔口)后，称其质量(m_3)，准确至 3 位小数。

3.4 黏稠沥青试样的试验步骤。

3.4.1 按本规程 T 0602 方法准备沥青试样，沥青的加热温度不高于估计软化点以上 100 ℃(石油沥青或聚合物改性沥青)，将沥青小心注入比重瓶中，约至 2/3 高度。不得使试样黏附瓶口或上方瓶壁，并防止混入气泡。

3.4.2 取出盛有试样的比重瓶，移入干燥器中，在室温下冷却不少于 1 h，连同瓶塞称其质量(m_4)，准确至 3 位小数。

3.4.3 将盛有蒸馏水的烧杯放入已达试验温度的恒温水槽中，然后将称量后盛有试样的比重瓶放入烧杯中(瓶塞也放进烧杯中)，等烧杯中的水温达到规定试验温度后保温 30 min，使比重瓶中气泡上升到水面，待确认比重瓶已经恒温且无气泡后，再将比重瓶的瓶塞塞紧，使多余的水从塞孔中溢出，此时不应带入气泡。

3.4.4 取出比重瓶，按上述方法迅速揩干瓶外水分后称其质量(m_5)，精确至 3 位小数。

3.5 固体沥青试样的试验步骤。

3.5.1 试验前，如试样表面潮湿，可在干燥、清洁的环境下自然吹干，或置于 50 ℃ 烘箱中烘干。

3.5.2 将 50～100 g 试样打碎，过 0.6 mm 及 2.36 mm 筛。取 0.6～2.36 mm 的粉碎试样不少于 5 g 放入清洁、干燥的比重瓶中，塞紧瓶塞后称其质量(m_6)，精确至 3 位小数。

3.5.3 取下瓶塞，将恒温水槽内烧杯中的蒸馏水注入比重瓶，水面高于试样约 10 mm，同时加入几滴表面活性剂溶液(如 1% 洗衣粉、洗涤灵)，并摇动比重瓶使大部分试样沉入水底，必须使试样颗粒表面上附气泡逸出。摇动时勿使试样摇出瓶外。

3.5.4 取下瓶塞，将盛有试样和蒸馏水的比重瓶置真空干燥箱(器)中抽真空，逐渐达到真空度 98 kPa(735 mmHg)不少于 15 min。当比重瓶试样表面仍有气泡时，可再加几滴表面活性剂溶液，摇动后再抽真空。必要时，可反复几次操作，直至无气泡为止。

注：抽真空不宜过快，以防止将样品带出比重瓶。

3.5.5 将保温烧杯中的蒸馏水再注入比重瓶中至满，轻轻塞好瓶塞，再将带塞的比重瓶放入盛有蒸馏水的烧杯中，并塞紧瓶塞。

3.5.6 将装有比重瓶的盛水烧杯再置恒温水槽(试验温度±0.1 ℃)中保持至少 30 min 后，取出比重瓶，迅速揩干瓶外水分后称其质量(m_7)，精确至 3 位小数。

4. 计算

4.1 试验温度下液体沥青试样的密度和相对密度按式(T 0603－1)及式(T 0603－2)计算。

$$\rho_b = \frac{m_3 - m_1}{m_2 - m_1} \times \rho_w \qquad (T\ 0603-1)$$

$$\gamma_b = \frac{m_3 - m_1}{m_2 - m_1} \qquad (T\ 0603-2)$$

式中 ρ_b——试样在试验温度下的密度(g/cm^3);

γ_b——试样在试验温度下的相对密度;

m_1——比重瓶质量(g);

m_2——比重瓶满水时的合计质量(g);

m_3——比重瓶满试样时的合计质量(g);

ρ_w——试验温度下水的密度(g/cm^3),15 ℃水的密度为 0.999 1(g/cm^3),25 ℃水的密度为 0.997 1(g/cm^3)。

4.2 试验温度下黏稠沥青试样的密度和相对密度按式(T 0603-3)及式(T 0603-4)计算。

$$\rho_b = \frac{m_4 - m_1}{(m_2 - m_1) - (m_5 - m_4)} \times \rho_w \qquad (T\ 0603-3)$$

$$\gamma_b = \frac{m_4 - m_1}{(m_2 - m_1) - (m_5 - m_4)} \qquad (T\ 0603-4)$$

式中 m_4——比重瓶与沥青试样合计质量(g);

m_5——比重瓶与试样和水合计质量(g)。

4.3 试验温度下固体沥青试样的密度和相对密度按式(T 0603-5)及式(T 0603-6)计算。

$$\rho_b = \frac{m_6 - m_1}{(m_2 - m_1) - (m_7 - m_6)} \times \rho_w \qquad (T\ 0603-5)$$

$$\gamma_b = \frac{m_6 - m_1}{(m_2 - m_1) - (m_7 - m_6)} \qquad (T\ 0603-6)$$

式中 m_6——比重瓶与沥青试样合计质量(g);

m_7——比重瓶与试样和水合计质量(g)。

5. 报告

同一试样应平行试验两次,当两次试验结果的差值符合重复性试验的允许误差要求时,以平均值作为沥青的密度试验结果,并精确至3位小数,试验报告应注明试验温度。

6. 允许误差

6.1 对黏稠石油沥青及液体沥青,重复性试验的允许差为 0.003 g/cm^3,再现性试验的允许差为 0.007 g/cm^3。

6.2 对固体沥青,重复性试验的允许差为 0.01 g/cm^3,再现性试验的允许差为 0.02 g/cm^3。

6.3 相对密度的允许误差要求与密度相同(无单位)。

(2)完成本试验需思考的问题及提示。完成"沥青密度和相对密度试验"需思考的问题及提示见表1.2.3。

(3)填写试验检测记录表。"沥青密度和相对密度试验检测记录表"填写要求见表1.2.4。

表1.2.3 完成"沥青密度和相对密度试验"需思考的问题及提示

序号	问题	提示	备注
1	适用范围	根据本试验1条确定	思考"25 ℃和15 ℃下沥青的密度"各自的用途
2	天平感量要求	根据本试验2.4条确定	观察仪器铭牌,正确选择
3	比重瓶水值的校正间隔	根据本试验3.2.4条"注"确定	—
4	沥青的加热温度不宜高于软化点以上100 ℃	—	思考这样规定的理论依据
5	试验结果的精度要求	根据本试验5条确定	进一步解释这样做的理论依据

表1.2.4 "沥青密度和相对密度试验检测记录表"填写要求

记录表名称	代号	填写要求
沥青密度和相对密度试验检测记录表	本项目 JJ0801	1. 基本信息区参照任务单内容填写,"试验条件"为环境条件 2. 主要仪器设备名称要填写 3. 只测定沥青25 ℃时的密度和相对密度 4. 数据区用铅笔填写,教师批阅后可修改 5. 落款区"试验"处要本人签名;"复核"处要小组长签名 6. 空白格中打横杠

4. 测定沥青的针入度

(1)试验方法。

T 0604—2011 沥青的针入度试验

1. 目的和适用范围

本方法适用于测定道路石油沥青、聚合物改性沥青针入度以及液体石油沥青蒸馏或乳化沥青蒸发后残留物的针入度,以0.1 mm计。其标准试验条件为温度25 ℃,荷重100 g,贯入时间5 s。

针入度指数PI用以描述沥青的温度敏感性,宜在15 ℃、25 ℃、30 ℃等3个或3个以上温度条件下测定针入度后按规定的方法计算得到,若30 ℃时的针入度值过大,可采用5 ℃代替。当量软化点T_{800}是相当于沥青针入度为800时的温度,用以评价沥青的高温稳定性。当量脆点$T_{1.2}$是相当于沥青针入度为1.2时的温度,用以评价沥青的低温抗裂性能。

2. 仪具与材料技术要求

2.1 针入度仪:为提高测试精度,针入度试验宜采用能够自动计时的针入度仪进行测定,要求针和针连杆在无明显摩擦下垂直运动,针的贯入深度必须精确至0.1 mm。针和针连杆组合件总质量为50 g±0.05 g,另附50 g±0.05 g砝码一只,试验时总质量为100 g±0.05 g。仪器应有放置平底玻璃保温皿的平台,并有调节水平的装置,针连杆应与平台相垂直。应有针连杆制动按钮,使针连杆可以自由下落。针连杆应易于装拆,以便检查其质量。仪器还设有可自动转动与调节距离的悬臂,其端部有一面小镜或聚光灯泡,借以观察针尖与试样表面接触情况。且应经常校验装置的准确性。当采用其他试验条件时,应在试验结果中注明。

2.2 标准针：由硬化回火的不锈钢制成，洛氏硬度HRC54～60，表面粗糙度Ra0.2～0.3μm，针及针连杆总质量2.5 g±0.05 g。针杆上应打印有号码标志。针应设有固定用装置盒(筒)，以免碰撞针尖。每根针必须附有计量部门的检验单，并定期进行检验，其尺寸及形状如图T 0604-1所示。

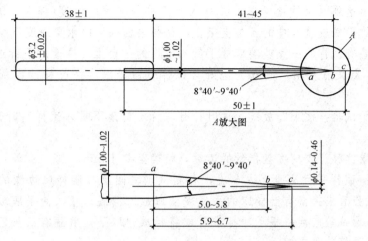

图T 0604-1 针入度标准针(单位：mm)

2.3 盛样皿：金属制，圆柱形平底。小盛样皿的内径55 mm，深35 mm(适用于针入度小于200的试样)；大盛样皿内径70 mm，深45 mm(适用于针入度为200～350的试样)；对针入度大于350的试样需使用特殊盛样皿，其深度不小于60 mm，试样体积不小于125 mL。

2.4 恒温水槽：容量不小于10 L，控温的精确度为0.1 ℃。水槽中应设有一带孔的搁架，位于水面下不得少于100 mm，距水槽底不得少于50 mm处。

2.5 平底玻璃皿：容量不小于1 L，深度不小于80 mm。内设有一不锈钢三角支架，能使盛样皿稳定。

2.6 温度计或温度传感器：精度为0.1 ℃。

2.7 计数器：精度为0.1 s。

2.8 位移计或位移传感器：精度为0.1 mm。

2.9 盛样皿盖：平板玻璃，直径不小于盛样皿开口尺寸。

2.10 溶剂：三氯乙烯等。

2.11 其他：电炉或砂浴、石棉网、金属锅或瓷把坩埚等。

3. 方法与步骤

3.1 准备工作。

3.1.1 按本规程T 0602的方法准备试样。

3.1.2 按试验要求将恒温水槽调节到要求的试验温度25 ℃，或15 ℃、30 ℃(5 ℃)，保持稳定。

3.1.3 将试样注入盛样皿中，试样高度应超过预计针入度值10 mm，并盖上盛样皿，以防落入灰尘。盛有试样的盛样皿在15 ℃～30 ℃室温中冷却不少于1.5 h(小盛样皿)、2 h(大盛样皿)或3 h(特殊盛样皿)后，应移入保持规定试验温度(偏差±0.1 ℃)的恒温水槽中，并应保温不少于1.5 h(小盛样皿)、2 h(大盛样皿)或2.5 h(特殊盛样皿)。

3.1.4 调整针入度仪使之水平。检查针连杆和导轨,以确认无水和其他外来物,无明显摩擦。用三氯乙烯或其他溶剂清洗标准针,并擦干。将标准针插入针连杆,用螺钉固紧。按试验条件,加上附加砝码。

3.2 试验步骤。

3.2.1 取出达到恒温的盛样皿,并移入水温控制在试验温度(偏差±0.1 ℃,可用恒温水槽中的水)的平底玻璃皿中的三脚支架上,试样表面以上的水层深度不少于10 mm。

3.2.2 将盛有试样的平底玻璃皿置于针入度仪的平台上。慢慢放下针连杆,用适当位置的反光镜或灯光反射观察,使针尖恰好与试样表面接触,将位移计或刻度盘指针复位为零。

3.2.3 开始试验,按下释放键,这时计时与标准针落下贯入试样同时开始,至5 s时自动停止。

3.2.4 读取位移计或刻度盘指针的读数,精确至0.1 mm。

3.2.5 同一试样平行试验至少3次,各测试点之间及与盛样皿边缘的距离不应少于10 mm。每次试验后应将盛有盛样皿的平底玻璃皿放入恒温水槽,使平底玻璃皿中水温保持试验温度。每次试验应换一根干净标准针或将标准针取下,用蘸有三氯乙烯溶剂的棉花或布揩净,再用干棉花或布擦干。

3.2.6 测定针入度大于200的沥青试样时,至少用3支标准针,每次试验后将针留在试样中,直至3次平行试验完成后,才能将标准针取出。

3.2.7 测定针入度指数PI时,按同样的方法在15 ℃、25 ℃、30 ℃(或5 ℃)3个或3个以上(必要时增加10 ℃、20 ℃等)温度条件下分别测定沥青的针入度,但用于仲裁试验的温度条件应为5个。

4. 计算

根据测试结果可按以下方法计算针入度指数、当量软化点及当量脆点。

4.1 公式计算法。

4.1.1 将3个或3个以上不同温度条件下测试的针入度值取对数,令$y=\lg P$,$x=T$,按式(T 0604-1)的针入度指数与温度的直线关系,进行$y=a+bx$一元一次方程的直线回归,求取针入度温度指数$A_{\lg P_{en}}$。

$$\lg P = K + A_{\lg P_{en}} \times T \tag{T 0604-1}$$

式中 $\lg P$——不同温度条件下测得的针入度值的对数;

T——试验温度(℃);

K——回归方程的常数项a;

$A_{\lg P_{en}}$——回归方程的系数b。

按式(T 0604-1)回归时必须进行相关性检验,直线回归相关系数R不得小于0.997(置信度95%),否则,试验无效。

4.1.2 按式(T 0604-2)确定沥青的针入度指数,并记为PI。

$$PI = \frac{20 - 500 A_{\lg P_{en}}}{1 + 50 A_{\lg P_{en}}} \tag{T 0604-2}$$

4.1.3 按式(T 0604-3)确定沥青的当量软化点T_{800}。

$$T_{800} = \frac{\lg 800 - K}{A_{\lg P_{en}}} = \frac{2.903\ 1 - K}{A_{\lg P_{en}}} \tag{T 0604-3}$$

4.1.4 按式(T 0604-4)确定沥青的当量脆点 $T_{1.2}$。

$$T_{1.2}=\frac{\lg 1.2-K}{A_{\lg P_{en}}}=\frac{0.0792-K}{A_{\lg P_{en}}} \quad (T\ 0604-4)$$

4.1.5 按式(T 0604-5)计算沥青的塑性温度范围 ΔT。

$$\Delta T=T_{800}-T_{1.2}=\frac{2.8239}{A_{\lg P_{en}}} \quad (T\ 0604-5)$$

4.2 诺模图法。

将3个或3个以上不同温度条件下测试的针入度值绘于图 T 0604-2 的针入度温度关系诺模图中,按最小二乘法法则绘制回归直线,将直线后两端延长分别与针入度为800及1.2的水平线相交,交点的温度即为当量软化点,T_{800}和当量脆点 $T_{1.2}$。以图中 O 为原点,绘制回归直线的平行线,与PI线相交,读取点处的PI值即为该沥青的针入度指数。此法不能检验针入度对数与温度直线回归的相关系数,仅供快速草算时使用。

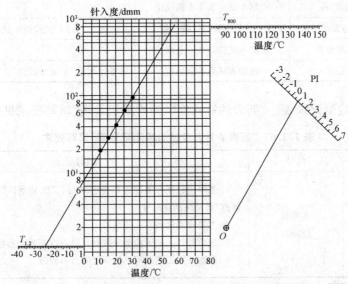

图 T 0604-2 确定道路沥青 PI、T_{800}、$T_{1.2}$ 的针入度温度关系诺模图

5. 报告

5.1 应报告标准温度(25 ℃)时的针入度以及其他试验温度 T 所对应的针入度,及由此求取针入度指数PI、当量软化点 T_{800}、当量脆点 $T_{1.2}$ 的方法和结果。当采用公式计算法时,应报告按式(T 0604-1)回归的直线相关系数 R。

5.2 同一试样3次平行试验结果的最大值和最小值之差在下列允许偏差范围内时,计算3次试验结果的平均值,取整数作为针入度试验结果,以 0.1 mm 为单位。

针入度(0.1 mm)	允许差值(0.1mm)
0~49	2
50~149	4
150~249	12
250~500	20

当试验值不符此要求时,应重新进行试验。

6. 允许误差

6.1 当试验结果小于50(0.1 mm)时，重复性试验的允许差为2(0.1 mm)，再现性试验的允许差为4(0.1 mm)。

6.2 当试验结果等于或大于50(0.1 mm)时，重复性试验的允许差为平均值的4%，再现性试验的允许差为平均值的8%。

(2)完成本试验需思考的问题提示。完成"沥青的针入度试验"需思考的问题及提示见表1.2.5。

表1.2.5 完成"沥青的针入度试验"需思考的问题及提示

序号	问题	提示	备注
1	针入度的单位	根据本试验1条确定	—
2	标准针的检验要求	根据本试验2.2条确定	要正确使用标准针，以免损坏
3	冷却及保温时间	根据本试验3.1.3条确定	—
4	如何判定针尖与表面接触	试样中针的倒影与针的位置关系	本试验的关键点之一
5	平行试验距离要求	根据本试验3.2.5条确定	
6	允许误差要求	根据本试验6条确定	思考什么是"重复性试验"、什么是"复现性试验"

(3)填写试验检测记录表。"沥青的针入度试验检测记录表"填写要求见表1.2.6。

表1.2.6 "沥青的针入度试验检测记录表"填写要求

记录表名称	代号	填写要求
沥青三大指标试验检测记录表	本项目 JJ0802	1. 基本信息区参照任务单内容填写，"试验条件"为环境条件，"样品名称"要反映沥青标号 2. 主要仪器设备名称要填写 3. 只填写针入度试验部分数据，针入度指数内容如果没做，打横杠 4. 数据区用铅笔填写，教师批阅后可修改

5. 测定沥青的延度

(1)试验方法。

T 0605—2011 沥青延度试验

1. 目的与适用范围

1.1 本方法适用于测定道路石油沥青、聚合物改性沥青、液体石油沥青蒸馏残留物和乳化沥青蒸发后残留物等材料的延度。

1.2 沥青延度的试验温度与拉伸速率可根据要求采用，通常采用的试验温度为25 ℃、15 ℃、10 ℃或5 ℃，拉伸速度为5 cm/min±0.25 cm/min。当低温采用1 cm/min±0.05 cm/min拉伸速度时，应在报告中注明。

2. 仪具与材料技术要求

2.1 延度仪：延度仪的测量长度不宜大于150 cm，仪器应用自动控温、控速系统。应满足试件浸没于水中，能保持规定的试验温度及规定的拉伸速度拉伸试件，且试验时无明显振动。该仪器的形状及组成如图T 0605—1所示。

2.2 试模：黄铜制，由两个端模和两个侧模组成，试模内侧表面粗糙度 $Ra0.2~\mu m$。其形状及尺寸如 T 0605-2 所示。

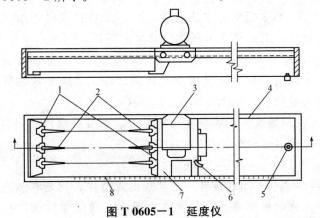

图 T 0605-1 延度仪

1—试模；2—试样；3—电机；4—水槽；5—泄水孔；6—开关柄；7—指针；8—标尺

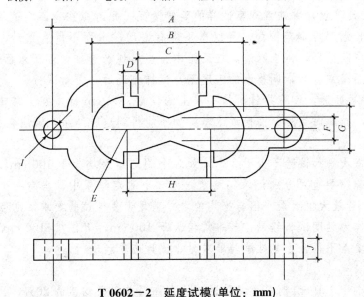

T 0602-2 延度试模(单位：mm)

A—两端模环中心点距离 111.5~113.5 mm；B—试件总长 74.5~75.5 mm；
C—端模间距 29.7~30.3 mm；D—肩长 6.8~7.2 mm；E—半径 15.75~16.25 mm；
F—最小横断面宽 9.9~10.1 mm；G—端模口宽 19.8~20.2 mm；H—两半圆圆心
间距离 42.9~43.1 mm；I—端模孔直径 6.5~6.7 mm；J—厚度 9.9~10.1 mm

2.3 试模底板：玻璃板或磨光的铜板、不锈钢板(表面粗糙度 $Ra0.2~\mu m$)。

2.4 恒温水槽：容量不少于 10 L，控制温度的精确度为 0.1 ℃，水槽中应设有带孔的搁架，搁架距水槽底不得少于 50 mm。试件浸入水中深度不小于 100 mm。

2.5 温度计：0 ℃~50 ℃，分度为 0.1 ℃。

2.6 砂浴或其他加热炉具。

2.7 甘油滑石粉隔离剂(甘油与滑石粉的质量比 2:1)。

2.8 其他：平刮刀、石棉网、酒精、食盐等。

3. 方法与步骤

3.1 准备工作。

3.1.1 将隔离剂拌和均匀，涂于清洁干燥的试模底板和两个侧模的内侧表面，并将试模在试模底板上装妥。

3.1.2 按本规程 T 0602 规定的方法准备试样，然后将试样仔细自试模的一端至另一端往返数次缓缓注入模中，最后略高出试模。灌模时不得使气泡混入。

3.1.3 试件在室温中冷却不少于 1.5 h，然后用热刮刀刮除高出试模的沥青，使沥青面与试模面齐平。沥青的刮法应自试模的中间刮向两端，且表面应刮得平滑。将试模连同底板再放入规定试验温度的水槽中 1.5 h。

3.1.4 检查延度仪延伸速度是否符合规定要求，然后移动滑板使其指针正对标尺的零点。将延度仪注水，并保温达试验温度(偏差±0.1 ℃)。

3.2 试验步骤。

3.2.1 将保温后的试件连同底板移入延度仪的水槽中，然后将盛有试样的试模自玻璃板或不锈钢板上取下，将试模两端的孔分别套在滑板及槽端固定板的金属柱上，并取下侧模。水面距试件表面应不小于 25 mm。

3.2.2 开动延度仪，并注意观察试样的延伸情况。此时应注意，在试验过程中，水温应始终保持在试验温度规定范围内，且仪器不得有振动，水面不得有晃动，当水槽采用循环水时，应暂时中断循环，停止水流。在试验中，当发现沥青细丝浮于水面或沉入槽底时，则应在水中加入酒精或食盐，调整水的密度至与试样相近后，重新试验。

3.2.3 试件拉断时，读取指针所指标尺上的读数，以 cm 计。在正常情况下，试件延伸时应成锥尖状，拉断时实际断面接近于零。如不能得到这种结果，则应在报告中注明。

4. 报告

同一样品，每次平行试验不少于 3 个，如 3 个测定结果均大于 100 cm，试验结果记作">100 cm"；特殊需要也可分别记录实测值。如 3 个测定结果中，当有一个以上的测定值小于 100 cm 时，若最大值或最小值与平均值之差满足重复性试验要求，则取 3 个测定结果的平均值的整数作为延度试验结果，若平均值大于 100 cm，记作">100 cm"；若最大值或最小值与平均值之差不符合重复性试验要求时，试验应重新进行。

5. 允许误差

当试验结果小于 100 cm 时，重复性试验的允许误差为平均值的 20%，再现性试验的允许误差为平均值的 30%。

(2)完成本试验需思考的问题及提示。完成"沥青的延度试验"需思考的问题及提示见表 1.2.7。

表 1.2.7 完成"沥青的延度试验"需思考的问题及提示

序号	问题	提示	备注
1	隔离剂名称和配比	根据本试验 2.7 条确定	—
2	隔离剂的涂抹位置	根据本试验 3.1.1 条确定	
3	试样冷却时间	根据本试验 3.1.3 条确定	
4	刮模方法	根据本试验 3.1.3 条确定	
5	试样保温时间	根据本试验 3.1.3 条确定	
6	试验中沥青丝浮于水面或沉入槽底如何处理	根据本试验 3.2.2 确定	思考这样处理的理论依据
7	延度单位	根据本试验 3.2.3 条确定	
8	试验结果如何记录	根据本试验 4 条确定	

(3)填写试验检测记录表。"沥青的延度试验检测记录表"填写要求见表1.2.8。

表1.2.8 "沥青的延度试验检测记录表"填写要求

记录表名称	代号	填写要求
沥青三大指标试验检测记录表	本项目 JJ0802	1. 与"针入度试验"为同一记录表 2. 填写延度试验部分,如果10 ℃延度没做,打横杠 3. 数据区用铅笔填写,教师批阅后可修改

6. 测定沥青的软化点

(1)试验方法。

T 0606—2011　沥青软化点试验(环球法)

1. 目的与适用范围

本方法适用于测定道路石油沥青、聚合物改性沥青的软化点,也适用于测定液体石油沥青、煤沥青蒸馏残留物或乳化沥青蒸发残留物的软化点。

2. 仪具与材料技术要求

2.1　软化点试验仪:如图T 0606-1所示,由下列部件组成:

(1)钢球:直径9.53 mm,质量3.5 g±0.05 g。

(2)试样环:由黄铜或不锈钢等制成,形状、尺寸如图T 0606-2所示。

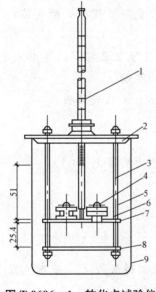

图T 0606-1　软化点试验仪
1—温度计;2—上盖板;3—立杆;
4—钢球;5—钢球定位环;6—金属环;
7—中层板;8—下底板;9—烧杯

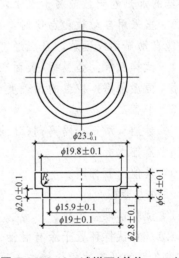

图T 0606-2　试样环(单位:mm)

(3)钢球定位环:由黄铜或不锈钢制成,形状、尺寸如图T 0606-3所示。

(4)金属支架:由两个主杆和三层平行的金属板组成。上层为一圆盘,直径略大于烧杯直径,中间有一圆孔,用以插放温度计。中层板形状和尺寸如图T 0606-4所示,板上有两个孔，各放置金属环，中间有一小孔可支持温度计的测温端部。一侧立杆距杯上面 51 mm 处刻有水高标记。环下面距下层底板为 25.4 mm，而下底板距烧杯底不小于 12.7 mm，也不得大于 19 mm。三层金属板和两个主杆由两螺母固定在一起。

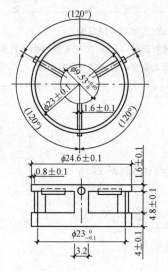

图 T 0606－3　钢球定位环(单位：mm)

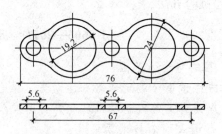

图 T 0606－4　中层板(单位：mm)

(5)耐热玻璃烧杯：容量 800～1 000 mL，直径不小于 86 mm，高不小于 120 mm。

(6)温度计：量程 0 ℃～100 ℃，分度为 0.5 ℃。

2.2　装有温度调节器的电炉或其他加热炉具(液化石油气、天然气等)。应采用带有振荡搅拌器的加热电炉，振荡子置于烧杯底部。

2.3　当采用自动软化点仪时，各项要求应与 2.1 及 2.2 相同，温度采用温度传感器测定，并能自动显示或记录，且应经常校验自动装置的准确性。

2.4　试样底板：金属板(表面粗糙度应达 $Ra0.8~\mu m$)或玻璃板。

2.5　恒温水槽：控温的精确度为±0.5 ℃。

2.6　平直刮刀。

2.7　甘油、滑石粉隔离剂(甘油与滑石粉的比例为质量比 2∶1)。

2.8　蒸馏水或纯净水。

2.9　其他：石棉网。

3.　方法与步骤

3.1　试验前准备工作。

3.1.1　将试样环置于涂有甘油滑石粉隔离剂的试样底板上。按本规程 T 0602 的规定方法将准备好的沥青试样徐徐注入试样环内至略高出环面为止。

如估计试样软化点高于 120 ℃，则试样环和试样底板(不用玻璃板)均应预热至 80 ℃～100 ℃。

3.1.2　试样在室温冷却 30 min 后，用热刮刀刮除环面上的试样，应使其与环面齐平。

3.2　试验步骤。

3.2.1　试样软化点在 80 ℃以下者。

(1)将装有试样的试样环连同试样底板置于 5 ℃±0.5 ℃的恒温水槽中至少 15 min；同

时将金属支架、钢球、钢球定位环等亦置于相同水槽中。

(2)烧杯内注入新煮沸并冷却至5℃的蒸馏水或纯净水,水面略低于立杆上的深度标记。

(3)从恒温水槽中取出盛有试样的试样环放置在支架中层板的圆孔中,套上定位环;然后将整个环架放入烧杯中,调整水面至深度标记,并保持水温为5℃±0.5℃。环架上任何部分不得附有气泡。将0℃~100℃的温度计由上层板中心孔垂直插入,使端部测温头底部与试样环下面齐平。

(4)将盛有水和环架的烧杯移至放有石棉网的加热炉具上,然后将钢球放在定位环中间的试样中央,立即开动电磁振荡搅拌器,使水微微振荡,并开始加热,使杯中水温在3 min内调节至维持每分钟上升5℃±0.5℃。在加热过程中,应记录每分钟上升的温度值,如温度上升速度超出此范围时,则试验应重做。

(5)试样受热软化逐渐下坠,至与下层底板表面接触时,立即读取温度,精确至0.5℃。

3.2.2 试样软化点在80℃以上者。

(1)将装有试样的试样环连同试样底板置于装有32℃±1℃甘油的恒温槽中至少15 min;同时将金属支架、钢球、钢球定位环等置于甘油中。

(2)在烧杯内注入预先加热至32℃的甘油,其液面略低于立杆上的深度标记。

(3)从恒温槽中取出装有试样的试样环,按上述3.2.1的方法进行测定,精确至1℃。

4. 报告

同一试样平行试验两次,当两次测定值的差值符合重复性试验允许误差要求时,取其平均值作为软化点试验结果,精确至0.5℃。

5. 允许误差

5.1 当试样软化点小于80℃时,重复性试验的允许误差为1℃,再现性试验的允许误差为4℃。

5.2 当试样软化点等于或大于80℃时,重复性试验的允许误差为2℃,再现性试验的允许误差为8℃。

(2)完成本试验需思考的问题提示。完成"沥青的软化点试验"需思考的问题及提示见表1.2.9。

表1.2.9 完成"沥青的软化点试验"需思考的问题及提示

序号	问题	提示	备注
1	冷却时间	根据本试验3.1.2条确定	—
2	刮平试样时刮刀要求	根据本试验3.1.2条确定	—
3	软化点结果准确要求	根据本试验4条确定	根据"数据修约规则"0.5倍修约方法进行修约
4	平行试验的精密度超过要求怎么办	正确理解本试验5条的要求	—

(3)填写试验检测记录表。"沥青的软化点试验检测记录表"填写要求见表1.2.10。

表1.2.10 "沥青的软化点试验检测记录表"填写要求

记录表名称	代号	填写要求
沥青三大指标试验检测记录表	本项目 JJ0802	1. 与"针入度试验"为同一记录表 2. 填写软化点试验部分 3. 数据区用铅笔填写，教师批阅后可修改 4. 落款区"试验"处要本人签名；"复核"处要小组长签名 5. 空白格中打横杠

二、编制检测报告

1. 确定太原地区沥青路面使用性能的气候分区

沥青混合料的技术性质与使用环境，如气温和湿度关系密切。因此，在选择沥青材料的等级、进行沥青混合料配合比设计、检验沥青混合料的使用性能时，应适应公路环境条件的需要，能经受高温、低温、雨(雪)水的考验。所以应对本地区作出具体的气候区划分，以适应地区具体气候条件的需要。气候分区指标分为高温指标、低温指标和雨量指标，根据表1.2.11的规定确定太原地区沥青路面使用性能的气候分区。

(1)高温指标：采用近30年内最热月平均日最高气温的平均值作为反映高温和重载条件下出现车辙等流动变形的气候因子，并作为气候区划的一级指标，分为3个区，见表1.2.11。

(2)低温指标：采用最近30年的极端最低气温作为反映路面温缩裂缝的气候因子，并作为气候区划的二级指标，分为4个区，见表1.2.11。

(3)雨量指标：采用最近30年内的年降水量的平均值作为反映沥青路面受雨(雪)水影响的气候因子，并作为气候区划的三级指标，分为4个区，见表1.2.11。

表1.2.11 沥青路面使用性能气候分区

气候分区指标		气候分区			
高温指标	高温气候区	1	2	3	
	气候区名称	夏炎热区	夏热区	夏凉区	
	七月平均最高温度/℃	>30	20~30	<20	
低温指标	低温气候区	1	2	3	4
	气候区名称	冬严寒区	冬寒区	冬冷区	冬温区
	极端最低气温/℃	<-37.5	-37.5~-21.5	-21.5~-9.0	>-9.0
雨量指标	雨量气候区	1	2	3	4
	气候区名称	潮湿区	湿润区	半干区	干旱区
	年降雨量/mm	>1 000	1 000~500	500~250	<250

2. 道路石油沥青的技术要求

道路石油沥青的技术要求见表1.2.12。

表 1.2.12 道路石油沥青技术要求

指标	单位	等级	160号	130号	110号	90号	70号[3]	50号	30号	试验方法[1]
针入度 (25 ℃, 5 s, 100 g)	0.1 mm	—	140~200[4]	120~140[4]	100~120	80~100	60~80	40~60	20~40	T 0604
适用的气候分区[6]	—	—	注[4]	注[4]	2-1　2-2　3-2	1-1　1-2　1-3　2-2　2-3	1-3　1-4　2-2　2-3　2-4	1-4	注	JTG F40 附录 A[5]
针入度指数 PI[2]	—	A	−1.5　~　+1.0							T 0604
		B	−1.8　~　+1.0							
软化点 (R&B) 不小于	℃	A	38	40	43	45	44	46	45　49	55	T 0606
		B	36	39	42	43	42	44	43　46	53	
		C	35	37	41	42	42	43	43　45	50	
60 ℃动力黏度[2] 不小于	Pa·s	A	—	60	120	160	140	180	160　200	260	T 0620
10 ℃延度[2] 不小于	cm	A	50	50	40	45　30　20	30　20　20　15　25	20　15　15	10	T 0605
		B	30	30	30	30　20　20　15	20　15　15　10　10	10　8		
15 ℃延度 不小于	cm	A、B	100					80	50	
		C	80	80	60	50	40	30	20	
含蜡量 (蒸馏法) 不大于	%	A	2.2							T 0615
		B	3.0							
		C	4.5							
闪点 不小于	℃		230			245		260		T 0611
溶解度 不小于	%		99.5							T 0607
密度(15 ℃)	/(g·cm⁻³)		实测记录							T 0603
TFOT(或RTFOT) 后质量变化 不大于	%		±0.8							T 0610 或 T 0609
残留针入度比 不小于	%	A	48	54	55	57	61	63	65	T 0604
		B	45	50	52	54	58	60	62	
		C	40	45	48	50	54	58	60	
残留延度(10 ℃) 不小于	cm	A	12	12	10	8	6	4	—	T 0605
		B	10	10	8	6	4	2	—	

续表

指标	单位	等级	沥青标号							试验方法[1]
			160号	130号	110号	90号	70号[3]	50号	30号	
残留延度 (15 ℃) 不小于	cm	C	40	35	30	20	15	10	—	T 0605

注：[1]试验方法按照现行《公路工程沥青及沥青混合料试验规程》(JTG E20—2011)规定的方法执行。用于仲裁试验求取PI时的5个温度的针入度关系的相关系数不得小于0.997。

[2]经建设单位同意，表中PI值、60 ℃动力黏度、10 ℃延度可作为选择性指标，也可不作为施工质量检验指标。

[3]70号沥青可根据需要要求供应商提供针入度范围为60～70或70～80的沥青，50号沥青可要求提供针入度范围为40～50或50～60的沥青。

[4]30号沥青仅适用于沥青稳定基层。130号和160号沥青除寒冷地区可直接在中低级公路上直接应用外，通常用作乳化沥青、稀释沥青、改性沥青的基质沥青。

[5]老化试验以TFOT为准，也可以RTFOT代替。

[6]气候分区见表1.2.11。

3. 检测报告的编制要求

"70♯道路石油沥青试验检测报告"的编制要求见表1.2.13。

表1.2.13　"70♯道路石油沥青试验检测报告"编制要求

检测报告名称	代号	填写要求
道路石油沥青试验检测报告	本项目报告续页 JB010801	1. 基本信息区参照委托单内容填写 2. 判定依据为《公路沥青路面施工技术规范》(JTG F40—2004) 3. 主要仪器设备名称要填写 4. 数据区用签字笔填写，错误处按要求"修改"并在修改处签名 5. 检测结论要严谨准确 6. 落款区"试验"处要本人签名；"复核"处要小组长签名；"签发处"指导教师签名 7. 空白空格中打横杠

任务三　最佳沥青用量设计

> **任务描述**
>
> 本任务是学生模拟检测中心沥青混合料室试验检测员根据附表1.4的任务单中提供的材料，在教师指导下完成AC-13沥青混凝土配合比设计任务，正确填写试验检测记录表，并编制检验报告。其中成型马歇尔试件、马歇尔试件物理力学指标测定的完成以学生为主，其他则在教师的指导下分步完成。

一、成型马歇尔试件

拟定油石比为4.0%、4.5%、5.0%、5.5%、6.0%，按设计的矿料的组成比例成型五组马歇尔试件，一组最少成型四个合格试件。

1. 试件制作温度的选择

沥青混合料试件的制作温度应与施工实际温度相一致,普通沥青混合料可参照表 1.3.1 执行。

表 1.3.1 普通沥青混合料试件的制作温度　　　　　　　　　　　℃

施工工序	石油沥青标号				
	50 号	70 号	90 号	110 号	130 号
沥青加热温度	160~170	155~165	150~160	145~155	140~150
矿料加热温度	集料加热温度比沥青温度高 10~30(填料不加热)				
沥青混合料拌合温度	150~170	145~165	140~160	135~155	130~150
试件击实成型温度	140~160	135~155	130~150	125~140	120~140

2. 成型马歇尔试件

试验依据为《公路工程沥青及沥青混合料试验规程》(JTG E20—2011)。
(1)试验方法。

T 0702—2011　沥青混合料试件制作方法(击实法)

1. 目的与适用范围

1.1　本方法适用于采用标准击实法或大型击实法制作沥青混合料试件,以供试验室进行沥青混合料物理力学性质的试验使用。

1.2　标准击实法适用于马歇尔试验、间接抗拉试验(劈裂法)等所使用的 $\phi 101.6$ mm× 63.5 mm 圆柱体试件的成型。大型击实法适用于大型马歇尔试验和 $\phi 152.4$ mm×95.3 mm 的大型圆柱体试件的成型。

1.3　沥青混合料试件制作时的矿料规格及试件数量应符合如下规定:

1.3.1　当集料公称最大粒径小于或等于 26.5 mm 时,采用标准击实法。一组试件的数量不少于 4 个。

1.3.2　当集料公称最大粒径大于 26.5 mm 时,宜采用大型击实法。一组试件的数量不少于 6 个。

2. 仪具与材料的技术要求

2.1　自动击实仪:击实仪应具有自动记数、控制仪表、按钮设置、复位及暂停等功能。按其用途分为以下两种:

2.1.1　标准击实仪:由击实锤、$\phi 98.5$ mm±0.5 mm 平圆形压实头及带手柄的导向棒组成。用机械将击实锤提升,至 457.2 mm±1.5 mm 高度沿导向棒自由落下击实,标准击实锤质量 4 536 g±9 g。

2.1.2　大型击实仪:由击实锤、$\phi 149.5$ mm±0.1 mm 平圆形压实头及带手柄的导向棒组成。用机械将击实锤提升,至 457.2 mm±2.5 mm 高度沿导向棒自由落下击实,大型击实锤质量 10 210 g±10 g。

2.2　试验室用沥青混合料拌合机:能保证拌合温度并充分拌合均匀,可控制拌合时间,容量不小于 10 L,如图 T 0702-1 所示。搅拌叶的自转速度为 70~80 r/min,公转速度为 40～50 r/min。

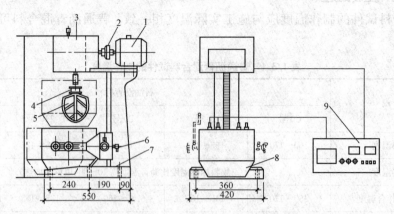

图 T 0702－1 试验室用沥青混合料拌合机
1—电机；2—联轴器；3—变速箱；4—弹簧；5—拌合叶片；6—升降手柄；
7—底座；8—加热拌合锅；9—温度时间控制仪

2.3 试模：由高碳钢或工具钢制成，几何尺寸如下：

2.3.1 标准击实仪试模的内径为 101.6 mm±0.2 mm，圆柱形金属筒高 87 mm，底座直径约为 120.6 mm，套筒内径为 104.8 mm、高为 70 mm。

2.3.2 大型击实仪试模的套筒外径为 165.1 mm，内径为 155.6 mm±0.3 mm，总高为 83 mm。试模内径为 152.4 mm±0.2 mm，总高 115 mm；底座板厚为 12.7 mm，直径为 172 mm。

2.4 脱模器：电动或手动，应能无破损地推出圆柱体试件，备有标准圆柱体试件及大型试件尺寸的推出环。

2.5 烘箱：大型、中型各 1 台，应有温度调节器。

2.6 天平或电子秤：用于称量沥青的，感量不大于 0.1 g；用于称量矿料的，感量不大于 0.5 g。

2.7 布洛克菲尔德黏度计。

2.8 插刀或大螺丝刀。

2.9 温度计：分度为 1 ℃。宜采用有金属插杆的插入式数显温度计，金属插杆的长度不小于 150 mm。量程为 0 ℃～300 ℃。

2.10 其他：电炉或煤气炉、沥青熔化锅、拌合铲、标准筛、滤纸（或普通纸）、胶布、卡尺、秒表、粉笔、棉纱等。

3. 准备工作

3.1 确定制作沥青混合料试件的拌合温度与压实温度。

3.1.1 按本规程测定沥青的黏度，绘制黏温曲线。按表 T 0702－1 的要求确定适宜于沥青混合料拌合及压实的等黏温度。

3.1.2 当缺乏沥青的黏度测定条件时，试件的拌合与压实温度可按表 T 0702－2 选用，并根据沥青品种和标号做适当调整。针入度小、稠度大的沥青取高限；针入度大、稠度小的沥青取低限；一般取中值。

3.1.3 对改性沥青，应根据实践经验、改性剂的品种和用量，适当提高混合料的拌合和压实温度；对大部分聚合物改性沥青，通常在普通沥青的基础上提高10 ℃～20 ℃；掺加纤维时，还需再提高10 ℃左右。

表 T 0702－1　沥青混合料拌合及压实的沥青等黏温度

沥青混合料类型	黏度与测定方法	适宜于拌合的沥青结合料黏度	适宜于压实的沥青结合料黏度
石油沥青	表观黏度，T 0625	0.17 Pa·s±0.02 Pa·s	0.28 Pa·s±0.03 Pa·s

注：液体沥青混合料的压实成型温度按石油沥青的要求执行。

表 T 0702－2　沥青混合料拌合及压实温度参考表　　　　　　　　℃

沥青结合料种类	拌合温度	压实温度
石油沥青	140～160	120～150
改性沥青	160～175	140～170

3.1.4　常温沥青混合料的拌合及压实在常温下进行。

3.2　沥青混合料试件的制作条件

3.2.1　在拌合厂或施工现场采取沥青混合料制作试样时，按本规程 T 0701 的方法取样，将试样置于烘箱中加热或保温，在混合料中插入温度计测量温度，待混合料的温度符合要求后成型。需要拌合时可倒入已加热的室内沥青混合料拌合机中适当拌合，时间不超过 1 min。不得在电炉或明火上加热炒拌。

3.2.2　在试验室人工配制沥青混合料时，材料的准备按下列步骤进行：

(1)将各种规格的矿料置于 105 ℃±5 ℃ 的烘箱中烘干至恒重（一般不少于 4～6 h）。

(2)将烘干分级的粗、细集料，按每个试件设计级配要求称其质量，在一金属盘内混合均匀，矿粉单独放入盆里；然后置烘箱中加热至沥青拌合温度以上约 15 ℃（采用石油沥青时通常为 163 ℃；采用改性沥青时通常为 180 ℃）备用。一般按一组试件（每组 4～6 个）备料，但进行配合比设计时宜对每个试件分别备料。常温沥青混合料的矿料不应加热。

(3)将按本规程 T 0601 采取的沥青试样，用烘箱加热至规定的沥青混合料拌合温度，但不得超过 175 ℃。当不得已采用燃气炉或电炉直接加热进行脱水时，必须使用石棉垫隔开。

4.　拌制沥青混合料

4.1　黏稠石油沥青混合料：

4.1.1　用蘸有少许黄油的棉纱擦净试模、套筒及击实座等，置于 100 ℃左右烘箱中加热 1 h 备用。常温沥青混合料用试模无须加热。

4.1.2　将沥青混合料拌合机预热至拌合温度，即 10 ℃左右。

4.1.3　将加热的粗细集料置于拌合机中，用小铲子适当混合；然后加入所需数量的沥青（如沥青已称量在某专用容器内时，可在倒掉沥青后用一部分热矿粉将黏附在容器壁上的沥青擦拭一起倒入拌合锅中），开动拌合机一边搅拌一边将拌合叶片插入混合料中拌合 1～1.5 min；暂停拌合，加入加热的矿粉，继续拌合至均匀为止，并使沥青混合料保持在要求的拌合温度范围内。标准的总拌合时间为 3 min。

4.2　液体石油沥青混合料：将每组（或每个）试件的矿料置于已加热至 55 ℃～100 ℃的沥青混合料拌合机中，注入要求数量的液体沥青，并将混合料边加热边拌合，使液体沥青中的溶剂挥发至50%以下。拌合时间应经过试拌决定。

4.3 乳化沥青混合料：将每个试件的粗细集料，置于沥青混合料拌合机(不加热，也可用人工炒拌)中；注入计算的用水量(阴离子乳化沥青不加水)后，拌合均匀并使矿料表面完全湿润；再注入设计的沥青乳化液用量，在1 min内使混合料拌匀；然后加入矿粉后迅速拌合，至混合料拌成褐色为止。

5. 成型方法

5.1 击实法的成型步骤如下：

5.1.1 将拌好的沥青混合料用小铲适当拌合均匀，称取一个试件所需的用量(标准马歇尔试件约1 200 g，大型马歇尔试件约4 050 g)。当已知沥青混合料的密度时，可根据试件的标准尺寸计算并乘以1.03，得到要求的混合料数量。当一次拌合几个试件时，宜将其倒入经预热的金属盘中，用小铲适当拌合并均匀分成几份，分别取用。在试件制作过程中，为防止混合料温度下降，应连盘放在烘箱中保温。

5.1.2 从烘箱中取出预热的试模及套筒，用蘸有少许黄油的棉纱擦拭套筒、底座及击实锤底面，将试模装在底座上，垫一张圆形的吸油性小的纸，用小铲将混合料铲入试模中，用插刀或大螺丝刀沿周边插捣15次，中间捣10次。插捣后将沥青混合料的表面整平。对大型击实法的试件，混合料分两次加入，每次插捣次数同上。

5.1.3 插入温度计至混合料中心附近，检查混合料温度。

5.1.4 待混合料温度符合要求的压实温度后，将试模连同底座一起放在击实台上固定。在装好的混合料上面垫一张吸油性小的圆纸，再将装有击实锤及导向棒的压实头插入试模中，然后开启电动机或人工将击实锤从457 mm的高度自由落下击实规定的次数(75次或50次)。对大型试件，击实次数为75次(相应于标准击实的50次)或112次(相当于标准击实75次)。

5.1.5 试件击实一面后，取下套筒，将试模翻面，装上套筒；然后以同样的方法和次数击实另一面。

乳化沥青混合料试件在两面击实后，将一组试件在室温下横向放置24 h，另一组试件置于温度为105 ℃±5 ℃的烘箱中养生24 h。将养生试件取出后再立即两面锤击各25次。

5.1.6 试件击实结束后，立即用镊子取掉上下面的纸，用卡尺量取试件离试模上口的高度并由此计算试件高度，不符合要求时，试件应作废，并按式(T 0702—1)调整试件的混合料质量，以保证高度符合63.5 mm±1.3 mm(标准试件)或95.3 mm±2.5 mm(大型试件)的要求。

$$调整后混合料的质量 = \frac{要求试件高度 \times 原用混合料质量}{所得试件的高度} \quad (T\ 0702-1)$$

5.2 卸去套筒和底座，将装有试件的试模横向放置，冷却至室温后(不少于12 h)，置脱模机上脱出试件。用于本规程T 0709现场马歇尔指标检验的试件，在施工质量检验过程中如急需试验，允许采用电风扇吹冷1 h或浸水冷却3 min以上的方法脱模；但浸水脱模法不能用于测量密度、空隙率等各项物理指标。

5.3 将试件仔细置于干燥洁净的平面上，供试验用。

(2)完成本试验需思考的问题提示。完成"马歇尔试件制作"需思考的问题及提示见表1.3.2。

表 1.3.2 完成"马歇尔试件制作"需思考的问题及提示

序号	问题	提示	备注
1	试件尺寸要求为标准试件	根据本试验 1 条确定	回答"马歇尔标准试件"的尺寸
2	一组合格试件的个数	根据本试验 1.3.1 条确定	—
3	成型一组马歇尔试件所需各材料的质量	根据本试验 5.1.1 条预估总质量	反思"是否会计算一组试件所需各材料的质量"
4	粗集料的取样	—	严格按照四分法缩分取样
5	压实温度的测定	根据本试验 5.1.3 条确定	—
6	击实的次数确定	根据本试验 5.1.4 条确定	—

二、检测各项物理力学指标，填写试验检测记录表

试验依据为《公路工程沥青及沥青混合料试验规程》(JTG E20—2011)。

1. 测定并计算物理指标

测定压实沥青混合料试件的毛体积相对密度并计算空隙率(VV)、矿料间隙率(VMA)及沥青饱和度(VFA)等参数。

(1)试验方法。

T 0705—2011 压实沥青混合料密度试验(表干法)

1. 目的与适用范围

1.1 本方法适用于测定吸水率不大于2%的各种沥青混合料试件，包括密级配沥青混凝土、沥青玛蹄脂碎石混合料(SMA)和沥青稳定碎石等沥青混合料试件的毛体积相对密度或毛体积密度。标准温度为 25 ℃±0.5 ℃。

1.2 本方法测定的毛体积相对密度和毛体积密度适用于计算沥青混合料试件的空隙率、矿料间隙率等各项体积指标。

2. 仪具与材料技术要求

2.1 浸水天平或电子天平：当最大称量在 3 kg 以下时，感量不大于 0.1 g；最大称量在 3 kg 以上时，感量不大于 0.5 g。应有测量水中重的挂钩。

2.2 网篮。

2.3 溢流水箱：如图 T 0705－1 所示，使用洁净水，有水位溢流装置，保持试件和网篮浸入水中后的水位一定。能使水温调整至 25 ℃±0.5 ℃。

2.4 试件悬吊装置：天平下方悬吊网篮及试件的装置，吊线应采用不吸水的细尼龙线绳，并有足够的长度。对轮碾成型机成型的板块状试件可用铁丝悬挂。

2.5 秒表。

2.6 毛巾。

2.7 电风扇或烘箱。

3. 试验步骤

3.1 准备试件。本试验可以采用室内成型的试件，也可以采用工程现场钻芯、切割等方法获得的试件。当现场钻芯取样时，应按照 T 0701 的方法进行。试验前试件宜在阴凉处

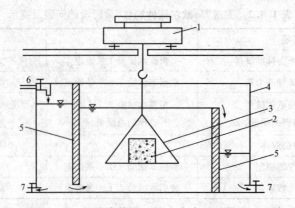

图 T 0705—1　溢流水箱及下挂法水中重称量方法示意图
1—浸水天平或电子秤；2—试件；3—网篮；4—溢流水箱；
5—水位搁板；6—注入口；7—放水阀门

保存(温度不宜高于 35 ℃)，且放置在水平的平面上，注意不要使试件产生变形。

3.2　选择适宜的浸水天平或电子天平，最大称量应满足试件质量的要求。

3.3　除去试件表面的浮粒，称取干燥试件在空气中的质量(m_a)，根据所选择天平的感量读数，精确至 0.1 g 或 0.5 g。

3.4　将溢流水箱水温保持在 25 ℃±0.5 ℃。挂上网篮，浸入溢流水箱中，调节水位，将天平调平或复零，把试件置于网篮中(注意不要晃动水)浸水 3~5 min，称取水中质量(m_w)。若天平读数持续变化，不能很快达到稳定，说明试件吸水较严重，不适用于此法测定，应改用本规程 T 0707 的蜡封法测定。

3.5　从水中取出试件，用洁净柔软拧干的湿毛巾轻轻擦去试件的表面水(不得吸走空隙内的水)，称取试件的表干质量(m_f)。从试件拿出水面到擦拭结束不宜超过 5 s，称量过程中流出的水不得再擦拭。

3.6　对从工程现场钻取的非干燥试件可先称取水中质量(m_w)和表干质量(m_f)，然后用电风扇将试件吹干至恒重(一般不少于 12 h，当不需要进行其他试验时，也可用 60 ℃±5 ℃烘箱烘干至恒重)，再称取空气中质量(m_a)。

4. 计算

4.1　按式(T 0705—1)计算试件的吸水率，结果取 1 位小数。

$$S_a = \frac{m_f - m_a}{m_f - m_w} \times 100\% \tag{T 0705—1}$$

式中　S_a——试件的吸水率(%)；
　　　m_a——干燥试件在空气中的质量(g)；
　　　m_w——试件在水中的质量(g)；
　　　m_f——试件的表干质量(g)。

4.2　按式(T 0705—2)及式(T 0705—3)计算试件的毛体积相对密度和毛体积密度，结果取 3 位小数。

$$\gamma_f = \frac{m_a}{m_f - m_w} \tag{T 0705—2}$$

$$\rho_f = \frac{m_a}{m_f - m_w} \times \rho_w \tag{T 0705—3}$$

式中 γ_f——试件毛体积相对密度,量纲为1;
　　ρ_f——试件毛体积密度(g/m³);
　　ρ_w——25 ℃时水的密度,取0.997(g/cm³)。

4.3 按式(T 0705-4)计算试件的空隙率,取1位小数。

$$VV=\left(1-\frac{\gamma_f}{\gamma_t}\right)\times100\% \quad (T\ 0705-4)$$

式中 VV——试件的空隙率(%);
　　γ_t——沥青混合料理论最大相对密度,按4.7的方法计算或实测得到,量纲为1;
　　γ_f——试件的毛体积相对密度,量纲为1,通常采用表干法测定;当试件的吸水率S_a>2%时,由蜡封法测定;当按规定容许采用水中重法测定时,也可采用表观相对密度代替。

4.4 按式(T 0705-5)计算矿料的合成毛体积相对密度,结果取3位小数。

$$\gamma_{sb}=\frac{100}{\frac{P_1}{\gamma_1}+\frac{P_2}{\gamma_2}+\cdots+\frac{P_n}{\gamma_n}} \quad (T\ 0705-5)$$

式中 γ_{sb}——矿料的合成毛体积相对密度,量纲为1。
　　$P_1,P_2,\cdots,P_n$——各种矿料占矿料总质量的百分率(%),其和为100。
　　$\gamma_1,\gamma_2,\cdots,\gamma_n$——各种矿料相应的毛体积相对密度,量纲为1;采用《公路工程集料试验规程》(JTG E42—2005)的方法进行测定,粗集料按T 0304方法测定;机制砂及石屑按T 0330方法测定,也可以用筛出的2.36~4.75 mm部分按T 0304方法测定的毛体积相对密度代替;矿粉(含消石灰、水泥)采用表观相对密度。

4.5 按式(T 0705-6)计算矿料的合成表观相对密度,取3位小数。

$$\gamma_{sa}=\frac{100}{\frac{P_1}{\gamma'_1}+\frac{P_2}{\gamma'_2}+\cdots+\frac{P_n}{\gamma'_n}} \quad (T\ 0705-6)$$

式中 γ_{sa}——矿料的合成表观相对密度,量纲为1;
　　$\gamma'_1,\gamma'_2,\cdots,\gamma'_n$——各种矿料的表观相对密度,量纲为1。

4.6 确定矿料的有效相对密度,取3位小数。

4.6.1 对非改性沥青混合料,采用真空法实测理论最大相对密度,取平均值。按式(T 0705-7)计算合成矿料的有效相对密度γ_{se}。

$$\gamma_{se}=\frac{100-P_b}{\frac{100}{\gamma_t}-\frac{P_b}{\gamma_b}} \quad (T\ 0705-7)$$

式中 γ_{se}——合成矿料有效相对密度,量纲为1;
　　P_b——沥青用量,即沥青质量占沥青混合料总质量的百分比(%);
　　γ_t——实测的沥青混合料理论最大相对密度,量纲为1;
　　γ_b——25 ℃时沥青的相对密度,量纲为1。

4.6.2 对改性沥青及SMA等难以分散的混合料,有效相对密度宜直接由矿料的合成毛体积相对密度与合成表观相对密度按式(T 0705-8)计算确定,其中沥青吸收系数C值根据材料吸水率由式(T 0705-9)求得,合成矿料的吸水率按式(T 0705-10)计算。

$$\gamma_{se} = C \times \gamma_{sa} + (1-C) \times \gamma_{sb} \tag{T 0705-8}$$

$$C = 0.033w_x^2 - 0.2936w_x + 0.9339 \tag{T 0705-9}$$

$$w_x = \left(\frac{1}{\gamma_{sb}} - \frac{1}{\gamma_{sa}}\right) \times 100\% \tag{T 0705-10}$$

式中 C——沥青吸收系数，量纲为1；

w_x——合成矿料的吸水率(%)。

4.7 确定沥青混合料的理论最大相对密度，结果取3位小数。

4.7.1 对非改性的普通沥青混合料，采用真空法实测沥青混合料的理论最大相对密度γ_t。

4.7.2 对改性沥青或SMA混合料宜按式(T 0705-11)或式(T 0705-12)计算沥青混合料对应油石比的理论最大相对密度。

$$\gamma_t = \frac{100 + P_a}{\dfrac{100}{\gamma_{se}} + \dfrac{P_a}{\gamma_b}} \tag{T 0705-11}$$

$$\gamma_t = \frac{100 + P_a + P_x}{\dfrac{100}{\gamma_{se}} + \dfrac{P_a}{\gamma_b} + \dfrac{P_x}{\gamma_x}} \tag{T 0705-12}$$

式中 γ_t——计算沥青混合料对应油石比的理论最大相对密度，量纲为1；

P_a——油石比，即沥青质量占矿料总质量的百分比(%)；

$$P_a = P_b/(100 - P_b) \times 100\%$$

P_x——纤维用量，即纤维质量占矿料总质量的百分比(%)；

γ_x——25℃时纤维的相对密度，由厂方提供或实测得到，量纲为1；

γ_{se}——合成矿料的有效相对密度，量纲为1；

γ_b——25℃时沥青的相对密度，量纲为1。

4.7.3 对旧路面钻取芯样的试件缺乏材料密度、配合比及油石比的沥青混合料，可以采用真空法测沥青混合料的理论最大密度γ_t。

4.8 按式(T 0705-13)~式(T 0705-15)计算试件的空隙率、矿料间隙率VMA和有效沥青的饱和度VFA，取1位小数。

$$VV = \left(1 - \frac{\gamma_f}{\gamma_t}\right) \times 100\% \tag{T 0705-13}$$

$$VMA = \left(1 - \frac{\gamma_f}{\gamma_{sb}} \times \frac{P_s}{100\%}\right) \times 100\% \tag{T 0705-14}$$

$$VFA = \frac{VMA - VV}{VMA} \times 100\% \tag{T 0705-15}$$

式中 VV——沥青混合料试件的空隙率(%)；

VMA——沥青混合料试件的矿料间隙率(%)；

VFA——沥青混合料试件的有效沥青饱和度(%)；

P_s——各种矿料占沥青混合料总质量的百分率之和(%)；

$$P_s = 100 - P_b$$

γ_{sb}——矿料的合成毛体积相对密度，量纲为1。

4.9 按式(T 0705-16)~式(T 0705-18)计算沥青结合料被矿料吸收的比例及有效沥青含量、有效沥青体积百分率，取1位小数。

$$P_{ba}=\frac{\gamma_{se}-\gamma_{sb}}{\gamma_{se}\times\gamma_{sb}}\times\gamma_{b}\times 100 \qquad (T\ 0705-16)$$

$$P_{be}=P_{b}-\frac{P_{ba}}{100}\times P_{s} \qquad (T\ 0705-17)$$

$$V_{be}=\frac{\gamma_{f}\times P_{be}}{\gamma_{b}} \qquad (T\ 0705-18)$$

式中 P_{ba}——沥青混合料中被矿料吸收的沥青质量占矿料总质量的百分率(%)；

P_{be}——沥青混合料中的有效沥青含量(%)；

V_{be}——沥青混合料试件的有效沥青体积百分率(%)。

4.10 按式(T 0705-19)计算沥青混合料的粉胶比，取1位小数。

$$FB=\frac{P_{0.075}}{P_{be}} \qquad (T\ 0705-19)$$

式中 FB——粉胶比，沥青混合料的矿料中 0.075 mm 通过率与有效沥青含量的比值，量纲为1；

$P_{0.075}$——矿料级配中 0.075 mm 通过率(水洗法)(%)。

4.11 按式(T 0705-20)计算集料的比表面积，按式(T 0705-21)计算沥青混合料沥青膜厚度。各种集料粒径的表面积系数按表 T 0705-1 取用。

$$SA=\sum(P_i\times FA_i) \qquad (T\ 0705-20)$$

$$DA=\frac{P_{be}}{\rho_b\times P_s\times SA}\times 1\ 000 \qquad (T\ 0705-21)$$

式中 SA——集料的比表面积(m^2/kg)。

P_i——集料各粒径质量的通过百分率(%)；

FA_i——各筛孔对应集料的表面积系数(m^2/kg)，按表 T 0705-1 确定；

DA——沥青膜的有效厚度(μm)；

γ_b——沥青 25 ℃时的密度(g/cm^3)。

表 T 0705-1 集料的表面积系数及比表面积计算示例

筛孔尺寸/mm	19	16	13.2	9.5	4.75	2.26	1.18	0.6	0.3	0.15	0.075
表面积系数 FA_i/($m^2\cdot kg^{-1}$)	0.004 1	—	—	—	0.004 1	0.008 2	0.016 4	0.028 7	0.061 4	0.122 9	0.327 7
集料各粒径质量的通过百分率/%	100	92	85	76	60	42	32	23	16	12	6
集料的比表面积 $FA_i\times P_i$/($m^2\cdot kg^{-1}$)	0.41	—	—	—	0.25	0.34	0.52	0.66	0.98	1.47	1.97
集料的比表面积 SA/($m^2\cdot kg^{-1}$)	\multicolumn{11}{l}{SA=0.41+0.25+0.34+0.52+0.66+0.98+1.47+1.97=6.60}

注：矿料级配中大于 4.75 mm 集料的表面积系数 FA 均取 0.004 1。计算集料比表面积时，大于 4.75 mm 集料的比表面积只计算一次，即只计算最大粒径对应部分。如表 T 0705-1，该例的 SA=6.60 m^2/kg，若沥青混合料的有效沥青含量为 4.65%，沥青混合料的沥青用量为 4.8%，沥青的密度为 1.03 g/cm^3，P_s=95.2，则沥青膜有效厚度 DA=4.65/(95.2×1.03×6.60)×1 000=7.19 μm。

4.12 粗集料骨架间隙率可按式(T 0705-22)计算，取1位小数。

$$VCA_{mix}=100-\frac{\gamma_f}{\gamma_{ca}}\times P_{ca} \qquad (T\ 0705-22)$$

式中 VCA_{mix}——粗集料骨架间隙率(%);

P_{ca}——矿料中所有粗集料质量占沥青混合料总质量的百分率(%),按式(T 0705—23)得到;

$$P_{ca}=P_s\times PA_{4.75}/100 \qquad (T\ 0705-23)$$

$PA_{4.75}$——矿料级配中 4.75 mm 筛余量,即 100 减去 4.75 mm 通过率。

注:$PA_{4.75}$ 对于一般沥青混合料为矿料级配中 4.75 mm 筛余量,对于公称最大粒径不大于 9.5 mm 的 SMA 混合料为 2.36 mm 筛余量,对特大粒径根据需要可以选择其他筛孔。

γ_{ca}——矿料中所有粗集料的合成毛体积相对密度,按式(T 0705—24)计算,量纲为1;

$$\gamma_{ca}=\frac{P_{1c}+P_{2c}+\cdots+P_{nc}}{\frac{P_{1c}}{\gamma_{1c}}+\frac{P_{2c}}{\gamma_{2c}}+\cdots\frac{P_{nc}}{\gamma_{nc}}} \qquad (T\ 0705-24)$$

$P_{1c},\cdots,P_{nc}$——矿料中各种粗集料在矿料配合比中的比例(%);

$\gamma_{1c},\cdots,\gamma_{nc}$——矿料中各种粗集料对水毛体积的相对密度。

5. 报告

应在试验报告中注明沥青混合料的类型及测定密度采用的方法。

6. 允许误差

试件毛体积密度试验重复性的允许误差为 0.020 g/cm³。试件毛体积相对密度试验重复性的允许误差为 0.020。

(2)完成本试验需思考的问题提示。完成"沥青混合料的密度试验"需思考的问题及提示见表 1.3.3。

表 1.3.3 完成"沥青混合料的密度试验"需思考的问题及提示

序号	问题	提示	备注
1	适用范围	根据本试验 1 条确定	—
2	水温要求	根据本试验 3.4 条确定	思考如何得到要求温度的水
3	擦干试件表面水的方法	根据本试验 3.5 条确定	—
4	计算空隙率需要知道的参数 γ_t 如何确定	根据本指导书沥青混合料的理论最大相对密度试验(真空法确定)	
5	计算矿料间隙率需要知道的参数 γ_{sb} 的计算条件	根据本试验 4.4 条确定	思考各矿料毛体积密度如何得到

(3)填写试验检测记录表。"沥青混合料的密度试验检测记录表"填写要求见表 1.3.4。

表 1.3.4 "沥青混合料的密度试验检测记录表"填写要求

记录表名称	代号	填写要求
沥青混合料(浸水)马歇尔试验检测记录表	本项目 JJ0902	1. 本记录表共 5 页 2. 基本信息区参照任务单内容填写。"样品名称""样品编号""样品描述"不填 3. 主要仪器设备要填写 4. 密度检测方法为表干法 5. 理论最大相对密度为实测值[理论最大相对密度(真空法)数据] 6. 数据区用铅笔填写,教师批阅后可修改 7. 落款区"试验"本人签名;"复核"处小组长签名 8. 空白格中打横杠

2. 真空法实测各组沥青混合料的理论最大相对密度

(1)试验方法。

T 0711—2011 沥青混合料理论最大相对密度试验(真空法)

1. 目的与适用范围

1.1 本方法适用于采用真空法测定沥青混合料理论最大相对密度,供沥青混合料配合比设计、路况调查或路面施工质量管理计算空隙率、压实度等使用。

1.2 本方法不适用于吸水率大于3%的多孔性集料的沥青混合料。

2. 仪具与材料技术要求

2.1 天平:称量5 kg以上,感量不大于0.1 g;称量2 kg以下,感量不大于0.05 g。

2.2 负压容器:根据试样数量选用表T 0711-1中A、B、C的任何一种类型。负压容器口带橡皮塞,上接橡胶管,管口下方有滤网,防止细料部分吸入胶管。为便于抽真空时观察气泡情况,负压容器至少有一面透明或者采用透明的密封盖。

表 T 0711-1　负压容器类型

类型	容器	附属设备
A	耐压玻璃,塑料或金属制的罐,容积大于2 000 mL	有密封盖,接真空胶管,分别与真空装置和压力表连接
B	容积大于2 000 mL的真空容量瓶	带胶皮塞,接真空胶管,分别与真空装置和压力表连接
C	4 000 mL耐压真空器皿或干燥器	带胶皮塞,接真空胶管,分别与真空装置和压力表连接

2.3 真空负压装置:如图T 0711-1所示,由真空泵、真空表、调压装置、压力表及干燥或积水装置等组成。

2.3.1 真空泵应使负压容器内产生3.7 kPa±0.3 kPa(27.5 mmHg±2.5 mmHg)的负压;真空表分度值不得大于2 kPa。

2.3.2 调压装置应具备过压调节功能,以保持负压容器的负压稳定在要求范围内,同时还应具有卸除真空压力的功能。

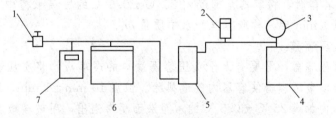

图 T 0711-1　理论最大相对密度仪装置
1—核查接口;2—调压装置;3—真空表;4—真空泵;
5—干燥或积水装置;6—负压容器;7—压力表

2.3.3 压力表应经过标定,能够测定0~4 kPa(0~30 mmHg)负压。当采用水银压力表时分度值为1 mmHg,示值误差为2 mmHg;非水银压力表分度值为0.1 kPa,示值误差为0.2 kPa。压力表不得直接与真空装置连接,应单独与负压容器相接。

2.3.4 采用干燥或积水装置主要是为了防止负压容器内的水分进入真空泵内。

2.4 振动装置:试验过程中根据需要可以开启或关闭。

2.5 恒温水槽：水温控制在 25 ℃±0.5 ℃。
2.6 温度计：分度值为 0.5 ℃。
2.7 其他：玻璃板、平底盘、铲子等。
3. 方法与步骤
3.1 准备工作。
3.1.1 按以下几种方法获取沥青混合料试样，试样数量宜不少于表 T 0711-2 规定的数量。

表 T 0711-2 沥青混合料试样数量

公称最大粒径/mm	试样最小质量/g	公称最大粒径/mm	试样最小质量/g
4.75	500	26.5	2 500
9.5	1 000	31.5	3 000
13.2，16	1 500	37.5	3 500
19	2 000		

(1)按照 T 0702 的方法拌制沥青混合料，分别拌制两个平行试样，放置于平底盘中。

(2)按照 T 0701 沥青混合料取样方法从拌合楼、运料车或者摊铺现场取样，趁热缩分成两个平行试样，分别放置于平底盘中。

(3)从沥青路面上钻芯取样或切割的试样，或者其他来源的冷沥青混合料，应置于 125 ℃±5 ℃的烘箱中加热至变软、松散后，缩分成两个平行试样，分别放置于平底盘中。

3.1.2 将平底盘中的热沥青混合料，在室温中冷却或者用电风扇吹，一边冷却一边将沥青混合料团块仔细分散，粗集料不破碎，细集料团块分散到小于 6.4 mm。若混合料坚硬时可用烘箱适当加热后再分散，加热温度不超过 60 ℃。分散试样时可用铲子翻动、分散，在温度较低时应用手掰开，不得用锤打碎以防止集料破碎。当试样是从施工现场采取的非干燥混合料时，应用电风扇吹干至恒重后再操作。

3.1.3 负压容器标定方法：

(1)采用 A 类容器时，将容器全部浸入 25 ℃±0.5 ℃的恒温水槽中，负压容器完全浸没，恒温 10 min±1 min 后，称取容器的水中质量 m_1。

(2)B、C 类负压容器：

1)大端口的负压容器，需要有大于负压容器端口的玻璃板。将负压容器和玻璃板放进水槽后，应轻轻摇动负压容器使容器内气泡排除。恒温 10 min±1 min，取出负压容器和玻璃板，向负压容器内加满 25 ℃±0.5 ℃的水至液面稍微溢出，用玻璃板盖住容器端口 1/3，然后慢慢沿容器端口水平方向移动，盖住整个端口，注意查看有没有气泡。擦除负压容器四周的水，称取盛满水的负压容器质量 m_b。

2)小口的负压容器，需要采用中间带垂直孔的塞子，其下部为凹槽，以便于空气从孔中排除。将负压容器和塞子放进水槽后，应轻轻摇动负压容器使容器内气泡排除。恒温 10 min±1 min，在水中将瓶塞塞进瓶口，使多余的水由瓶塞上的孔中挤出。取出负压容器，将负压容器用干净软布将瓶塞顶部擦拭一次，再迅速擦除负压容器外面的水分，最后称其质量 m_b。

3.1.4 将负压容器干燥、编号，称取其干燥质量。

3.2 试验步骤。

3.2.1 将沥青混合料试样装入干燥的负压容器中，称容器及沥青混合料的总质量，得到试样的净质量 m_a。试样质量应不小于上述规定的最小质量。

3.2.2 在负压容器中注入 25 ℃±0.5 ℃的水，将混合料全部浸没，并较混合料顶面高出约 2 cm。

3.2.3 将负压容器放到试验仪上，与真空泵、压力表等连接，开动真空泵，使负压容器内的负压在 2 min 内达到 3.7 kPa±0.3 kPa(27.5 mmHg±2.5 mmHg)时，开始计时，同时开动振动装置和抽真空，持续 15 min±2 min。

为使气泡容易除去，试验前可在水中加 0.01%浓度的表面活性剂（如每 100 mL 水中加 0.01 g 洗涤灵）。

3.2.4 当抽真空结束后，关闭真空装置和振动装置，打开调压阀慢慢卸压，卸压速度不得大于 8 kPa/s（通过真空表读数控制），使负压容器内压力逐渐恢复。

3.2.5 当负压容器采用 A 类容器时，将盛试样的容器浸入保温至 25 ℃±0.5 ℃的恒温水槽中，恒温 10 min±1 min 后，称取负压容器与沥青混合料的水中质量(m_2)。

3.2.6 当负压容器采用 B、C 类容器时，将装有沥青混合料试样的容器浸入保温至 25 ℃±0.5 ℃的恒温水槽中，恒温 10 min±1 min 后，注意容器中不得有气泡，擦净容器外的水分，称取容器、水和沥青混合料试样的总质量(m_c)。

4. 计算

4.1 采用 A 类容器时，沥青混合料的理论最大相对密度按式(T 0711-1)计算。

$$\gamma_t = \frac{m_a}{m_a - (m_2 - m_1)} \qquad (T\ 0711-1)$$

式中 γ_t——沥青混合料理论最大相对密度；

m_a——干燥沥青混合料试样的空中质量(g)；

m_1——负压容器在 25 ℃水中的质量(g)；

m_2——负压容器与沥青混合料在 25 ℃水中的质量(g)。

4.2 采用 B、C 类容器作负压容器时，沥青混合料的理论最大相对密度按式(T 0711-2)计算。

$$\gamma_t = \frac{m_a}{m_a + m_b - m_c} \qquad (T\ 0711-2)$$

式中 m_b——装满 25 ℃水的负压容器质量(g)；

m_c——25 ℃时试样、水与负压容器的总质量(g)。

4.3 沥青混合料 25 ℃时的理论最大密度按式(T 0711-3)计算。

$$\rho_t = \gamma_t \times \rho_w \qquad (T\ 0711-3)$$

式中 ρ_t——沥青混合料的理论最大密度(g/cm^3)；

ρ_w——25 ℃时水的密度，0.997 1(g/cm^3)。

5. 修正试验

5.1 需要进行修正试验的情况。

5.1.1 对现场钻取芯样或切割后的试件，粗集料有破碎的情况，且破碎面没有裹覆沥青。

5.1.2 沥青与集料拌合不均匀，部分集料没有完全裹覆沥青。

5.2 修正试验方法。

5.2.1 完成3.2.5后,将负压容器静置一段时间在混合料沉淀后,将容器慢慢倾斜,使容器内的水通过0.075 mm筛滤掉。

5.2.2 将残留部分水的沥青混合料细心倒入一个平底盘中,然后用适当的水涮容器和0.075 mm筛网,并将其也倒入平底盘中。重复几次,直到无残留混合料。

5.2.3 静置一段时间后,稍微提高平底盘一端,使试样中部分水倒出平底盘,并用吸耳球慢慢吸去水。

5.2.4 将试样在平底盘中尽量摊开,用吹风机或电风扇吹干,并不断翻拌试样。每15 min称量一次,当两次质量相差小于0.05%时,认为达到表干状态,称取质量为表干质量,用表干质量代替 m_a 重新计算。

6. 报告

同一试样至少进行两次平行试验,计算平均值作为试验结果,取3位小数。采用修正试验时需要在报告中注明。

7. 允许误差

重复性试验的允许误差为0.011 g/cm³,再现性试验的允许误差为0.019 g/cm³。

(2)完成本试验需思考的问题及提示。完成"沥青混合料的理论最大相对密度试验"需思考的问题及提示见表1.3.5。

表1.3.5 完成"沥青混合料的理论最大相对密度试验"需思考的问题及提示

序号	问题	提示	备注
1	适用范围	根据本试验1.2确定	—
2	本试验室的负压容器类别	根据本试验2.2条确定	—
3	所取试样数量	根据本试验3.1.1条确定	—
4	试样的分散方法及细集料团块分散要求	根据本试验3.1.2条确定	思考为什么要将细集料团块分散到6.4 mm以下
5	标定B类负压容器的水温要求	根据本试验3.1.3条确定	思考如何获得该温度的水
6	试验时的负压要求	根据本试验3.2.3条确定	—
7	平行试验次数及计算结果取小数的位数要求	根据本试验6条确定	—

(3)填写试验检测记录表。"沥青混合料理论最大相对密度试验检测记录表"填写要求见表1.3.6。

表1.3.6 "沥青混合料理论最大相对密度试验检测记录表"填写要求

记录表名称	代号	填写要求
沥青混合料理论最大相对密度试验检测记录表(真空法)	本项目JJ0907	1. 基本信息区参照任务单内容填写。"样品名称""样品编号""样品描述"不填 2. 主要仪器设备要填写 3. 试样类型从"试验室拌合""拌合楼拌合""路面芯样"中选择 4. 数据区用铅笔填写,教师批阅后可修改 5. 落款区"试验"处本人签名;"复核"处小组长签名 6. 空白格中打横杠

3. 测定力学指标

测定物理指标后的试件，在 60 ℃下测定其马歇尔稳定度和流值，并计算马歇尔模数。
(1)试验方法。

T 0709—2011 沥青混合料马歇尔稳定度试验

1. 目的与适用范围

1.1 本方法适用于马歇尔稳定度试验和浸水马歇尔稳定度试验，以进行沥青混合料的配合比设计或沥青路面施工质量检验。浸水马歇尔稳定度试验(根据需要，也可进行真空饱水马歇尔试验)供检验沥青混合料受水损害时抵抗剥落的能力时使用，通过测试其水稳定性检验配合比设计的可行性。

1.2 本方法适用于按本规程 T 0702 成型的标准马歇尔试件圆柱体和大型马歇尔试件圆柱体。

2. 仪具与材料技术要求

2.1 沥青混合料马歇尔试验仪：分为自动式和手动式。自动马歇尔试验仪应具备控制装置、记录荷载-位移曲线、自动测定荷载与试件垂直变形，能自动显示和存储或打印试验结果等功能。手动式由人工操作，试验数据通过操作者目测后读取。

对于高速公路和一级公路的沥青混合料宜采用自动马歇尔试验仪。

2.1.1 当集料公称最大粒径小于或等于 26.5 mm 时，对 ϕ101.6 mm×63.5 mm 的标准马歇尔试件，试验仪最大荷载不得小于 25 kN，读数精确至 0.1 kN，加载速率应能保持在 50 mm/min±5 mm/min。钢球直径为 16 mm±0.05 mm，上下压头曲率半径为 50.8 mm±0.08 mm。

2.1.2 当集料公称最大粒径大于 26.5 mm 时，宜采用 ϕ152.4 mm×95.3 mm 大型马歇尔试件，试验仪最大荷载不得小于 50 kN，读数精确至 0.1 kN。上下压头的曲率内径为 152.4 mm±0.2 mm，上下压头间距为 19.05 mm±0.1 mm。

2.2 恒温水槽：控温精确至 1 ℃，深度不小于 150 mm。

2.3 真空饱水容器：包括真空泵及真空干燥器。

2.4 烘箱。

2.5 天平：感量不大于 0.1 g。

2.6 温度计：分度值 1 ℃。

2.7 卡尺。

2.8 其他：棉纱，黄油。

3. 标准马歇尔试验方法

3.1 准备工作。

3.1.1 按 T 0702 标准击实法成型马歇尔试件，标准马歇尔试件尺寸应符合直径 101.6 mm±0.2 mm、高 63.5 mm±1.3 mm 的要求。对于大型马歇尔试件，尺寸应符合直径 152.4 mm±0.2 mm、高 95.3 mm±2.5 mm 的要求。一组试件的数量不得少于 4 个，并符合 T 0702 的规定。

3.1.2 测量试件的直径及高度：用卡尺测量试件中部的直径，用马歇尔试件高度测定器或用卡尺在十字对称的 4 个方向量测离试件边缘 10 mm 处的高度，精确至 0.1 mm，并以其平均值作为试件的高度。如试件高度不符合 63.5 mm±1.3 mm 或 95.3 mm±2.5 mm

的要求或两侧高度差大于 2 mm,则此试件应作废。

3.1.3 按规定方法测定试件的密度,并计算空隙率、沥青体积百分率、沥青饱和度、矿料间隙率等体积指标。

3.1.4 将恒温水槽调节至要求的试验温度,对于黏稠石油沥青或烘箱养生过的乳化沥青混合料为 60 ℃±1 ℃,对于煤沥青混合料为 33.8 ℃±1 ℃,对于空气养生的乳化沥青或液体沥青混合料为 25 ℃±1 ℃。

3.2 试验步骤。

3.2.1 将试件置于已达规定温度的恒温水槽中保温,保温时间对标准马歇尔试件为 30~40 min,对大型马歇尔试件为 45~60 min。试件之间应有间隔,底下应垫起,距水槽底部应不小于 5 cm。

3.2.2 将马歇尔试验仪的上下压头放入水槽或烘箱中达到同样温度。将上下压头从水槽或烘箱中取出并擦拭干净内面。为使上下压头滑动自如,可在下压头的导棒上涂少量黄油。再将试件取出置于下压头上,盖上上压头,然后装在加载设备上。

3.2.3 在上压头的球座上放妥钢球,并对准荷载测定装置的压头。

3.2.4 当采用自动马歇尔试验仪时,将自动马歇尔试验仪的压力传感器、位移传感器与计算机或 $X-Y$ 记录仪正确连接,调整好适宜的放大比例。将压力和位移传感器调零。

3.2.5 当采用压力环和流值计时,将流值计安装在导棒上,使导向套管轻轻地压住上压头,同时将流值计读数调零。调整压力环中百分表并对零。

3.2.6 启动加载设备,使试件承受荷载,加载速度为 50 mm/min±5 mm/min。计算机或 $X-Y$ 记录仪自动记录传感器压力和试件变形曲线并将数据自动存入计算机。

3.2.7 当试验荷载达到最大值的瞬间,取下流值计,同时读取压力环中百分表读数及流值计的流值读数。

3.2.8 从恒温水槽中取出试件至测出最大荷载值的时间,不得超过 30 s。

4. 浸水马歇尔试验方法

浸水马歇尔试验方法与标准马歇尔试验方法的不同之处在于,试件在已达规定温度恒温水槽中的保温时间为 48 h,其余步骤均与标准马歇尔试验方法相同。

5. 真空饱水马歇尔试验方法

试件先放入真空干燥器中,关闭进水胶管,开动真空泵,使干燥器的真空度达到 97.3 kPa(730 mmHg) 以上,维持 15 min;然后打开进水胶管,靠负压进入冷水流,使试件全部浸入水中,浸水 15 min 后恢复常压,取出试件再放入已达规定温度的恒温水槽中保温 48 h。其余均与标准马歇尔试验方法相同。

6. 计算

6.1 试件的稳定度及流值。

6.1.1 当采用自动马歇尔试验仪时,将计算机采集的数据绘制成压力和试件变形曲线,或由 $X-Y$ 记录仪自动记录的荷载-变形曲线,按图 T 0709-1 所示的在切线方向延长曲线与横坐标相交于 O_1,将 O_1 作为修正原点,从 O_1 起量取相应于荷载最大值时的变形作为流值(FL),以 mm 计,精确至 0.1 mm。最大荷载即稳定度(MS),以 kN 计,精确至 0.01 kN。

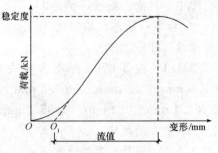

图 T 0709-1 马歇尔试验结果的修正方法

6.1.2 采用压力环和流值计测定时,根据压力环标定曲线,将压力环中百分表的读数换算为荷载值,或者由荷载测定装置读取的最大值即为试样的稳定度(MS),以 kN 计,精确至 0.01 kN。由流值计及位移传感器测定装置读取的试件垂直变形,即为试件的流值(FL),以 mm 计,精确至 0.1 mm。

6.2 试件的马歇尔模数按式(T 0709-1)计算。

$$T=\frac{MS}{FL} \qquad (T\ 0709-1)$$

式中 T——试件的马歇尔模数(kN/mm);
MS——试件的稳定度(kN);
FL——试件的流值(mm)。

6.2 试件的浸水残留稳定度按式(T 0709-2)计算。

$$MS_0=\frac{MS_1}{MS}\times 100\% \qquad (T\ 0709-2)$$

式中 MS_0——试件的浸水残留稳定度(%);
MS_1——试件浸水 48 h 后的稳定度(kN)。

6.4 试件的真空饱水残留稳定度按式(T 0709-3)计算。

$$MS_0'=\frac{MS_2}{MS}\times 100\% \qquad (T\ 0709-3)$$

式中 MS_0'——试件的真空饱水残留稳定度(%);
MS_2——试件真空饱水后浸水 48 h 后的稳定度(kN)。

7. 报告

7.1 当一组测定值中某个测定值与平均值之差大于标准差的 k 倍时,该测定值应予舍弃,并以其余测定值的平均值作为试验结果。当试件数目 n 为 3、4、5、6 时,k 值分别为 1.15、1.46、1.67、1.82。

7.2 报告中需列出马歇尔稳定度、流值、马歇尔模数,以及试件的尺寸、密度、空隙率、沥青用量、沥青体积百分率、沥青饱和度、矿料间隙率等各项物理指标。当采用自动马歇尔试验时,试验结果应附上荷载-变形曲线原件或自动打印结果。

(2)完成本试验需思考的问题及提示。完成"沥青混合料马歇尔稳定度试验"需思考的问题及提示见表 1.3.7。

表 1.3.7 完成"沥青混合料马歇尔稳定度试验"需思考的问题及提示

序号	问题	提示	备注
1	试件的形状及尺寸要求	根据本试验 2.1.1 及 2.1.2 条确定	—
2	测定试件的尺寸	根据本试验 3.1.2 条确定	思考为什么要检验试件的尺寸
3	保温时间要求	根据本试验 3.2.1 条确定	—
4	上下压头的温度如何保证	根据本试验 3.2.2 条确定	思考为什么要保证压头的温度
5	试验结果如何处理	根据本试验 7 条确定	反思:是否会计算标准差

(3)填写试验检测记录表。"沥青混合料马歇尔稳定度试验检测记录表"填写要求见表 1.3.8。

表 1.3.8 "沥青混合料马歇尔稳定度试验检测记录表"填写要求

记录表名称	代号	填写要求
沥青混合料(浸水)马歇尔试验检测记录表	本项目 JJ0901	1. 本记录表共5页，对应5个油石比 2. 基本信息区参照任务单内容填写，"样品名称""样品编号""样品描述"不填 3. 仪器设备要填写 4. 数据区用铅笔填写，教师批阅后可修改 5. 落款区"试验"处本人签名；"复核"处小组长签名 6. 空白格中打横杠

三、确定沥青混合料的最佳沥青用量(OAC)，填写试验检测记录表

1. 确定沥青混合料的最佳沥青用量(OAC)

(1)绘制沥青用量与物理-力学指标关系图。以油石比为横坐标，以马歇尔试验的各项指标为纵坐标，将试验结果绘制成油石比与各项指标的关系曲线，如图 1.3.1。

(2)确定均符合规范规定的沥青用量范围 $OAC_{min} \sim OAC_{max}$。

1)密级配沥青混凝土混合料的技术要求。我国的现行标准《公路沥青路面施工技术规范》(JTG F40—2004)对密级配沥青混凝土混合料马歇尔试验的技术标准见表 1.3.9。

表 1.3.9 密级配沥青混凝土马歇尔试验技术标准

试验指标		单位	高速公路、一级公路				其他等级公路	行人道路
			夏炎热区(1-1、1-2、1-3、1-4区)		夏热区及夏凉区(2-1、2-2、2-3、2-4、3-2区)			
			中轻交通	重载交通	中轻交通	重载交通		
击实次数(双面)		次	75				50	50
试件尺寸		mm	$\phi 101.6 \times 63.5$					
空隙率VV	深约90 mm 以内	%	3~5	4~6	2~4	3~5	3~6	2~4
	深约90 mm 以下	%	3~6	2~4	3~6	3~6	—	
稳定度 MS 不小于		kN	8				5	3
流值 FL		mm	2~4	1.5~4	2~4.5	2~4	2~4.5	2~5
矿料间隙率 VMA(%) 不小于	设计空隙率 /%	相应于以下公称最大粒径(mm)的最小 VMA 及 VFA 技术要求/%						
		26.5	19	16	13.2	9.5	4.75	
	2	10	11	11.5	12	13	15	
	3	11	12	12.5	13	14	16	
	4	12	13	13.5	14	15	17	
	5	13	14	14.5	15	16	18	
	6	14	15	15.5	16	17	19	
沥青饱和度 VFA/%			55~70		65~75		70~85	

2)确定均符合规范规定的沥青用量范围 $OAC_{min} \sim OAC_{max}$。确定均符合规范规定的密级配沥青混凝土马歇尔试验技术标准(表 1.3.9)的沥青用量范围 $OAC_{min} \sim OAC_{max}$。选择的沥青用量范围必须涵盖设计空隙率的全部范围,并尽可能涵盖沥青饱和度的要求范围,并使密度及稳定度曲线出现峰值。如果没有涵盖设计空隙率的全部范围,试验必须扩大沥青用量范围重新进行。

(3)根据曲线走势,确定沥青混合料的最佳沥青用量 OAC_1。

1)在曲线图 1.3.1 上求取相应于密度最大值、稳定度最大值、目标空隙率(或中值)、沥青饱和度范围的中值的沥青用量 a_1、a_2、a_3、a_4,取平均值作为 OAC_1:

$$OAC_1 = (a_1 + a_2 + a_3 + a_4)/4 \tag{1.3.1}$$

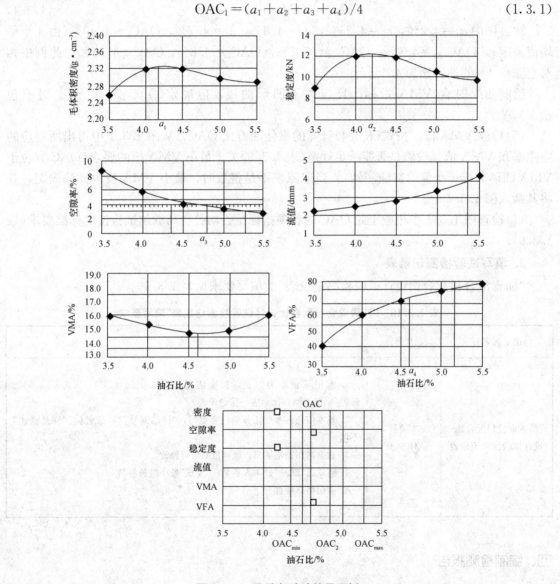

图 1.3.1 马歇尔试验结果示例

2)如果在所选择的沥青用量范围未能涵盖沥青饱和度的要求范围,按式(1.3.2)求取三者的平均值作为 OAC_1:

$$OAC_1 = (a_1 + a_2 + a_3)/3 \tag{1.3.2}$$

3)对所选择试验的沥青用量范围,密度或稳定度没有出现峰值(最大值经常在曲线的两端)时,可直接以目标空隙率所对应的 a_3 沥青用量作为 OAC_1,但 OAC_1 必须介于 $OAC_{min} \sim OAC_{max}$ 的范围内,否则应重新进行配合比设计。

(4)确定沥青混合料的最佳沥青用量 OAC_2。以各项指标均符合技术标准(不含 VMA)的沥青用量范围 $OAC_{min} \sim OAC_{max}$ 的中值作为 OAC_2:

$$OAC_2 = (OAC_{min} + OAC_{max})/2 \tag{1.3.3}$$

(5)通常情况下取 OAC_1 及 OAC_2 的中值作为计算的最佳沥青用量 OAC:

$$OAC = (OAC_1 + OAC_2)/2 \tag{1.3.4}$$

注:图中 $a_1=4.2\%$,$a_2=4.25\%$,$a_3=4.8\%$,$a_4=4.7\%$,$OAC_1=4.49\%$(由 4 个平均值确定),$OAC_{min}=4.3\%$,$OAC_{max}=5.3\%$,$OAC_2=4.8\%$,$OAC=4.64\%$。此例中相对空隙率 4% 的油石比为 4.6%。

绘制曲线时含 VMA 指标,且应为下凹形曲线,但确定 $OAC_{min} \sim OAC_{max}$ 时不包括 VMA。

(6)检验 VMA 值。按式(1.3.4)计算的最佳油石比 OAC,从图 1.3.1 中得出所对应的空隙率和 VMA 值,检验是否能满足规范(表 1.3.9)关于最小 VMA 值的要求(OAC 宜位于 VMA 凹形曲线 1 小值的贫油一侧)。当空隙率不是整数时,最小 VMA 按内插法确定,并将其画入图 1.3.1 中。

(7)检查图 1.3.1 中相应于此 OAC 的各项指标是否均符合马歇尔试验技术标准要求(表 1.3.9)。

2. 填写试验检测记录表

"沥青混合料配合比设计试验检测记录表"的填写要求见表 1.3.10。

表 1.3.10 "沥青混合料配合比设计试验检测记录表"填写要求

记录表名称	代号	填写要求
沥青混合料配合比设计试验检测记录表	本项目 JJ0901	1. 本记录表应为 5 页,拟定油石比为 4.0%、4.5%、5.0%、5.5%、6.0%,每个油石比对应一张记录表 2. 基本信息区参照任务单内容填写。"样品编号""样品名称""样品描述"不填 3. 数据区用铅笔填写,教师批阅后可修改 4. 落款区"试验"处本人签名;"复核"处小组长签名 5. 空白格打横杠

四、编制检测报告

"沥青混合料配合比设计试验检测报告"的填写要求见表 1.3.11。

表1.3.11 "沥青混合料配合比设计试验检测报告"填写要求

报告表名称	代号	填写要求
沥青混合料配合比设计试验检测报告	本项目报告续页 JB010901	1. 本报告表共2页 2. 基本信息区参照委托单单内容填写 3. 判定依据为《公路沥青路面施工技术规范》(JTG F40—2004) 4. 拟定油石比为4.0%、4.5%、5.0%、5.5%、6.0%(第1页) 5. 绘制各项指标随油石比变化的关系图,确定最佳油石比(第2页) 6. 检测结论要严谨准确 7. 数据区用签字笔填写,错误处按要求"修改"并在修改处签名 8. 落款区"试验"处要本人签名;"复核"处要小组长签名;"签发"处指导教师签名 9. 空白格中打横杠

任务四 出具配合比设计报告书

任务描述

本任务是在任务一、任务二、任务三的试验检测记录表及试验报告表的基础上,出具配合比设计报告书。

一、配合比设计报告书包含内容

配合比设计报告书应包括原材料质量试验结果、矿料级配、最佳沥青用量及各项体积指标等(用于高速公路和一级公路的密级配沥青混合料还包括配合比设计检验结果)。试验报告的矿料级配曲线应按规定的方法绘制(横坐标为筛孔尺寸的0.45次方)。

二、配合比报告书格式要求

(1)配合比报告书分封面、封二、首页及报告续页。
(2)填写封面、首页。
1)封面"检验类别"为委托检验。
2)首页检验依据为"《公路沥青路面施工技术规范》(JTG F40—2004)/设计文件"。
3)主要仪器设备为该项目涉及的主要设备。
4)检测结论要严谨准确。
5)试验环境为"温度""湿度"。
6)"批准人"为指导教师签名;"审核人"为小组长签名;"主检人"为本人签名;"录入"及"校对"处为任意两名同学签名。
7)空白格中打横杠。
8)用签字笔填写。

(3)将各原材料报告、矿料配合比报告及最佳油石比设计报告作为报告续页附在首页后。
(4)将配合比报告书从首页开始，加上报告续页开始编页码。
(5)报告书装订成册。

项目二 C25 水泥混凝土配合比设计

【项目描述】

水泥混凝土的技术性质在很大程度上是由原材料的性质及其相对含量决定的,所以在制备混凝土时,首先应根据工程对和易性、强度、耐久性等要求,合理地选择原材料并确定其比例,以达到经济适用的目的。

混凝土配合比设计就是首先通过计算得出初步比例,然后在检验混凝土技术性质的基础上试配与调整,最后确定混凝土各组成材料的用量比例。对混凝土的要求不同,原材料的性能就不同,材料用量比例也不相同。

本项目是完成水泥混凝土的配合比设计。包括集料的指标检测、水泥的指标检测、得出试验室配合比、出具配合比报告书 4 个任务。学生通过系统完整的训练,能掌握水泥混凝土所用原材料及水泥混凝土的技术指标的检测技能,并能评价其质量;能简要分析影响水泥混凝土工作性和强度的因素,能掌握水泥混凝土配合比设计的方法步骤。

【设计资料】

在太原市某高速公路修建中,某桥桩基础基桩成孔工艺采用人工挖孔桩,水泥混凝土设计强度等级为 C25,施工坍落度大小要求满足 80～120 mm。施工单位将 C25 水泥混凝土目标配合比设计任务外委至山西交通职业技术学院公路交通试验检测中心完成。

检测中心办公室接待人员与客户洽谈检测业务事宜后,送样人员填写了试验委托单(附表 2.1),样品管理员接收并签字后,同时根据试验委托单约定的检测任务对各功能室下发任务单(附表 2.2、附表 2.3、附表 2.4)。

【实训任务】

学生模拟山西交通职业技术学院公路交通试验检测中心各功能室的检测人员,完成各功能室所接收到的任务单(附表 2.2、附表 2.3、附表 2.4)所要求的检测任务。

完成本项目需要两名指导教师,其中一名模拟各功能室负责人(试验检测工程师资格),负责审核检验报告,另一名模拟检测中心技术负责人负责签发检测报告。

附表 2.1 山西交通职业技术学院
公路交通试验检测中心检验委托单

编号:WT-20160216-019

工程名称	×××高速公路		委托单位	山西省路桥集团建设有限公司		
使用部位	×××桥桩基础(人工挖孔桩)		日期	2016.2.16		
试样情况	名称	规格	产地	数量	用途	样品状态
	碎石	10～31.5 mm	寿阳	200 kg	配合比设计	干燥、洁净、无杂质
	碎石	5～10 mm	寿阳	200 kg	配合比设计	干燥、洁净、无杂质
	水泥	P.O 42.5	太原	150 kg	配合比设计	干燥、洁净、无结块
	砂	中砂	忻州	200 kg	配合比设计	干燥、洁净、无杂质
	—	—	—	—	—	—

续表

双方约定事项（检测项目、方法及其他）	检测项目：1. 原材料检验 　　　　　2. 矿料级配比例设计 　　　　　3. C25水泥混凝土试验室配合比 检测依据：JTG/T F50—2011 试验依据：GB/T 1346—2011、JTG E30—2005、JTG E42—2005 其他：1. 桩基础(人工挖孔桩)用C25水泥混凝土 　　　2. 坍落度设计值80～120 mm 　　　3. 2016年3月21日取检验报告			
试验室对委托试样意见	样品数量及状态满足试验要求			
送样人	×××	接收人	×××	见证人	×××
联系电话	×××	联系电话	×××	联系电话	×××

说明：本委托书一式两联，第一联交委托单位存留，第二联主检单位存留。

附表2.2　山西交通职业技术学院
公路交通试验检测中心检测项目任务单

任务通知部门：集料室　　　　　　　　　　　　　　　　任务单编号：RW-2016-024

样品名称	规格型号	样品编号	样品数量	样品状态描述
碎石	10～31.5 mm	YP-2016-CJL-016	200 kg	干燥、洁净、无杂质
碎石	5～10 mm	YP-2016-CJL-017	200 kg	干燥、洁净、无杂质
天然砂	中砂	YP-2016-XJL-011	200 kg	干燥、洁净、无杂质
—	—	—	—	—
—	—	—	—	—
要求检测项目、参数	1. 碎石：压碎值，颗粒级配，表观密度，吸水率，针、片状颗粒含量，松散堆积密度，空隙率；天然砂：颗粒级配、含泥量、表观密度、松散堆积密度、空隙率 2. 10～31.5 mm碎石和5～10 mm碎石合成5～31.5 mm规格碎石的级配配合比例			
试验依据	JTG E42—2005			
试验方法	T 0302—2005，T 0304—2005，T 0309—2005，T 0311—2005，T 0316—2005，T 0327—2005，T 0328—2005，T 0331—2005，T 0333—2005			
是否存留样	否	剩余样品处理方式	自行转水泥混凝土室	
要求完成时间	2016.2.21			
样品管理员	×××	通知日期	2016.2.17	
集料室负责人	×××	接收日期	2016.2.17	
备注	集料均用于水泥混凝土			

注：本任务单一式两联，一联交付试验检测人员存留，一联办公室存留。

附表2.3 山西交通职业技术学院
公路交通试验检测中心检测项目任务单

任务通知部门：水泥室　　　　　　　　　　　　　　　　　　　任务单编号：RW-2016-023

样品名称	规格型号	样品编号	样品数量	样品状态描述
水泥	P.O 42.5	YP-2016-SNJ-008	150 g	干燥、洁净、无结块
—	—	—	—	—
—	—	—	—	—
—	—	—	—	—
—	—	—	—	—
要求检测项目、参数	细度；标准稠度用水量；凝结时间；安定性；3 d、28 d 胶砂强度			
试验依据	GB/T 1346—2011，JTG E30—2005			
试验方法	GB/T 1346—2011，T 0505—2005，T 0506—2005			
是否存留样	留样	剩余样品处理方式	自行转水泥混凝土室	
要求完成时间	2016.3.19			
样品管理员	×××	通知日期	2016.2.17	
试验室负责人	×××	接收日期	2016.2.17	
备注	水泥混凝土用水泥			

注：本任务单一式两联，一联交付试验检测人员存留，一联办公室存留。

附表2.4 山西交通职业技术学院
公路交通试验检测中心检测项目任务单

任务通知部门：水泥混凝土室　　　　　　　　　　　　　　　　任务单编号：RW-2016-025

样品名称	规格型号	样品编号	样品数量	样品状态描述
碎石	10～31.5 mm	YP-2016-CJL-016	200 kg	干燥、洁净、无杂质
碎石	5～10 mm	YP-2016-CJL-017	200 kg	干燥、洁净、无杂质
砂	中砂	YP-2016-XLJ-011	200 kg	干燥、洁净、无杂质
水泥	P.O 42.5	YP-2016-SNJ-008	150 kg	干燥、洁净、无结块
—	—	—	—	—
要求检测项目、参数	桩基用普通 C25 水泥混凝土，坍落度设计值 80～120 mm，完成 C25 水泥混凝土配合比设计。			
试验依据	JTG E30—2005			
试验方法	T 0521—2005，T 0522—2005，T 0525—2005，T 0551—2005，T 0553—2005			
是否存留样	水泥留样，其他样品不留样	剩余样品处理方式	自行转学生实训场所	
要求完成时间	2016.4.19			
样品管理员	×××	通知日期	2016.3.16	
试验室负责人	×××	接收日期	2016.3.16	
备注	矿料级配比例依据集料室试验结果			

注：本任务单一式两联，一联交付试验检测人员存留，一联办公室存留。

任务一 集料的指标检测

任务描述

本任务是学生模拟检测中心集料室试验检测员，独立完成附表2.2的任务单中10～31.5 mm碎石、5～10 mm碎石、天然砂的技术指标检测任务，10～31.5 mm碎石和5～10 mm碎石合成5～31.5 mm规格碎石的级配配合比例。正确完整填写检验记录表，并编制检测报告。

一、粗集料的技术指标检测

1. 检测10～31.5 mm、5～10 mm碎石的技术指标

(1)检测碎石技术指标，填写试验检测记录表。检测10～31.5 mm碎石及5～10 mm碎石技术指标，试验依据为《公路工程集料试验规程》(JTG E42—2005)。

1)测定粗集料的表观密度、吸水率、颗粒级配及压碎值。

①粗集料的表观密度、吸水率、颗粒级配、压碎值的检测方法见项目一。

②表观密度、吸水率、压碎值检测记录表填写要求同项目一。

③颗粒级配测定为干筛法，检测记录表名称为"粗集料筛分试验检测记录表（干筛法）"代号为本项目"JJ0201a"。

④检测报告要求同项目一。

2)测定粗集料的针、片状颗粒含量。

①试验方法。

T 0311—2005 水泥混凝土用粗集料针、片状颗粒含量试验（规准仪法）

1. 目的和适用范围

1.1 本方法适用于测定水泥混凝土使用的4.75 mm以上的粗集料的针状及片状颗粒含量，以百分率计。

1.2 本方法测定的针、片状颗粒，是指利用专用的规准仪测定的粗集料颗粒的最小厚度（或直径）方向与最大长度（或宽度）方向的尺寸之比小于一定比例的颗粒。

1.3 本方法测定的粗集料中针、片状颗粒的含量，可用于评价集料的形状及其在工程中的适用性。

2. 仪具与材料

(1)水泥混凝土集料针状规准仪和片状规准仪见图T 0311－1和图T 0311－2，尺寸应符合表T 0311－1。

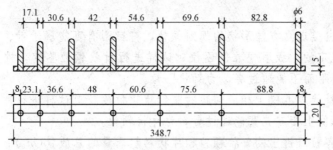

图 T 0311-1　针状规准仪(尺寸单位：mm)

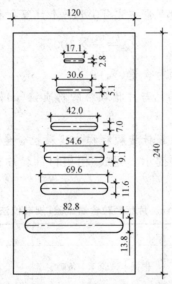

图 T 0311-2　片状规准仪(尺寸单位：mm)

表 T 0311-1　水泥混凝土集料针、片状颗粒试验的粒级划分及其相应的规准仪孔宽或间距

粒级(方孔筛)/mm	4.75~9.5	9.5~16	16~19	19~26.5	26.5~31.5	31.5~37.5
针状规准仪上相对应立柱之间的间距宽/mm	17.1 (B_1)	30.6 (B_2)	42.0 (B_3)	54.6 (B_4)	69.6 (B_5)	82.8 (B_6)
片状规准仪上相对应的孔宽/mm	2.8 (A_1)	5.1 (A_2)	7.0 (A_3)	9.1 (A_4)	11.6 (A_5)	13.8 (A_6)

(2) 天平或台秤：感量不大于称量值的 0.1%。

(3) 标准筛：孔径分别为 4.75 mm、9.5 mm、16 mm、19 mm、26.5 mm、31.5 mm、37.5 mm，试验时根据需要选用。

3. 试样制备

将来样在室内风干至表面干燥，并用四分法缩分至满足表 T 0311-2 规定的质量，称量(m_0)，然后筛分至表 T 0311-2 所规定的粒级备用。

表 T 0311-2　针、片状试验所需的试样最小质量

公称最大粒径/mm	9.5	16	19	26.5	31.5	37.5
试样最小质量/kg	0.3	1	2	3	5	10

4. 试验步骤

4.1 目测挑出接近立方体形状的规则颗粒,将目测有可能属于针、片状颗粒的集料按表 T 0311—2 所规定的粒级用规准仪逐粒对试样进行针状颗粒鉴定,挑出颗粒长度大于针状规准仪上相应间距而不能通过者,为针状颗粒。

4.2 将通过针状规准仪上相应间距的非针状颗粒逐粒对试样进行片状颗粒鉴定,挑出厚度小于片状规准仪上相应孔宽能通过者,为片状颗粒。

4.3 称量由各粒级挑出的针状颗粒和片状颗粒质量的总质量(m_1)。

5. 计算

碎石或砾石中针、片状颗粒含量按式 T0311—1 计算,精确至 0.1%。

$$Q_e = \frac{m_1}{m_0} \times 100\% \qquad (T\ 0311-1)$$

式中 Q_e——试样的针、片状颗粒含量(%);

m_1——试样中所含针状颗粒与片状颗粒的总质量(g);

m_0——试样总质量(g)。

注:如果需要,可以分别计算针状颗粒和片状颗粒含量的百分数。

②完成本试验需思考的问题提示。完成"粗集料针、片状颗粒含量试验(规准仪法)"需思考的问题及提示见表 2.1.1。

表 2.1.1 完成"粗集料针、片状颗粒含量试验(规准仪法)"需思考的问题及提示

序号	问题	提示	备注
1	适用范围	根据本试验 1.1 条确定	思考"沥青混凝土用粗集料针、片状颗粒含量如何测定"
2	标准筛孔径要求	根据本试验 2(3)条确定	—
3	试样数量要求	根据本试验 3.2 条确定	—
4	本试验是否可以和筛分试验一起做	—	1. 时间的统筹安排 2. 注意各筛孔级配参数的计算

③填写试验检测记录表。"粗集料针、片状颗粒含量试验检测记录表(规准仪法)"的填写要求见表 2.1.2。

表 2.1.2 "粗集料针、片状颗粒含量试验检测记录表(规准仪法)"填写要求

记录表名称	代号	填写要求
粗集料针、片状颗粒含量试验检测记录表(规准仪法)	本项目 JJ0202a	1. 基本信息区参照任务单内容填写,"试验条件"为环境条件 2. 主要仪器设备名称要填写 3. 数据区用铅笔填写,教师批阅后可修改 4. 落款区"试验"处要本人签名;"复核"处要小组长签名 5. 10~31.5 mm 和 5~10 mm 分别填写各自记录表,基本信息区规格要写清楚 6. 空白格中打横杠

3)测定粗集料的堆积密度、空隙率。

①试验方法。

T 0309—2005 粗集料堆积密度及空隙率试验

1. 目的与适用范围

测定粗集料的堆积密度,包括自然堆积状态、振实状态、捣实状态下的堆积密度,以及堆积状态下的间隙率。

2. 仪具与材料

(1)天平或台秤:感量不大于称量的0.1%。

(2)容量筒:适用于粗集料堆积密度测定的容量筒应符合表T 0309-1的要求。

表 T 0309-1 容量筒的规格要求

粗集料公称最大粒径/mm	容量筒容积/L	容量筒规格/mm			筒壁厚度/mm
		内径	净高	底厚	
≤4.75	3	155±2	160±2	5.0	2.5
9.5～26.5	10	205±2	305±2	5.0	2.5
31.5～37.5	15	255±5	295±5	5.0	3.0
≥53	20	355±5	305±5	5.0	3.0

(3)平头铁锹。

(4)烘箱:能控温105℃±5℃

(5)振动台:频率为3 000次/min±200次/min,负荷下的振幅为0.35 mm,空载时的振幅为0.5 mm。

(6)捣棒:直径16 mm、长600 mm、一端为圆头的钢棒。

3. 试验准备

按T 0301的方法取样、缩分,质量应满足试验要求,在105℃±5℃的烘箱中烘干,也可以摊在清洁的地面上风干,拌匀后分成两份备用。

4. 试验步骤

4.1 自然堆积密度。

取试样1份,置于平整干净的水泥地(或铁板)上,用平头铁锹铲起试样,使石子自由落入容量筒内。此时,从铁锹的齐口至容量筒上口的距离应保持为50 mm左右,装满容量筒并除去凸出筒口表面的颗粒,并以合适的颗粒填入凹陷空隙,使表面稍凸起部分和凹陷部分的体积大致相等,称取试样和容量筒的总质量(m_2)。

4.2 振实密度。

按堆积密度试验步骤,将装满试样的容量筒放在振动台上,振动3 min,或者将试样分三层装入容量筒:装完一层后,在筒底放一根直径为25 mm的圆钢筋,将筒按住,左右交替各颠击地面25下;然后装入第二层,用同样的方法颠实(但筒底所垫钢筋的方向应与第一层放置方向垂直);然后再装入第三层,颠实方法同上。待三层试样装填完毕后,加料填到试样超出容量筒口,用钢筋沿筒口边缘滚转,刮下高出筒口的颗粒,用合适的颗粒填平凹处,使表面稍凸起部分和凹陷部分的体积大致相等,称取试样和容量筒总质量(m_2)。

4.3 捣实密度。

根据沥青混合材料的类型和公称最大粒径,确定起骨架作用的关键性筛孔(通常为4.75 mm或2.36 mm等)。将矿料混合料中此筛孔以上颗粒筛出,作为试样装入符合要求规格的容器中达1/3的高度，由边至中用捣棒均匀捣实25次。再向容器中装入1/3高度的试样，用捣棒均匀地捣实25次，捣实深度约至下层的表面。然后重复上一步骤，加最后一层，捣实25次，使集料与容器口齐平。用合适的集料填充表面的大空隙，用直尺大体刮平，目测估计表面凸起部分与凹陷部分的容积大致相等后，称取容量筒与试样的总质量（m_2）。

4.4 容量筒容积的标定

用水装满容量筒，测量水温，擦干筒外壁的水分，称取容量筒与水的总质量（m_w），并按水的密度对容量筒的容积作校正。

5. 计算

5.1 容量筒的容积按式（T 0309—1）计算。

$$V=\frac{m_w-m_1}{\rho_T} \tag{T 0309—1}$$

式中 V——容量筒的容积（L）；
　　　m_1——容量筒的质量（kg）；
　　　m_w——容量筒与水的总质量（kg）；
　　　ρ_T——试验温度为T时水的密度（g/cm³），按《公路工程集料试验规程》（JTG E42—2005）附录B表B—1选用。

5.2 堆积密度（包括自然堆积状态、振实状态、捣实状态下的堆积密度）按式（T 0309—2）计算至小数点后2位。

$$\rho=\frac{m_2-m_1}{V} \tag{T 0309—2}$$

式中 ρ——与各种状态相对应的堆积密度（t/m³）；
　　　m_1——容量筒的质量（kg）；
　　　m_2——容量筒与试样的总质量（kg）；
　　　V——容量筒的容积（L）。

5.3 水泥混凝土用粗集料振实状态下的空隙按式（T 0309—3）计算。

$$V_c=\left(1-\frac{\rho}{\rho_a}\right)\times100\% \tag{T 0309—3}$$

式中 V_c——水泥混凝土用粗集料的空隙率（%）；
　　　ρ_a——粗集料的表观密度（t/m³）；
　　　ρ——按振实法测定的粗集料的堆积密度（t/m³）。

5.4 沥青混合料用粗集料骨架捣实状态下的间隙率按式（T 0309—4）计算。

$$VCA_{DRC}=\left(1-\frac{\rho}{\rho_b}\right)\times100\% \tag{T 0309—4}$$

式中 VCA_{DRC}——捣实状态下粗集料骨架间隙率（%）；
　　　ρ_b——按T 0304确定的粗集料的毛体积密度（t/m³）；
　　　ρ——按捣实法测定的粗集料的自然堆积密度（t/m³）。

6. 报告

以两次平行试验结果的平均值作为测定值。

②完成本试验需思考的问题及提示。完成"粗集料堆积密度及空隙率试验"需思考的问题及提示见表2.1.3。

表 2.1.3 完成"粗集料堆积密度及空隙率试验"需思考的问题及提示

序号	问题	提示	备注
1	测定 10～31.5 mm 碎石及 5～10 mm 碎石所选的容量筒规格	根据本试验 2(2)条确定	—
2	自然堆积密度铁锹的齐口至容量筒上口距离要求	根据本试验 4.1 条确定	思考距离大小对数据的影响
3	容量筒容积如何标定	根据本试验 5.1 确定	思考水装满容量筒的要求
4	空隙率计算公式中粗集料的表观密度如何得到	—	参见"粗集料密度及吸水率"试验

③"粗集料堆积密度及空隙率试验检测记录表"的填写要求见表 2.1.4。

表 2.1.4 "粗集料堆积密度及空隙率试验检测记录表"填写要求

记录表名称	代号	填写要求
粗集料堆积密度及空隙率试验检测记录表	本项目 JJ0209a	1. 基本信息区参照任务单内容填写,"试验条件"为环境条件 2. 主要仪器设备名称要填写 3. 数据区用铅笔填写,教师批阅后可修改 4. 落款区"试验"处本人签名;"复核"处小组长签名 5. 10～31.5 mm 和 5～10 mm 分别填写各自的记录表,基本信息区规格要写清楚 6. 空白格中打横杠

(2)编制 10～31.5 mm、5～10 mm 碎石的试验检测报告。

1)桥涵混凝土工程中对粗集料的技术要求。《公路桥涵施工技术规范》(JTG/T F50—2011)对混凝土工程中所用粗集料提出了以下要求:

①粗集料宜采用质地坚硬、洁净、级配合理、粒形良好、吸水率小的碎石或卵石,其技术指标应符合表 2.1.5 的要求。

表 2.1.5 粗集料技术指标

项目	指标		
	Ⅰ类	Ⅱ类	Ⅲ类
碎石压碎指标/%	<10	<20	<30
卵石压碎指标/%	<12	<16	<16
坚固性(硫酸钠溶液法经 5 次循环后的质量损失值)/%	<5	<8	<12
吸水率/%	<1.0	<2.0	<2.5
针、片状颗粒含量(按质量计)/%	<5	<15	<25
含泥量(按质量计)/%	<0.5	<1.0	<1.5
泥块含量(按质量计)/%	0	<0.5	<0.7

续表

项目		指标		
		Ⅰ类	Ⅱ类	Ⅲ类
有害物质含量	有机物（比色法）	合格	合格	合格
	硫化物及硫酸盐（按SO_3质量计）/%	<0.5	<1.0	<1.0
岩石抗压强度（水饱和状态）/MPa		火成岩>80；变质岩>60；水成岩>30		
表观密度/(kg·m^{-3})		≥2 500		
松散堆积密度/(kg·m^{-3})		≥1 350		
空隙率/%		<47		
碱-集料反应		经碱-集料反应试验后，由砂配置的试件无裂缝、酥裂、胶体外溢现象，在规定试验龄期的膨胀率应小于0.10%		

注：1. Ⅰ类宜用于强度等级大于C60的混凝土；Ⅱ类宜用于强度等级为C30~C60及有抗冻、抗渗或其他要求的混凝土；Ⅲ类宜用于强度等级小于C30的混凝土。
2. 粗集料中不应混有草根、树叶、树枝、塑料、煤块、炉渣等杂物。
3. 岩石的抗压强度除应满足表中要求外，其与混凝土强度等级之比应不小于1.5。岩石强度首先应由生产单位提供，工程中可采用压碎值指标进行控制。
4. 当粗集料含有颗粒状硫酸盐或硫化物杂质时，应进行专门检验，确认其能满足混凝土耐久性要求后，方可采用。
5. 采用卵石破碎成砾石时，应具有两个及以上的破碎面，且其破碎面应不小于70%。

②当混凝土结构物处于不同的环境条件下时，粗集料坚固性试验的结果除应符合表2.1.5规定外，还应符合表2.1.6规定。

表2.1.6 粗集料的坚固性试验

混凝土所处环境条件	在硫酸钠溶液中循环5次后的质量损失/%
寒冷地区，经常处于干湿交替状态	<5
严寒地区，经常处于干湿交替状态	<3
混凝土处于干燥条件，但粗集料风化或软弱颗粒较多时	<12
混凝土处于干燥条件，但有抗疲劳、耐磨、抗冲击要求或强度等级大于C40	<5

注：有抗冻、抗渗要求的混凝土用硫酸钠溶液法进行粗集料坚固性试验不合格时，可再进行直接冻融试验。

③粗集料的最大粒径要求。粗集料的最大粒径宜按混凝土结构情况及施工方法选取，但最大粒径不得超过结构最小尺寸的1/4和钢筋最小净距的3/4；在两层或多层密布钢筋结构中，最大粒径不得超过钢筋最小净距的1/2，同时不得超过75.0 mm。混凝土实心板，粗集料的最大粒径不宜超过板厚的1/3，且不得超过37.5 mm。泵送混凝土时粗集料最大粒径，除应符合上述规定外，对碎石不宜超过输送管径的1/3，对卵石不得超过输送管径的1/2.5。

④粗集料宜根据混凝土最大粒径采用连续级配，不宜采用单粒级或间断级配，必须使用时，应通过试验验证。粗集料的级配范围应符合表2.1.7的规定。

表 2.1.7 粗集料级配范围

级配情况	公称粒径/mm	累计筛余(按质量计)/% 方孔筛孔边长尺寸/mm										
		2.36	4.75	9.50	16.0	19.0	26.5	31.5	37.5	53.0	63.0	75.0	90.0
连续粒级	5~10	95~100	80~100	0~15	0								
	5~16	95~100	85~100	30~60	0~10	0							
	5~20	95~100	90~100	40~80		0~10	0						
	5~25	95~100	90~100		30~70		0~5	0					
	5~31.5	95~100	90~100	70~90		15~45		0~5	0				
	5~40		95~100	70~90		30~65			0~5	0			
单粒级	10~20		95~100	85~100		0~15	0						
	16~31.5		95~100		85~100			0~10	0				
	20~40			95~100		80~100			0~10	0			
	31.5~63				95~100			75~100	45~75		0~10	0	
	40~80					95~100			70~100		30~60	0~10	0

⑤粗集料碱活性检验要求。施工前应对粗集料进行碱活性检验,在条件许可时宜避免采用碱活性反应的粗集料,必须采用时应采取必要的抑制措施。

2)检测报告的填写要求。"10~31.5 mm、5~10 mm 碎石试验检测报告"的填写要求见表 2.1.8。

表 2.1.8 "10~31.5 mm、5~10 mm 碎石试验检测报告"填写要求

报告表名称	代号	填写要求
粗集料试验检测报告（水泥混凝土用）	本项目报告续页 JB010201	1. 基本信息区参照委托单内容填写。"样品名称"中区分规格 2. 判定依据为《公路桥涵施工技术规范》(JTG/T F50—2011) 3. 主要仪器设备名称要填写 4. 数据区用签字笔填写,错误处按要求"修改"并在修改处签名 5. 检测结论要严谨准确 6. 落款区"试验"处要本人签名;"复核"处要小组长签名;"签发"处指导教师签名 7. 10~15 mm 碎石和 5~10 mm 碎石各自独立编制检测报告 8. 空白格中打横杠

2. 设计掺配碎石的级配配合比例及指标检测

(1)设计掺配碎石的配合比例。

1)参照项目一矿质混合料配合比设计方法设计 10~31.5 mm 碎石和 5~10 mm 碎石的掺配比例。

2)填写试验检测记录表。"10~31.5 mm、5~10 mm 碎石的配合比设计试验检测记录表"填写要求见表 2.1.9:

表 2.1.9　"10～31.5 mm、5～10 mm 碎石的配合比试验检测记录表"填写要求

记录表名称	代号	填写要求
矿质混合料配合比设计试验检测记录表	本项目 JJ0504a	1. 本记录表共2页 2. 基本信息区"样品名称、样品编号、样品描述、试验条件、主要仪器设备"不填 3. 数据区用铅笔填写，教师批阅后可修改 4. "级配情况"为连续级配；"公称粒径"为 5～31.5 mm 5. "规定累计筛余"按连续级配(5～31.5 mm)级配范围填写 6. 矿料合成级配图横坐标按筛孔尺寸的 0.45 次方绘制 7. 空白格中打横杠

3)编制碎石配合比设计的试验检测报告。

"10～31.5 mm、5～10 mm 碎石的配合比试验检测报告"填写要求见表 2.1.10。

表 2.1.10　"10～31.5 mm、5～10 mm 碎石的配合比设计试验检测报告"填写要求

报告表名称	代号	填写要求
矿质混合料配合比设计试验检测报告	本项目报告续页 JB010504	1. 基本信息区参照任务单内容填写。"样品名称、样品编号、样品描述、样品产地、主要仪器设备"不填 2. 判定依据为《公路桥涵施工技术规范》(JTG/T F50—2011) 3. "规定累计筛余"按连续级配(5～31.5 mm)级配范围填写 4. 数据区用签字笔填写，错误处按要求"修改"并在修改处签名 5. 检测结论要严谨准确 6. 落款区"试验"处本人签名；"复核"处小组长签名；"签发"处指导教师签名 7. 矿料合成级配图横坐标按筛孔尺寸的 0.45 次方绘制 8. 空白格中打横杠

(2)检测掺配碎石的技术指标，填写试验检测记录表，并编制检测报告。检测按设计比例掺配碎石的表观密度、吸水率、颗粒级配的记录表及报告表的填写要求同 10～31.5 mm 碎石，在样品名称中写清楚规格，"样品编号""样品描述"不填。

二、天然砂的技术指标检测

1. 检测天然砂的技术指标，填写试验检测记录表

(1)测定天然砂的表观密度、含泥量、颗粒级配及粗度。

1)天然砂的表观密度、含泥量、颗粒级配及粗度测定方法见项目一。

2)天然砂的表观密度、含泥量的试验检测记录表名称、代号、填写要求见项目一。

3)天然砂的颗粒级配及粗度的试验检测记录表名称为"细集料试验检测记录表(干筛法)"；代号为"JJ0201c"。

(2)测定天然砂的堆积密度、空隙率。试验依据为《公路工程集料试验规程》(JTG E42—2005)。

1)试验方法。

T 0331—1994 细集料堆积密度及紧装密度试验

1. 目的及适用范围

测定砂自然状态下堆积密度、紧装密度及空隙率。

2. 仪具与材料

(1)台秤：称量5 kg，感量5 g。

(2)容量筒：金属制，圆筒形，内径108 mm，净高109 mm，筒壁厚2 mm，筒底厚5 mm，容积约为1 L。

(3)标准漏斗(见图T 0331-1)。

(4)烘箱：能控温在105 ℃±5 ℃。

(5)其他：小勺、直尺、浅盘等。

3. 试验准备

3.1 试样制备：用浅盘装来样约5 kg，在温度为105 ℃±5 ℃的烘箱中烘干至恒量，取出并冷却至室温，分成大致相等的两份备用。

注：试样烘干后如有结块，应在试验前先予捏碎。

3.2 容量筒容积的校正方法：用温度为20 ℃±5 ℃的洁净水装满容量筒，用玻璃板沿筒口滑移，使其紧贴水面，玻璃板与水面之间不得有空隙。擦干筒外壁的水分，然后称量，用式(T 0331-1)计算筒的容积V(水的密度设为1 g/cm³)。

$$V = m_2' - m_1' \qquad (T\ 0331-1)$$

式中 V——容量筒的容积(mL)；

m_1'——容量筒和玻璃板总质量(g)；

m_2'——容量筒、玻璃板和水总质量(g)。

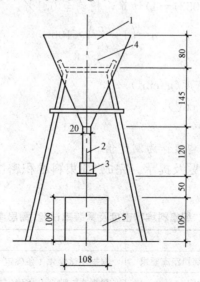

图 T 0331-1 标准漏斗(尺寸单位：mm)

1—漏斗；2—φ20 mm管子；3—活动门；
4—筛；5—金属量筒

4. 试验步骤

4.1 堆积密度：将试样装入漏斗中，打开底部的活动门，将砂流入容量筒中，也可直接用小勺向容量筒中装试样，但漏斗出料口或料勺距容量筒筒口均应为50 mm左右，试样装满并超出容量筒筒口，用直尺将多余的试样沿筒口中心线向两个相反方向刮平，称取质量(m_1)。

4.2 紧装密度：取试样1份，分两层装入容量筒，装完一层后，在筒底垫放一根直径为10 mm的钢筋，将筒按住，左右交替颠击地面各25下，然后再装入第二层。

第二层装满后用同样的方法颠实（但筒底所垫钢筋的方向应与第一层放置方向垂直）。两层装完并颠实后，添加试样超出容量筒筒口，然后用直尺将多余的试样沿筒口中心线向两个相反的方向刮平，称其质量(m_2)。

5. 计算

5.1 堆积密度及紧装密度分别按式(T 0331—2)和式(T 0331—3)计算至小数点后3位。

$$\rho=\frac{m_1-m_0}{V} \quad (T\ 0331-2)$$

$$\rho'=\frac{m_2-m_0}{V} \quad (T\ 0331-3)$$

式中 ρ——砂的堆积密度(g/cm³)；

ρ'——砂的紧装密度(g/cm³)；

m_0——容量筒的质量(g)；

m_1——容量筒和堆积砂的总质量(g)；

m_2——容量筒和紧装砂的总质量(g)；

V——容量筒的容积(mL)。

5.2 砂的空隙率按式(T 0331—4)计算，精确至0.1%。

$$n=\left(1-\frac{\rho}{\rho_a}\right)\times 100 \quad (T\ 0331-4)$$

式中 n——砂的空隙率(%)；

ρ——砂的堆积或紧装密度(g/cm³)；

ρ_a——砂的表观密度(g/cm³)。

6. 报告

以两次试验结果的算术平均值作为测定值。

2)完成本试验需思考的问题及提示。完成"细集料堆积密度及紧装密度试验"需思考的问题及提示见表2.1.11。

表2.1.11 完成"细集料堆积密度及紧装率试验"需思考的问题及提示

序号	问题	提示	备注
1	堆积密度漏斗出料口至容量筒口距离要求	根据本试验4.1条确定	思考距离大小对数据的影响
2	容量筒容积如何标定	根据本试验3.2条确定	—
3	密度计算至小数点后几位	根据本试验5.1条确定	按数据修约法
4	空隙率计算公式中砂的表观密度如何得到	—	参见"细集料表观密度"试验

3)"细集料堆积密度及紧装试验检测记录表"的填写要求见表2.1.12。

表 2.1.12 "细集料堆积密度及紧装试验检测记录表"填写要求

记录表名称	代号	填写要求
细集料堆积密度及紧装密度试验检测记录表	本项目 JJ0209b	1. 基本信息区参照任务单内容填写,"试验条件"为环境条件 2. 主要仪器设备名称要填写 3. 数据区用铅笔填写,教师批阅后可修改 4. 落款区"试验"处要本人签名;"复核"处要小组长签名 5. 空白格中打横杠

2. 编制检测报告

1)桥涵混凝土工程中对细集料的技术要求。《公路桥涵施工技术规范》(JTG/T F50—2011)对混凝土工程中所用细集料提出了以下要求:

1)细集料宜采用级配良好、质地坚硬、颗粒洁净且粒径小于5 mm的河砂;当河砂不易得到时,可采用符合规定的其他天然砂或人工砂;细集料不宜采用海砂,不得不用时,应经冲洗处理。砂中不应混有草根、树叶、树枝、塑料、煤块、炉渣等杂物。砂按技术要求分为Ⅰ类、Ⅱ类、Ⅲ类。Ⅰ类砂宜用于强度等级大于C60的混凝土;Ⅱ类砂宜用于强度等级为C30~C60及有抗冻、抗渗或其他要求的混凝土;Ⅲ类砂宜用于强度等级小于C30的混凝土和砌筑砂浆。细集料的技术指标应符合表2.1.13的规定。

表 2.1.13 细集料技术指标

项目			技术要求		
			Ⅰ类	Ⅱ类	Ⅲ类
有害物质含量	云母(按质量计)/%		≤1.0	≤2.0	≤2.0
	轻物质(按质量计)/%		≤1.0	≤1.0	≤1.0
	有机物(比色法)		合格	合格	合格
	硫化物及硫酸盐(按SO_3质量计)/%		≤1.0	≤1.0	≤1.0
	氯化物(以氯离子质量计)/%		<0.01	<0.02	<0.06
天然砂含泥量(按质量计)/%			≤2.0	≤3.0	≤5.0
泥块含量(按质量计)/%			≤0.5	≤1.0	≤2.0
人工砂的石粉含量(按质量计)/%	亚甲蓝试验	MB<1.40或合格	≤5.0	≤7.0	≤10.0
		MB≥1.40或不合格	≤2.0	≤3.0	≤5.0
坚固性	天然砂(硫酸钠溶液法经5次循环后测其质量损失)/%		≤8	≤8	≤10
	人工砂单级最大压碎指标/%		<20	<25	<30
表观密度/(kg·m^{-3})			≥2 500		
松散堆积密度/(kg·m^{-3})			≥1 350		
空隙率/%			<47		
碱-集料反应			经碱-集料反应试验后,由砂配置的试件无裂缝、酥裂、胶体外溢现象,在规定试验龄期的膨胀率应小于0.10%。		

2)砂的分类应符合表 2.1.14 规定。

表 2.1.14　砂的分类

砂组	粗砂	中砂	细砂
细度模数	3.7～3.1	3.0～2.3	2.2～1.6

3)细集料的颗粒级配应处于表 2.1.15 中任一级配区内。

表 2.1.15　细集料的分区及级配范围

方孔筛筛孔边长尺寸 /mm	累计筛余/%		
	级配区		
	Ⅰ区	Ⅱ区	Ⅲ区
4.75	10～0	10～0	10～0
2.36	35～5	25～0	15～0
1.18	65～35	50～10	25～0
0.6	85～71	70～41	40～16
0.3	95～80	92～70	85～55
0.15	100～90	100～90	100～90

注：1. 表中除 4.75 mm 和 0.6 mm 筛孔外，其余各筛孔的累计筛余允许超出分界线，但其超出量不得大于 5%。
　　2. 人工砂中 0.15 mm 筛孔的累计筛余：Ⅰ区可放宽到 100%～85%，Ⅱ区可放宽到 100%～80%，Ⅲ区可放宽到 100%～75%。
　　3. Ⅰ区砂宜提高砂率配低流动性混凝土，Ⅱ区砂宜优先用配不同强度等级的混凝土，Ⅲ区砂宜适当降低砂率以保证混凝土的强度。
　　4. 对高性能、高强度泵送混凝土宜选用细度模数为 2.9～2.6 的中砂。2.36 mm 筛孔的累积筛余量不得大于 15%，0.3 mm 筛孔的累计筛余量宜在 85%～92% 范围内。

一般处于Ⅰ区的砂较粗，属于粗砂，其保水性较差，应适当提高砂率，并保证足够的水泥用量，以满足混凝土的和易性；Ⅲ区砂细颗粒多，配制混凝土保水性、黏聚性易满足，但混凝土干缩性大，容易产生微裂缝，宜适当降低砂率；Ⅱ区砂粗细适中，级配良好，拌制混凝土时应优先选用。

(2)检测报告的填写要求。"天然砂试验检测报告"的填写要求见表 2.1.16。

表 2.1.16　"天然砂试验检测报告"填写要求

报告表名称	代号	填写要求
细集料试验检测报告（水泥混凝土用）	本项目报告续页 JB010204	1. 基本信息区参照委托单内容填写。"样品名称"中区分规格 2. 判定依据为《公路桥涵施工技术规范》(JTG/T F50—2011) 3. 主要仪器设备名称要填写 4. 数据区用签字笔填写，错误处按要求"修改"并在修改处签名 5. 检测结论要严谨准确 6. 落款区"试验"处要本人签名；"复核"处要小组长签名；"签发"处指导教师签名 7. 空白格中打横杠

任务二　水泥的指标检测

> **任务描述**
>
> 本任务是学生模拟检测中心水泥室试验检测员独立完成附表2.3任务单中P.O 42.5水泥的技术指标检测任务，正确完整填写检验记录表，并编制检验报告。

一、检测各项技术指标，填写试验检测记录表

1. 水泥的取样方法

水泥的技术指标检验，首先应根据《水泥取样方法》(GB/T 12573—2008)规定的方法取样，再根据相关规程标准进行试验。

GB/T 12573—2008　水泥取样方法

1. 范围

本标准规定了出厂水泥取样方法的术语和定义、取样工具、取样部位、取样步骤、取样量和样品制备与试验等。

本标准适用于出厂水泥的取样。

2. 规范性引用文件

下列文件中的条款通过本标准的引用而成为本标准的条款。凡是标注日期的引用文件，其随后所有的修改单(不包括勘误的内容)或修订版均不适用于本标准，然而，鼓励根据本标准达成协议的各方研究是否可使用这些文件的最新版本。凡是不标注日期的引用文件，其最新版本适用于本标准。

GB 175　通用硅酸盐水泥

GB/T 4131　水泥的命名原则和术语

3. 术语和定义

GB 175 和 GB/T 4131 确定的以及下列术语和定义适用于本标准。

3.1　手工取样(manual sampling)。用手工取样器采集水泥样品。

3.2　自动取样(automatic sampling)。使用自动取样器采集水泥样品。

3.3　检测批(lot)。为实施抽样检查而汇集起来的一批同一条件下生产的单位产品。

3.4　编号(lot number)。代表检查批的代号。

3.5　单样(unit sample)。由一个部位取出的适量的水泥样品。

3.6　混合样(composite sample)。从一个编号内不同部位取得的全部单样，经充分混匀后得到的样品。

3.7　试验样(laboratory sample)。从混合样中取出，用于出厂水泥质量检验的一份称为试验样。

3.8　封存样(retained sample)。从混合样中取出，用于复验仲裁的一份称为封存样。

3.9　分割样(division sample)。在一个编号内按每1/10编号取得的单样，用于匀质性

试验的样品。

3.10 通用水泥(common cement)。用于一般土木建筑工程的水泥。

4. 取样工具

4.1 手工取样器。手工取样器可自行设计制作，常见的手工取样器如图 T 12573－1 和图 T 12573－2 所示。

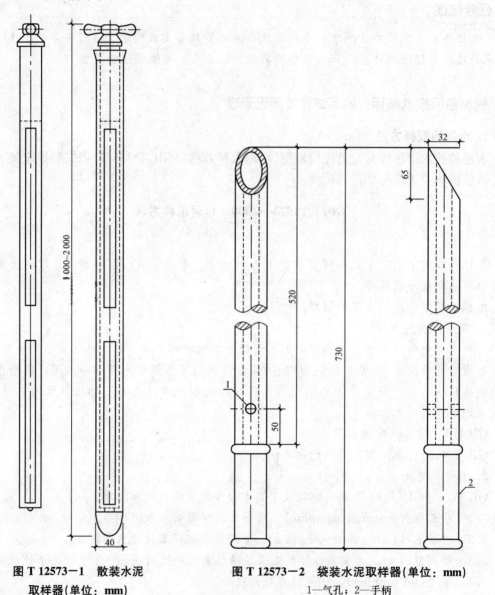

图 T 12573－1 散装水泥取样器(单位：mm)

图 T 12573－2 袋装水泥取样器(单位：mm)
1—气孔；2—手柄

4.2 自动取样器。

自动取样器可自行设计制作。自动取样器主要适用于水泥成品及原料的自动连续取样，也适用于其他粉状物料的自动连续取样，如图 T 12573－3 所示。

5. 取样部位

取样应在有代表性的部位进行，并且不应在污染严重的环境中取样。一般在以下部位取样：

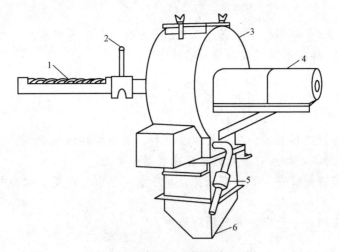

图 T 12573－3　自动取样器
1—入料处；2—调节手柄；3—混料筒；4—电机；5—配重锤；6—出料口

a）水泥输送管路中；
b）袋装水泥堆场；
c）散装水泥卸料处或水泥运输机具上。

6. 取样步骤

6.1　手工取样。

6.1.1　散装水泥。

当所取水泥的深度不超过 2 m 时，每一个编号内采用散装水泥取样器随机取样。通过转动取样器内管控制开关，在适当位置插入水泥中至一定深度，关闭后小心抽出，将所取样品放入符合9.1条要求的容器中。每次抽取的单样量应尽量一致。

6.1.2　袋装水泥。

每一个编号内随机抽取不少于20袋，采用袋装水泥取样器取样，将取样器沿对角线方向插入水泥包装袋中，用大拇指按住气孔，小心抽出取样管，将所取样品放入符合9.1条要求的容器中。每次抽取的单样量应尽量一致。

6.2　自动取样。

采用自动取样器取样。该装置一般安装在尽量接近于水泥包装机或散装容器的管路中，从流动的水泥流中取出样品，将所取样品放入符合9.1条要求的容器中。

7. 取样量

7.1　混合样的取样量应符合相关水泥标准要求。

7.2　分割样的取样量应符合下列规定：

a）袋装水泥：每1/10编号从一袋中取至少 6 kg；
b）散装水泥：每1/10编号在 5 min 内取至少 6 kg。

8. 样品制备与试验

8.1　混合样。

每一编号所取水泥单样通过 0.9 mm 方孔筛后充分混匀，一次或多次将样品缩分到相关标准要求的定量，均分为试验样和封存样。试验样按相关标准要求进行试验，封存样按9条要求贮存以备仲裁。样品不得混入杂物和结块。

8.2 分割样。

每一编号所取 10 个分割样应分别过 0.9 mm 方孔筛，不得混杂，并按要求进行 28 d 抗压强度匀质性试验。样品不得混入杂物和结块。

9. 包装与贮存

9.1 样品制取后贮存在密闭的容器中，封存样要加封条。容器应洁净、干燥、防潮、密闭、不易破损并且不影响水泥性能。

9.2 存放封存样的容器至少在一处加盖清晰、不易擦掉的标有编号、取样时间、取样地点和取样人的密封印，如只有一处标志应在容器外壁上。

9.3 封存样应密封贮存，贮存期应符合相应水泥标准的规定。试验样与分割样亦应妥善贮存。

9.4 封存样应贮存于干燥、通风的环境中。

10. 取样单

样品取得后，由负责取样人员填写取样单，应至少包括以下内容：

a)水泥编号；

b)水泥品种；

c)强度等级；

d)取样日期；

e)取样地点；

f)取样人。

2. 测定水泥的细度

试验依据为《水泥比表面积测定方法(勃氏法)》(GB/T 8074—2008)。

(1)试验方法。

GB/T 8074—2008 水泥比表面积测定方法 勃氏法

1. 范围

本标准规定了用勃氏透气仪来测定水泥细度的试验方法。

本标准适用于测定水泥的比表面积及适合采用本标准方法的、比表面积在 2 000 cm^2/g 到 6 000 cm^2/g 范围内的其他各种粉状物料，不适用于测定多孔材料及超细粉状物料。

2. 方法原理

本方法主要是根据一定量的空气通过具有一定空隙率和固定厚度的水泥层时，所受阻力不同而引起流速的变化来测定水泥的比表面积。在一定空隙率的水泥层中，空隙的大小和数量是颗粒尺寸的函数，同时也决定了通过料层的气流速度。

3. 试验设备及条件

3.1 透气仪：本方法采用的是勃氏比表面积透气仪，其分手动和自动两种，均应符合 JC/T 956 的要求。

3.2 烘干箱：控制温度灵敏度±1 ℃。

3.3 分析天平：分度值为 0.001 g。

3.4 秒表：精确至 0.5 s。

3.5 水泥试样：水泥样品按 GB 12573 进行取样，先通过 0.9 mm 方孔筛，再在 110 ℃±5 ℃下烘干 1 h，并在干燥器中冷却至室温。

3.6 基准材料:GSB 14—1511 或相同等级的标准物质。有争议时以 GSB 14—1511 为准。

3.7 压力计液体:采用带有颜色的蒸馏水或直接采用无色蒸馏水。

3.8 滤纸:采用符合 GB/T 1914 的中速定量滤纸。

3.9 汞:分析纯汞。

3.10 试验室条件:相对湿度不大于50%。

4. 仪器校准

4.1 仪器的校准采用 GSB 14—1511 或相同等级的其他标准物质。有争议时以前者为准。

4.2 仪器校准按 JC/T 956 进行。

4.3 校准周期。

每年至少进行一次。若仪器设备使用频繁则应半年进行一次;仪器设备维修后也要重新标定。

5. 操作步骤

5.1 测定水泥密度。

按 GB/T 208 测定水泥密度。

5.2 漏气检查。

将透气圆筒用橡皮塞塞紧,接到压力计上。用抽气装置从压力计一臂中抽取部分气体,然后关闭阀门,观察是否漏气。如发现漏气,可用活塞油脂加以密封。

5.3 空隙率(ε)的确定。

PⅠ、PⅡ型水泥的空隙率采用 0.500±0.005,其他水泥或粉料的空隙率选用 0.530±0.005。

当按上述空隙率不能将试样至于5.5条规定的位置时,则允许改变其空隙率。

空隙率的调整以 2 000 g 砝码(5 等砝码)将试样压实至5.5规定的位置为准。

5.4 确定试样量。

试样量按公式(1)计算:

$$m=\rho V(1-\varepsilon) \tag{1}$$

式中 m——需要的试验量(g);

ρ——试验密度(g/cm³);

V——试料层体积,按 JC/T 956 测定(cm³);

ε——试料层空隙率。

5.5 试料层制备。

5.5.1 将穿孔板放入透气圆筒的突缘上,用捣棒把一片滤纸放到穿孔板上,边缘放平并压紧。称取第5.4条确定的试样量,精确到 0.001 g,倒入圆筒,轻敲圆筒的边,使水泥层表面平坦。再放入一片滤纸,用捣器均匀捣实试料直至捣器的支持环与圆筒顶边接触,并旋转1~2圈后慢慢取出捣器。

5.5.2 穿孔板上的滤纸为 ϕ12.7 mm 边缘光滑的圆形滤纸片。每次测定需要新的滤纸片。

5.6 透气试验。

5.6.1 把装有试料层的透气圆形下锥面涂一薄层活塞油脂,然后把它插入压力计顶端的锥形磨口处,旋转1~2圈。要保证其紧密连接不致漏气,并不振动所制备的试料层。

5.6.2 打开微型电磁泵慢慢从压力计一臂中抽出空气,直到压力计内液面上升到扩大部下端时关闭阀门。当压力计内液体的凹月面下降到第一条刻线时开始计时(参见图1),当凹月面下降到第二条刻线时停止计时,记录液面从第一条刻度线到第二条刻度线所需要的时间。以秒记录,并记录试验室的温度(℃)。每次透气试验,应重新制备试验层。

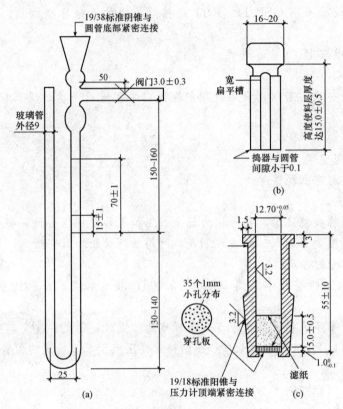

图1 比表面积U形压力计示意图
(a)U形压力计;(b)捣器;(c)透气圆筒

6. 计算

6.1 当被测试样的密度、试料层中空隙率与标准样品相同,试验时的温度与校准温度之差≤3 ℃时,可按式(2)计算:

$$S = \frac{S_S \sqrt{T}}{\sqrt{T_S}} \tag{2}$$

当试验室的温度与校准温度之差>3 ℃时,则按式(3)计算:

$$S = \frac{S_S \sqrt{\eta_S} \sqrt{T}}{\sqrt{\eta} \sqrt{T_S}} \tag{3}$$

式中 S——被测试样的比表面积(cm^2/g);
S_S——标准样品的比表面积(cm^2/g);
T——被测试样试验时,压力计中液面降落测得的时间(s);

T_S——被测样品试验时,压力计中液面降落测得的时间(s);

η——被测试样试验温度下的空气黏度(μPa·s);

η_S——标准样品试验温度下的空气黏度(μPa·s)。

6.2 当被测试样的试料层中空隙率与标准样品试料层中孔隙率不同,且试验时的温度与校准温度之差≤3 ℃时,可按式(4)计算:

$$S=\frac{S_S\sqrt{T}(1-\varepsilon_S)\sqrt{\varepsilon^3}}{\sqrt{T_S}(1-\varepsilon)\sqrt{\varepsilon_S^3}} \tag{4}$$

如试验时的温度与校准温度之差>3 ℃,则按式(5)计算:

$$S=\frac{S_S\sqrt{\eta_S}\sqrt{T}(1-\varepsilon_S)\sqrt{\varepsilon^3}}{\sqrt{\eta}\sqrt{T_S}(1-\varepsilon)\sqrt{\varepsilon_S^3}} \tag{5}$$

式中 ε——被测试样试料层中的空隙率;

ε_S——标准样品试料层中的空隙率。

6.3 当被测试样的密度和空隙率均与标准样品不同,且试验时的温度与校准温度之差≤3 ℃时,可按式(6)计算:

$$S=\frac{S_S\rho_S\sqrt{T}(1-\varepsilon_S)\sqrt{\varepsilon^3}}{\rho\sqrt{T_S}(1-\varepsilon)\sqrt{\varepsilon_S^3}} \tag{6}$$

如试验时的温度与校准温度之差>3 ℃,则按式(7)计算:

$$S=\frac{S_S\rho_S\sqrt{\eta_S}\sqrt{T}(1-\varepsilon_S)\sqrt{\varepsilon^3}}{\rho\sqrt{\eta}\sqrt{T_S}(1-\varepsilon)\sqrt{\varepsilon_S^3}} \tag{7}$$

式中 ρ——被测试样的密度(g/cm³);

ρ_S——标准样品的密度(g/cm³)。

6.4 结果处理。

6.4.1 水泥比表面积应由二次试验结果的平均值确定。当二次试验结果相差2%以上时,应重新试验。计算结果保留至10 cm³/g。

6.4.2 当同一水泥用手动勃氏透气仪测定的结果与自动勃氏透气仪测定的结果有争议时,以手动勃氏透气仪的测定结果为准。

(2)完成本试验需思考的问题提示。完成"水泥比表面积测定试验(勃氏法)"需思考的问题及提示见表2.2.1。

表2.2.1 完成"水泥比表面积测定试验(勃氏法)"需思考的问题及提示

序号	问题	提示	备注
1	本方法的测定原理是什么	根据本试验1条确定	—
2	为什么要标定试料层的体积	—	结合测定原理思考
3	为什么要测定水泥的密度	确定试样的质量	—
4	如何测定水泥密度	根据本试验5.1条确定	—
5	结果评定要求	根据本试验5.2条确定	—

(3)填写试验检测记录表。"水泥比表面积试验(勃氏法)试验检测记录表"的填写要求见

表2.2.2。

表 2.2.2　"水泥比表面积测定试验(勃氏法)试验检测记录表"填写要求

记录表名称	代号	填写要求
水泥细度、比表面积试验检测记录表	本项目 JJ0402	1. 基本信息区参照任务单内容填写,"试验条件"为环境条件 2. 主要仪器设备名称要填写 3. 数据区用铅笔填写,教师批阅后可修改 4. 落款区"试验"处要本人签名;"复核"处要小组长签名 5. 空白格中打横杠

3. 测定水泥标准稠度用水量、凝结时间、体积安定性

试验依据为《水泥标准稠度用水量、凝结时间、安定性检验方法》(GB/T 1346—2011)。

(1)试验方法。

GB/T 1346—2011　水泥标准稠度用水量、凝结时间、安定性检验方法

1. 范围

本标准规定了水泥标准稠度用水量、凝结时间和由游离氧化钙造成的体积安定性检验方法的原理、仪器设备、材料、试验条件和测定方法。

本标准适用于硅酸盐水泥、普通硅酸盐水泥、矿渣硅酸盐水泥、粉煤灰硅酸盐水泥、火山灰质硅酸盐水泥、复合硅酸盐水泥、道路硅酸盐水泥以及指定采用本方法的其他品种水泥。

2. 原理

2.1　水泥标准稠度。

水泥标准稠度净浆对标准试杆(或试锥)的沉入具有一定的阻力。通过试验不同含水量水泥净浆的穿透性,以确定水泥标准稠度净浆中所加入的水量。

2.2　凝结时间。

凝结时间是指试针沉入水泥标准稠度净浆至一定深度所需的时间。

2.3　安定性。

2.3.1　雷氏法是通过测定水泥标准稠度净浆在雷氏夹中沸煮后试针的相对位移表征其体积膨胀的程度。

2.3.2　试饼法是通过观测水泥标准稠度净浆试饼煮沸后的外形变化情况来表征其体积安定性。

3. 仪器设备

3.1　水泥净浆搅拌机。符合JC/T 729的要求。

注:通过减小搅拌翅和搅拌锅之间的间隙,可以制备更加均匀的净浆。

3.2　标准法维卡仪。图1测定水泥标准稠度与凝结时间测定维卡仪中:

(a)为测定初凝时间时维卡仪和试模示意图;

(b)为测定终凝时间反转试模示意图;

(c)为标准稠度试杆;

(d)为初凝用试针;

(e)为终凝用试针等。

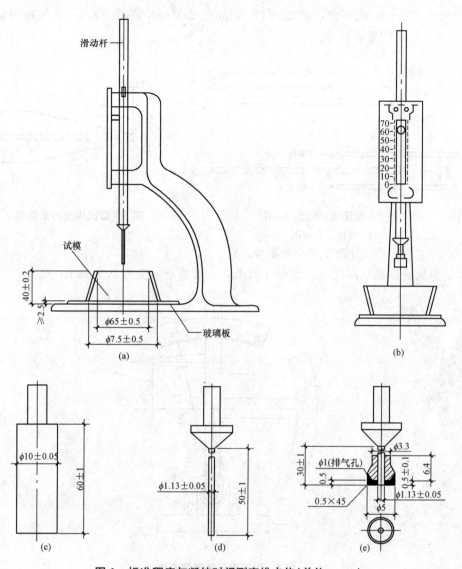

图 1 标准稠度与凝结时间测定维卡仪（单位：mm）
(a)初凝时间测定用立式试模俯视图；(b)终凝时间测定用反转试模前视图；
(c)标准稠度试杆；(d)初凝用试针；(e)终凝用试针

标准稠度试杆由有效长度为 50 mm±1 mm、直径为 10 mm±0.05 mm 的圆柱形耐腐蚀金属制成。初凝用试针由钢制成，其有效长度初凝针为 50 mm±1 mm、终凝针为 30 mm±1 mm、直径为 1.13 mm±0.05 mm。滑动部分的总质量为 300 g±1 g。与试杆、试针联结的滑动杆表面应光滑，能靠重力自由下落，不得有紧涩和旷动现象。

盛装水泥净浆的试模由耐腐蚀的、有足够硬度的金属制成。试模为深 40 mm±0.2 mm、顶内径 65 mm±0.5 mm、底内径 75 mm±0.5 mm 的截顶圆锥体。每个试模应配备一个边长或直径约为 100 mm、厚度 4～5 mm 的平板玻璃底板或金属底板。

3.3 代用法维卡仪。符合 JC/T 727 的要求。

3.4 雷氏夹。由铜质材料制成，其结构如图 2。当一根指针的根部先悬挂在一根金属丝或尼龙丝上，另一根指针的根部再挂上 300 g 质量的砝码时，两根指针针尖的距离增加应在 17.5 mm±2.5 mm 范围内,即 $2x=17.5$ mm±2.5 mm(见图3),当去掉砝码后针尖的距离能恢复至挂砝码前的状态。

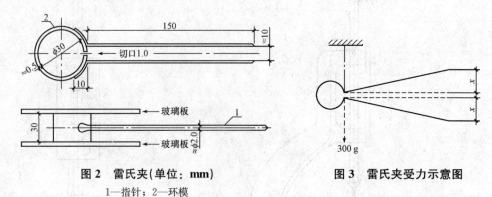

图2　雷氏夹(单位：mm)　　　　图3　雷氏夹受力示意图
1—指针；2—环模

3.5　沸煮箱。符合 JC/T 955 的要求。

3.6　雷氏夹膨胀值测定仪。如图4所示,标尺最小刻度为 0.5 mm。

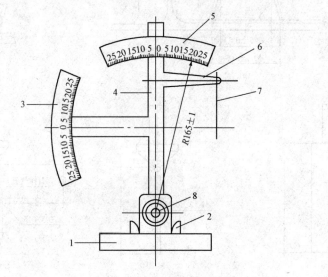

图4　雷氏夹膨胀值测定仪
1—底座；2—模子座；3—测弹性标尺；4—立柱；
5—测膨胀值标尺；6—悬臂；7—悬丝；8—弹簧顶扭

3.7　量筒或滴定管。精度±0.5 mL。

3.8　天平。最大称量不小于 1 000 g,分度值不大于 1 g。

4. 材料

试验用水应是洁净的饮用水,如有争议应以蒸馏水为准。

5. 试验条件

5.1　试验室温度为 20 ℃±2 ℃,相对湿度应不低于50%；水泥试样、拌合水、仪器和用具的温度应与试验室一致。

5.2　湿气养护箱温度为 20 ℃±1 ℃,相对湿度不低于90%。

6. 标准稠度用水量测定方法(标准法)

6.1　试验前的准备工作。

6.1.1 维卡仪的金属棒能否自由滑动。试模和玻璃底板用湿布擦拭,将试模放在底板上。

6.1.2 调整至试杆接触玻璃板时指针对准零点。

6.1.3 搅拌机运行正常。

6.2 水泥净浆的拌制。

用水泥净浆搅拌机搅拌,搅拌锅和搅拌叶片先用湿布擦过,将拌合用水倒入搅拌锅内,然后在 5~10 s 内将称好的 500 g 水泥小心加入水中,防止水和水泥溅出;拌合时,先将锅放到搅拌机锅座上,升至搅拌位置,启动搅拌机,低速搅拌 120 s,停拌 15 s,同时将叶片和锅壁上的水泥浆刮入锅中间,接着高速搅拌 120 s 后停机。

6.3 标准稠度用水量的测定步骤。

拌合结束后,立即取适量水泥净浆一次性将其装入已置于玻璃底板上的试模中,浆体超过试模上端,用宽约为 25 mm 的直边刀轻轻拍打超出试模部分的浆体 5 次,以排除浆体中的孔隙,然后在试模上表面约 1/3 处,略倾斜于试模分别向外轻轻锯掉多余净浆,再从试模边沿轻抹顶部几次,使净浆表面光滑。在锯掉多余净浆和抹平的操作过程中,注意不要压实净浆;抹平后迅速将试模和底板移到维卡仪上,并将其中心定在试杆下,降低试杆直至与水泥净浆表面接触,拧紧螺钉 1~2 s 后,突然放松,让试杆垂直且自由地沉入水泥净浆中。在试杆停止沉入或释放试杆 30 s 时记录试杆距底板之间的距离,升起试杆后,立即擦净;整个操作过程应在搅拌后 1.5 min 内完成。以试杆沉入净浆并距底板 6 mm±1 mm 的水泥净浆为标准稠度净浆。其拌合水量为该水泥的标准稠度用水量(P),按水泥质量的百分比计。

7. 凝结时间测定方法

7.1 试验前的准备工作。

调整凝结时间。测定仪的试针接触玻璃板时指针对准零点。

7.2 试件的制备。

以标准稠度用水量按 6.2 条拌制成标准稠度净浆,按 6.3 条装模和刮平后,立即放入湿气养护箱中。记录水泥全部加入水中的时间作为凝结的起始时间。

7.3 初凝时间的测定。

试件在湿气养护箱中至加水后 30 min 时进行第一次测定。测定时,从养护箱内取出试模放到试针下,降低试针与水泥净浆表面接触,拧紧螺钉 1~2 s 后,突然放松,试针垂直自由地沉入水泥净浆。观察试针停止下沉或释放指针 30 s 时指针的读数。临近初凝时间时每隔 5 min(或更短时间)测定一次。当试针下沉至距离底板 4 mm±1 mm 时,为水泥的初凝状态。由水泥全部加入水中至初凝状态的时间为水泥的初凝时间,用 min 表示。

7.4 终凝时间的测定。

为了准确观测试针沉入的状况,在终凝针上安装了一个环形附件[见图 1(e)]。在完成初凝时间测定后,立即将试模连同浆体以平移的方式从玻璃板中取下,翻转 180°,直径大端向上,小端向下放在玻璃板上,再放入湿气养护箱中继续养护。临近终凝时每隔 15 min(或更短时间)测定一次,当试针沉入浆体 0.5 mm,即环形附件开始不能在试件上留下痕迹时,即为水泥达到终凝状态。由水泥全部加入水中至终凝状态的时间作为终凝时间,用 min 表示。

7.5 测定注意事项。

测定时应注意,在最初测定的操作时应轻轻扶持金属柱,使其徐徐下降,以防止试针撞弯,但结果以自由下落为准;在整个测试过程中试针沉入的位置至少要距试模内壁

10 mm。临近初凝时,每隔 5 min(或更短时间)测定一次,临近终凝时每隔 15 min(或更短时间)测定一次,到达初凝时应立即重复测定一次,当两次结论相同时才能确定到达初凝状态。到达终凝时,需要在试体另外两个不同点测试,确认结论相同才能确定到达终凝状态。每次测定不能让试针落入原针孔,每次测试完必须将试针擦净并将试模放回湿气养护箱内,整个测试过程要防止试模受振。

注:可以使用能得出与标准规定方法相同结果的凝结时间自动测试仪器,有矛盾时以标准方法为准。

8. 安定性测定方法(标准法)

8.1 试验前的准备工作。

每个试样需成型两个试件,每个雷氏夹需配备两个边长或直径约 80 mm、厚度 4~5 mm 的玻璃板,凡与水泥净浆接触的玻璃板和雷氏夹表面都要稍稍涂上一层油。

注:有些油会影响凝结时间,矿物油比较合适。

8.2 雷氏夹试件的成型。

将预先准备好的雷氏夹放在已擦过油的玻璃板上,并立即将已制备好的标准稠度浆一次装满雷氏夹,装浆时一只手轻轻扶持雷氏夹,另一只手用宽约 25 mm 的直边刀在浆体表面轻轻插捣 3 次,然后抹平,盖上稍涂油的玻璃板,接着立即将试件移至湿气标准养护箱内养护 24 h±2 h。

8.3 沸煮。

8.3.1 调整好沸煮箱内的水位,使之能在整个沸煮过程中都没过试件,无须中途添补试验用水,同时又能保证在 30 min±5 min 内升至沸腾。

8.3.2 脱去玻璃板取下试件;先测量雷氏夹指针尖端间的距离(A),精确到 0.5 mm,接着将试件放入沸煮箱水中试件架上,指针朝上,然后在 30 min±5 min 内加热至沸并恒沸 180 mm±5 min。

8.3.3 结果判别。

沸腾结束后,立即放掉沸煮箱中的热水,打开箱盖,待箱体冷却至室温后,取出试件进行判别。测量雷氏夹指针尖端的距离(C),准确至 0.5 mm。当两个试件煮后增加距离($C-A$)的平均值不大于 5.0 mm 时,即认为该水泥安定性合格;当两个试件煮后增加距离($C-A$)的平均值大于 5.0 mm 时,应用同一样品立即重做一次试验。以复检结果为准。

9. 标准稠度用水量测定方法(代用法)

9.1 试验前的准备工作。

9.1.1 维卡仪的金属棒能自由滑动。

9.1.2 调整至试锥接触锥模顶面时指针对准零点。

9.1.3 搅拌机运行正常。

9.2 水泥净浆的拌制同 6.2 条。

9.3 标准稠度的测定。

9.3.1 采用代用法测定水泥标准稠度用水量可用调整水量和不变水量两种方法中的任一种测定。采用调整水量法时拌合水量应按经验找水;采用不变水量法时拌合水量为 142.5 mL。

9.3.2 拌合结束后,立即将拌制好的水泥净浆装入锥模中,用宽约 25 mm 的直边刀在浆体表面轻轻插捣 5 次,再轻振 5 次,刮去多余的净浆,抹平后迅速放到试锥下面的固定位置上,将试锥降至净浆表面,拧紧螺钉1~2 s后,突然放松,让试锥垂直自由地沉入水泥净浆中。到试锥停止下沉或释放试锥30 s时记录试锥下沉深度。整个操作在搅拌后1.5 min内完成。

9.3.3 用不变水量法测定时,根据式(1)(或仪器上对应标尺)计算得到标准稠度用水量 P。当试锥的下沉深度小于13 mm时,应改用调整水量法测定。

$$P = 33.4 - 0.185S \tag{1}$$

式中 P——标准稠度用水量(%);
S——试锥下沉深度(mm)。

10. 安定性测定方法(代用法)

10.1 试验前的准备工作。

每个样品需准备两块边长约100 mm的玻璃板,凡与水泥净浆接触的玻璃板都要稍涂上一层油。

10.2 试饼的成型方法。

将制好的净浆取出一部分分成两等份,使之成球形,放在预先准备好的玻璃板上,轻轻振动玻璃板,并用湿布擦过的小刀由边缘向中央抹,做成直径70~80 mm、中心厚约10 mm,边缘渐薄、表面光滑的试饼,接着将试饼放入标准养护箱内养护24 h±2 h。

10.3 沸煮。

10.3.1 步骤同8.3.1条。

10.3.2 脱去玻璃板取下试饼,在试饼无缺陷的情况下,将试饼放在沸煮箱水中的箅板上,在30 min±5 min内加热至沸腾并恒沸180 min±5 min。

10.3.3 结果判别。

沸腾结束后,立即放掉沸煮箱中的热水,打开箱盖,待箱体冷却至室温后,取出试件进行判别。目测试饼未发现裂缝,用钢直尺检查也没有弯曲(使钢直尺和试饼底部紧靠,以两者间不透光为不弯曲)的试饼为安定性合格,反之为不合格。当两个试饼判别结果有矛盾时,该水泥的安定性为不合格。

11. 试验报告

试验报告应包括标准稠度用水量、初凝时间、终凝时间、雷氏夹膨胀值或试饼的裂缝、弯曲形态等所有的试验结果。

(2)完成本试验需思考的问题及提示。完成"水泥标准稠度用水量、凝结时间、安定性试验"需思考的问题及提示见表2.2.3。

表2.2.3 完成"水泥标准稠度用水量、凝结时间、安定性试验"需思考的问题及提示

序号	问题	提示	备注
1	测定原理	根据本试验2条确定	—
2	标准稠度的定义	根据本试验6.3条确定	—
3	初凝状态的定义	根据本试验7.3条确定	—
4	终凝状态的定义	根据本试验7.4条确定	—
5	测定初凝时间时,如何保证初凝针不被打弯	根据本试验7.5条确定	—
6	安定性合格的判定标准	根据本试验8.3.3条确定	—
7	湿气养护箱的温度、湿度要求	根据本试验5.2条确定	—

(3)填写试验检测记录表。"水泥标准稠度用水量、凝结时间、安定性试验检测记录表"的填写要求见表2.2.4。

表2.2.4 "水泥标准稠度用水量、凝结时间、安定性试验检测记录表"填写要求

记录表名称	代号	填写要求
水泥标准稠度用水量、凝结时间、安定性试验检测记录表	本项目 JJ0403	1. 基本信息区参照任务单内容填写;"试验条件"为环境条件 2. 主要仪器设备名称要填写 3. 数据区用铅笔填写,教师批阅后可修改 4. "时间"相关内容几点几分。凝结时间以分钟计 5. 落款区"试验"处本人签名;"复核"要小组长签名 6. 空白格中打横杠

4. 测定水泥的抗折、抗压强度

试验依据为《公路工程水泥及水泥混凝土试验规程》(JTG E30—2005)。

(1)试验方法。

T 0506—2005 水泥胶砂强度检验方法(ISO法)

1. 目的、适用范围

本方法规定水泥胶砂强度检验方法的仪器、材料、胶砂组成、试验条件、操作步骤和结果计算。其抗压强度结果与ISO 679:1989结果相同。

本方法适用于硅酸盐水泥、普通硅酸盐水泥、矿渣硅酸盐水泥、粉煤灰硅酸盐水泥、复合硅酸盐水泥、道路硅酸盐水泥以及石灰石硅酸盐水泥的抗折与抗压强度检验。

2. 仪器设备

(1)胶砂搅拌机。胶砂搅拌机属行星式,其搅拌叶片和搅拌锅做相反方向的转动。叶片和锅由耐磨的金属材料制成,叶片与锅底、锅壁之间的间隙为叶片与锅壁最近的距离。制造质量应符合JC/T 681—2005的规定。

(2)振实台。振实台(图T 0506—1)应符合JC/T 682—2005的规定。由装有两个对称偏向轮的电动机产生振动,使用时固定于混凝土基座上。基座高约400 mm,混凝土的体积约0.25 m³,重约600 kg。为防止外部振动影响振实效果,可在整个混凝土基座下放一层约5 mm的天然橡胶弹性衬垫。

将仪器用地脚螺钉固定在基座上,安装后设备呈水平状态,仪器底座与基座之间要铺一层砂浆以确保它们完全接触。

(3)代用振动台。使用该设备最终得到的28 d抗压强度与按ISO 679规定方法得到的强度之差在5%内为合格。使用代用振动台,其频率为2 800次/min～3 000次/min,振动台为全波振幅0.75 mm±0.02 mm。代用胶砂振动台应符合GB/T 17671—1999中第11章的要求。

(4)试模及下料漏斗。

1)试模为可装卸的三联模,由隔板、端板、底座、紧固装置及定位销组成,制造质量应符合JC/T 726—2005的规定。可同时成型三条截面为40 mm×40 mm×160 mm的棱形试件。

2)下料漏斗由漏斗和模套两部分组成。漏斗用厚为0.5 mm的白铁皮制作,下料口宽

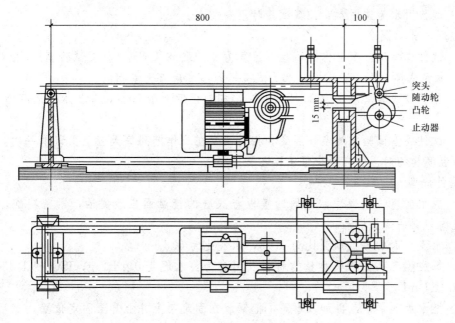

图 T 0506－1 典型振实台

度一般为 4~5 mm。模套高度为 20 mm，用金属材料制作。套模壁与模型内壁应重叠，超出内壁的距离不应大于 1 mm。

(5)抗折试验机和抗折夹具。抗折试验机应符合 JC/T 724—2005 中的要求，一般采用双杠杆，也可采用性能符合要求的其他试验机。加荷与支撑圆柱必须用硬质钢材制造。通过三根圆柱轴的三个竖向平面应该平行，并在试验时继续保持平行和等距离垂直试件的方向，其中一根支撑圆柱能轻微地倾斜，使圆柱与试件完全接触，以便荷载沿试件的宽度方向均匀分布，同时不产生任何扭转应力。

抗折试验机应符合 JC/T 724—2005 中的要求。

抗折强度也可用抗压强度试验机来测定，此时应使用符合上述规定的夹具。

(6)抗压试验机和抗压夹具。

1)抗压试验机的吨位以 200~300 kN 为宜。其在较大的 4/5 量程范围内使用时，记录荷载应有±1%的精度，并具有按 2 400 N/s±200 N/s 速率的加荷能力。应具有一个能指示试件破坏时荷载的指示器。

压力机的活塞竖向轴应与压力机的竖向轴重合，而且活塞作用的合力要通过试件中心。压力机的下压板表面应与该机的轴线垂直并在加荷过程中一直保持不变。

2)当试验机没有球座，或球座已不灵活或直径大于 120 mm 时，应采用抗压夹具，其由硬质钢材制成，受压面积为 40 mm×40 mm，并应符合 JC/T 683—2005 的规定。

(7)天平：感量为 1 g。

3. 材料

3.1 水泥试样从取样到试验要保持 24 h 以上时，应将其储存在基本装满和气密的容器中，这个容器不能和水泥反应。

3.2 ISO 标准砂。各国生产的 ISO 标准砂都可以按本方法测定水泥强度。中国 ISO 标准砂符合 ISO 679 中 5.1.3 要求，其质量控制按 GB/T 17671—1999 的 11 章进行。

3.3 试验用水为饮用水。仲裁试验时用蒸馏水。

4. 温度与相对湿度

4.1 试件成型试验室应保持试验室温度为 20 ℃±2 ℃（包括强度试验室），相对湿度大于 50%。水泥试样、ISO 砂、拌合水及试模等的温度应与室温相同。

4.2 养护箱或雾室温度为 20 ℃±1 ℃，相对湿度大于 90%，养护水的温度为 20 ℃±1 ℃。

4.3 试件成型试验室的空气温度和相对湿度在工作期间每天应至少记录一次。养护箱或雾室的温度和相对湿度应至少每 4 h 记录一次。

5. 试件成型

5.1 成型前将试模擦净，四周的模板与底座的接触面应涂黄油，紧密装配，防止漏浆，内壁均匀刷一薄层机油。

5.2 水泥与 ISO 砂的质量比为 1:3，水灰比为 0.5。

5.3 每成型三条试件需称量的材料及用量为：水泥 450 g±2 g；ISO 砂 1 350±5 g；水 225 mL±1 mL。

5.4 把水加入锅中，再加入水泥，把锅放在固定架上并上升至固定位置。然后立即开动机器，低速搅拌 30 s 后，在第二个 30 s 开始的同时均匀地将砂子加入。当砂是分级装时，应从最粗粒级开始，并依次加入，再高速搅拌 30 s。

停拌 90 s，在停拌的第一个 15 s 内用胶皮刮具将叶片和锅壁上的胶砂刮入锅中。在高速下继续搅拌 60 s。各个阶段的时间误差应在±1 s 之内。

5.5 用振实台成型时，将空试模和模套固定在振实台上，用适当的勺子直接从搅拌锅里将胶砂分两层装入试模。装第一层时，每个槽内约放 300 g 胶砂，用大播料器垂直架在模套顶部，沿每个模槽来回一次将料层播平，接着振实 60 次。再装入第二层胶砂，用小播料器播平，再振实 60 次。移走模套，从振实台上取下试模，并用刮尺以近 90°的角度架在试模模顶的一端，沿试模长度方向以横向锯割动作慢慢向另一端移动，一次将超过试模部分的胶砂刮去。并用同一直尺以近乎水平的情况将试件表面抹平。

5.6 当用代用振动台成型时，在搅拌胶砂的同时将试模及下料漏斗卡紧在振动台台面中心。将搅拌好的全部胶砂均匀地装入下料漏斗中，开动振动台 120 s±5 s 后停止。振动完毕，取下试模，用刮平尺按 5.5 的方法刮去多余胶砂并抹平试件。

5.7 在试模上做标记或加字条标明试件编号和试件相对于振实台的位置。两个龄期以上的试件，编号时应将同一试模中的三条试件分在两个以上的龄期内。

5.8 试验前和更换水泥品种时，须将搅拌锅、叶片和下料斗等抹擦干净。

6. 养护

6.1 编号后，将试模放入养护箱养护，养护箱内算板必须水平。水平放置时刮平面应朝上。对于大于 24 h 龄期的，应在破型前 20 min 内脱模。对于 24 h 以上龄期的，应在成型后 20 h~24 h 内脱模。脱模时要格外小心，防止试件损伤。硬化较慢的水泥允许延期脱模，但须记录脱模时间。

6.2 试件脱模后应立即放入水槽中养护，试件之间间隙和试件上表面的水深不得小于 5 mm。每个养护池中只能养护同类水泥试件，并应随时加水，保持恒定水位，不允许在养护期间全部换水。

7. 强度试验

7.1 各龄期（试件龄期从水泥加水搅拌开始算起）的试件应在下列时间内进行强度试验：

龄期	试验时间
24 h	24 h±15 min；
48 h	48 h±30 min；
72 h	72 h±45 min；
7 d	7 d±2 h；
28 d	28 d±8 h。

7.2 抗折强度测定

7.2.1 以中心加荷法测定抗折强度。

7.2.2 采用杠杆式抗折试验机试验时，试件放入前，应使杠杆呈水平状态，将试件成型，侧面朝上放入抗折试验机内。试件放入后调整夹具，使杠杆在试件折断时尽可能地接近水平位置。

7.2.3 抗折试验机加荷速率 50 N/s±10 N/s，直至折断，并保持两个半截棱柱试件处于潮湿状态直至抗压试验。

7.2.4 抗折强度按式（T 0506—1）计算：

$$R_f = \frac{1.5 F_f L}{b^3} \quad (\text{T 0506}-1)$$

式中 R_f——抗折强度（MPa）；

　　F_f——破坏荷载（N）；

　　L——支撑圆柱中心距离（mm）；

　　b——试件断面正方形的边长，为 40 mm。

抗折强度计算值精确至 0.1 MPa。

7.2.5 抗折强度的结果取三个试件平均值，精确至 0.1 MPa。当三个强度值中有超过平均值±10%的，应予剔除后再平均，以平均值作为抗折强度的试验结果。

7.3 抗压强度试验

7.3.1 抗折试验后的断块应立即进行抗压试验。抗压试验须用抗压夹具进行，试体受压面为试件成型时的两个侧面，面积为 40 mm×40 mm。试验前应清除试体受压面与加压板间的砂粒或杂物。试件的底面靠紧夹具定位销，断块试件应对准抗压夹具中心，并使夹具对准压力机压板中心，半截棱柱体中心与压力机压板中心差应在±0.5 mm 内，棱柱体露在压板外的部分约为 10 mm。

7.3.2 压力机加荷速度应控制在 2 400 N/s±200 N/s 的速率范围内，在接近破坏时更应严格掌握。

7.3.3 抗压强度按式（T 0506—2）计算：

$$R_c = \frac{F_c}{A} \quad (\text{T 0506}-2)$$

式中 R_c——抗压强度（MPa）；

　　F_c——破坏荷载（N）；

　　A——受压面积，即 40 mm×40 mm=1 600 mm^2。

抗压强度计算值精确到 0.1 MPa。

7.3.4 抗压强度结果为一组 6 个断块试件抗压强度的算术平均值,精确至 0.1 MPa。如果 6 个强度值中有一个超出平均值±10%的,应剔除后以剩下 5 个值的算术平均值作为最后结果。如果 5 个测定值中再有超过平均值±10%的,则此组试件无效。

8. 试验报告

试验报告应包括以下内容:

(1)要求检测的项目名称;

(2)原材料的品种、规格和产地;

(3)试验日期及时间;

(4)仪器设备的名称、型号及编号;

(5)环境温度和湿度;

(6)执行标准;

(7)不同龄期对应水泥试样的抗折强度、抗压强度,报告中应包括所有单个强度结果(包括舍去的试验结果)和计算出的平均值;

(8)要说明的其他内容。

(2)完成本试验需思考的问题及提示。完成"水泥抗折、抗压强度试验"需思考的问题及提示见表 2.2.5。

表 2.2.5 完成"水泥抗折、抗压强度试验"需思考的问题及提示

序号	问题	提示	备注
1	振实台固定于水泥混凝土基座上,混凝土基座的要求	根据本试验 2.2 条确定	基座为混凝土浇筑,下面有一层天然橡胶弹性衬垫
2	抗压试验机的吨位要求	根据本试验 2.6.1 条确定	正确选择试验机
3	抗压试验抗压夹具的要求	根据本试验 2.6.2 条确定	—
4	试件成型试验室的温度、湿度要求	根据本试验 4.1 条确定	水泥试验室应安装空调及加湿器
5	试模养护时应编号,做标记	根据本试验 5.7 条确定	养成做标记的好习惯
6	试件养护需编号,做标记	根据本试验 6.1 条确定	养成做标记的好习惯
7	抗折强度结果确定	正确理解本试验 7.2.5 条	—
8	抗压强度结果确定	正确理解本试验 7.3.4 条	—

(3)填写试验检测记录表。"水泥抗折、抗压强度试验检测记录表"的填写要求见表 2.2.6。

表 2.2.6 "水泥抗折、抗压强度试验检测记录表"填写要求

记录表名称	代号	填写要求
水泥胶砂强度试验检测记录表	本项目 JJ0406	1. 基本信息区参照任务单内容填写。"试验条件"为环境条件 2. 主要仪器设备名称要填写 3. 数据区用铅笔填写,教师批阅后可修改 4. 落款区"试验"处本人签名;"复核"处小组长签名 5. 空白格中打横杠

二、编制检测报告

1. 通用硅酸盐水泥的技术标准（GB 175—2007）

(1)通用硅酸盐水泥的技术标准。

1)通用硅酸盐水泥的组分规定，见表 2.2.7。

表 2.2.7　通用硅酸盐水泥组分　　　　　　　　　　　　　　　　　　　　　　　%

品种	代号	组分（质量分数）				
		熟料＋石膏	粒化高炉矿渣	火山灰质混合材料	粉煤灰	石灰石
硅酸盐水泥	P·Ⅰ	100	—	—	—	—
	P·Ⅱ	≥95	≤5	—	—	—
		≥95	—	—	—	≤5
普通硅酸盐	P·O	≥80且<95	>5且≤20			
矿渣硅酸盐水泥	P·S·A	≥50且<80	>20且≤50	—	—	—
	P·S·B	≥30且<50	>50且≤70	—	—	—
火山灰质硅酸盐水泥	P·P	≥60且<80	—	>20且≤40	—	—
粉煤灰硅酸盐水泥	P·F	≥60且<80	—	—	>20且≤40	—
复合硅酸盐水泥	P·C	≥50且<80	>20且≤50			

2)化学指标。通用硅酸盐水泥化学指标应符合表 2.2.8 规定。

表 2.2.8　通用硅酸盐水泥化学指标　　　　　　　　　　　　　　　　　　　　　%

品种	代号	不溶物（质量分数）	烧失量（质量分数）	三氧化硫（质量分数）	氧化镁（质量分数）	氯离子（质量分数）
硅酸盐水泥	P·Ⅰ	≤0.75	≤3.0	≤3.5	≤5.0[a]	≤0.06[c]
	P·Ⅱ	≤1.5	≤3.5			
普通硅酸盐	P·O	—	≤5.0			
矿渣硅酸盐水泥	P·S·A	—	—	≤4.0	≤6.0[b]	
	P·S·B	—	—			
火山灰质硅酸盐水泥	P·P	—	—	≤3.5	≤6.0[b]	
粉煤灰硅酸盐水泥	P·F	—	—			
复合硅酸盐水泥	P·C	—	—			

a. 如果水泥压蒸试验合格，则水泥中氧化镁的含量（质量分数）允许放宽至 6.0%。
b. 如果水泥中氧化镁的含量（质量分数）大于 6.0% 时，需进行水泥压蒸安定性试验并应试验合格。
c. 当有更低的要求时，该指标由买卖双方确定。

3)碱含量（选择性指标）。水泥中碱含量按 $Na_2O+0.658 K_2O$ 的计算值表示。若使用活性骨料，用户要求提供低碱水泥时，水泥中碱含量不得大于 0.60% 或由供需双方商定。

4)细度（选择性指标）。硅酸盐水泥和普通硅酸盐水泥的细度以比表面积表示，其比表面积不小于 300 m^2/kg；矿渣硅酸盐水泥、火山灰质硅酸盐水泥、粉煤灰硅酸盐水泥和复合硅酸盐水泥以筛余表示，其 80 μm 方孔筛筛余不大于 10% 或 45 μm 方孔筛筛余不大于 30%。

5)凝结时间。硅酸盐水泥初凝时间不得小于 45 min，终凝时间不大于 390 min；普通硅酸盐水泥、矿渣硅酸盐水泥、火山灰质硅酸盐水泥、粉煤灰硅酸盐水泥和复合硅酸盐水泥初凝时间不小于 45 min，终凝时间不大于 600 min。

6)安定性。沸煮法合格。

7)强度。不同品种不同强度等级的通用硅酸盐水泥，其不同龄期强度应符合表 2.2.9 的规定。

表 2.2.9 通用硅酸盐水泥强度

品种	强度等级	抗压强度/MPa		抗折强度/MPa	
		3 d	28 d	3 d	28 d
硅酸盐水泥	42.5	≥17.0	≥42.5	≥3.5	≥6.5
	42.5R	≥22.0		≥4.0	
	52.5	≥23.0	≥52.5	≥4.0	≥7.0
	52.5R	≥27.0		≥5.0	
	62.5	≥28.0	≥62.5	≥5.0	≥8.0
	62.5R	≥32.0		≥5.5	
普通硅酸盐水泥	42.5	≥17.0	≥42.5	≥3.5	≥6.5
	42.5 R	≥22.0		≥4.0	
	52.5	≥23.0	≥52.5	≥4.0	≥7.0
	52.5 R	≥27.0		≥5.0	
矿渣硅酸盐水泥 火山灰硅酸盐水泥 粉煤灰硅酸盐水泥 复合硅酸盐水泥	32.5	≥10.0	≥2.5	≥2.5	≥5.5
	32.5R	≥15.0		≥3.5	
	42.5	≥15.0	≥42.5	≥3.5	≥6.5
	42.5 R	≥19.0		≥4.0	
	52.5	≥21.0	≥52.5	≥4.0	≥7.0
	52.5 R	≥23.0		≥4.5	

8)水泥的包装、标志、运输、储存。

①包装。水泥可以散装或袋装，袋装水泥每袋净含量为 50 kg，且应不小于标志质量的 99%；随机抽取 20 袋，其总质量(含包装袋)应不小于 1 000 kg。其他包装形式由供需双方协商确定，但有关袋装质量要求，应符合上述规定。水泥包装袋应符合 GB 9774 的规定。

②标志。水泥包装袋上应清楚标明：执行标准、水泥品种、代号、强度等级、生产者名称、生产许可证标志(QS)及编号、出场编号、包装日期、净含量。包装袋两侧应根据水泥的品种采用不同的颜色印制水泥名称和强度等级，硅酸盐水泥和普通硅酸盐水泥采用红色，矿渣硅酸盐水泥采用绿色；火山灰质硅酸盐水泥、粉煤灰硅酸盐水泥和复合硅酸盐水泥采用黑色或蓝色。

③运输与储运。水泥在运输与储存时不得受潮和混入杂物，不同品种和强度等级的水泥在储运中避免混杂。

(2)水泥的质量评定。检验结果符合表 2.2.8 中化学指标、凝结时间、安定性及表 2.2.9 中强度要求的为合格品，检验结果不符合其中任意一项技术要求的为不合格品。

2. 检测报告填写要求

"水泥试验检测报告"的填写要求见表 2.2.10。

表 2.2.10　"水泥试验检测报告"填写要求

报告表名称	代号	填写要求
水泥试验检测报告	本项目报告续页 JB010401	1. 基本信息区参照任务单内容填写 2. 判定依据为《公路桥涵施工技术规范》(JTG/T F50—2011) 3. 数据区用签字笔填写，错误处按要求"修改"并在修改处签名 4. 没有检测的指标均在空格中打横杠 5. 检测结论要严谨准确 6. 落款区"试验"处本人签名；"复核"处小组长签名；"签发"处小组长签名 7. 空白格中打横杠

任务三　确定试验室配合比

> **任务描述**
>
> 本任务是学生模拟检测中心水泥混凝土室试验检测员根据附表 2.4 的任务单中提供的材料，完成 C25 水泥混凝土的配合比设计任务，并且正确填写试验检测记录表，编制检测报告。其中初步配合比的计算、坍落度的测定、立方体抗压强度试件制作及试件检验应独立完成，其他由教师指导完成。

一、确定试验室配合比，填写试验检测记录表

桥涵用水泥混凝土，以 28 d 的立方体抗压强度作为设计标准。

按以下步骤确定试验室配合比，并填写试验检测记录表。

1. 计算初步配合比，填写试验检测记录表

(1)初步配合比按以下步骤计算。

1)确定混凝土配制强度 $f_{cu,0}$。

①当混凝土的设计强度等级小于 C60 时，混凝土配制强度 $f_{cu,0}$ 首先应根据设计要求的混凝土强度等级和施工单位质量管理水平(强度标准差的历史平均水平)，再按《普通混凝土配合比设计规程》(JGJ 55—2011)的规定，按式(2.3.1)确定：

$$f_{cu,0} \geqslant f_{cu,k} + 1.645\sigma \tag{2.3.1}$$

式中　$f_{cu,0}$——混凝土配制强度(MPa)；

　　　$f_{cu,k}$——混凝土立方体抗压强度标准值(MPa)；

　　　σ——混凝土强度标准差(MPa)。

混凝土强度标准差可根据近 1～3 个月的同一品种、同一强度等级混凝土的强度统计资料计算求得，其试件组数不应少于 30 组。对于强度等级不大于 C30 的混凝土，若强度标准

差计算值不小于 3.0 MPa，按计算结果取值；计算值小于 3.0 MPa 时，则计算配制强度时的标准差取 3.0 MPa。对强度等级大于 C30 且小于 C60 的混凝土，若强度标准差计算值不小于 4.0 MPa，按计算结果取值；若计算值小于 4.0 MPa，则计算配制强度时的标准差取 34.0 MPa。当无近期统计资料计算混凝土强度标准差时，强度标准差可根据强度等级按表 2.3.1 规定取用。

表 2.3.1 强度标准差 σ

混凝土强度/MPa	≤C20	C25~C45	C50~C55
σ/MPa	4.0	5.0	6.0

②当设计强度等级大于或等于 C60 时，配制强度应按式(2.3.2)确定：

$$f_{cu,0} \geqslant 1.15 f_{cu,k} \tag{2.3.2}$$

2）初步确定水胶比。

①当混凝土强度等级不大于 60 级时，混凝土水胶比宜按式(2.3.3)计算：

$$W/B = \frac{\alpha_a \cdot f_b}{f_{cu,0} + \alpha_a \cdot \alpha_b \cdot f_b} \tag{2.3.3}$$

式中 W/B——混凝土水胶比；

α_a，α_b——回归系数，取值见表 2.3.2；

f_b——胶凝材料 28d 胶砂抗压强度(MPa)，可实测，也可按式 $f_b = \gamma_f \gamma_s f_{ce}$ 确定；γ_f 为粉煤灰影响系数，γ_s 为粒化高炉矿渣粉影响系数，可按表 2.3.3 选用；f_{ce} 为水泥 28d 胶砂抗压强度，可实测，也可按式 $f_{ce} = \gamma_c \times f_{ce,g}$ 计算，γ_c 为水泥强度等级的富余系数，可按实际统计资料确定，当缺乏实际统计资料时，可按表 2.3.4 选用，$f_{ce,g}$ 为水泥强度等级值(MPa)。

表 2.3.2 回归系数 α_a，α_b 选用表

粗集料品种	回归系数	
	α_a	α_b
碎石	0.53	0.20
卵石	0.49	0.13

表 2.3.3 粉煤灰影响系数(γ_f)和粒化高炉矿渣粉影响系数(γ_s)

种类 掺量/%	粉煤灰影响系数 γ_f	粒化高炉矿渣粉影响系数 γ_s
0	1.00	1.00
10	0.90~0.95	1.00
20	0.80~0.85	0.95~1.00
30	0.70~0.75	0.90~1.00
40	0.60~0.65	0.80~0.90
50	—	0.70~0.85

注：1. 采用Ⅰ级、Ⅱ级粉煤灰宜取上限值。
2. 采用 S75 级粒化高炉矿渣粉宜取下限值，采用 S95 级粒化高炉矿渣粉宜取上限值，采用 S105 级粒化高炉矿渣粉可取上限值加 0.05。
3. 当超出表中掺量时，粉煤灰和粒化高炉矿渣粉影响系数应经试验确定。

表 2.3.4 水泥强度等级的富余系数（γ_c）

水泥强度等级值	32.5	42.5	52.5
富余系数	1.12	1.16	1.10

②按耐久性校核水胶比。按式(2.3.3)计算所得的水胶比，是按强度要求计算得到的结果。在确定采用的水胶比时，还应根据《公路桥涵施工技术规范》(JTG/T F50—2011)规定的混凝土所处环境条件，耐久性要求的允许最大水胶比(表 2.3.5)进行校核，从中选择较小者。

表 2.3.5 普通混凝土的最大水胶比、最小水泥用量及最大氯离子含量

环境类别	环境条件	最大水胶比	最小水泥用量/(kg·m⁻³)	最低混凝土强度等级	最大氯离子含量/%
Ⅰ	温暖或寒冷地区的大气环境、与无侵蚀的水或土接触的环境	0.55	275	C25	0.30
Ⅱ	严寒地区的大气环境、适用除冰盐环境、滨海环境	0.50	300	C30	0.15
Ⅲ	海水环境	0.45	300	C35	0.10
Ⅳ	受侵蚀性物质影响的环境	0.40	325	C35	0.10

注：1. 水胶比、氯离子含量是指其与胶凝材料用量的百分比。
2. 最小水泥用量，包括掺合料。当掺用外加剂且能有效地改善混凝土的和易性时，水泥用量可减少 25 kg/m³。
3. 严寒地区是指最冷月份平均气温低于 −10 ℃，且日平均温度低于或等于 5 ℃ 的天数在 145 d 以上的地区。
4. 预应力混凝土结构中的最大氯离子含量为 0.06%，最小水泥用量为 350 kg/m³。
5. 封底、垫层及其他临时工程的混凝土，可不受本表限制。

3）确定用水量。

①每立方米干硬性或塑性混凝土用水量的确定。当水胶比在 0.40～0.80 范围时，根据粗集料的品种、粒径及施工要求的混凝土拌合物稠度，其用水量可按表 2.3.6、表 2.3.7 选取。水胶比小于 0.40 的混凝土用水量通过试验确定。

表 2.3.6 干硬性混凝土的用水量　　　　　　　　　　　　　　kg·m⁻³

拌合物稠度		卵石最大公称粒径/mm			碎石最大公称粒径/mm		
项目	指标	10.0	20.0	40.0	16.0	20.0	40.0
维勃稠度(s)	16～20	175	160	145	180	170	155
	11～15	180	165	150	185	175	160
	5～10	185	170	155	190	180	165

表 2.3.7 塑性混凝土的用水量　　　　　　　　　　　　　　kg·m⁻³

拌合物稠度		卵石最大粒径/mm				碎石最大粒径/mm			
项目	指标	10.0	20.0	31.5	40.0	16.0	20.0	31.5	40.0
坍落度/mm	10～30	190	170	160	150	200	185	175	165
	35～50	200	180	170	160	210	195	185	175
	55～70	210	190	180	170	220	205	195	185
	75～90	215	195	185	175	230	215	205	195

注：1. 用水量是采用中砂时的平均值。采用细砂时，每立方米混凝土用水量可增加 5～10 kg；采用粗砂时，则可减少 5～10 kg。
2. 掺用各种外加剂或掺合料时，用水量应相应调整。

②掺外加剂时，每立方米流动性或大流动性混凝土的用水量按式(2.3.4)计算。这里的外加剂，特指具有减水功能的外加剂。

$$m_{w0}=m_{w0'}(1-\beta) \qquad (2.3.4)$$

式中 m_{w0}——满足实际坍落度要求的每立方米混凝土用水量(kg/m^3)；

m_{w0}'——未掺外加剂时推定的满足实际坍落度要求的每立方米混凝土用水量(kg/m^3)；以表2.3.7中90 mm坍落度的用水量为基础，按每增大20 mm坍落度相应增加5 kg/m^3用水量来计算，当坍落度增大到180 mm以上时，随坍落度相应增加的用水量可减少；

β——外加剂的减水率(%)，应经混凝土试验确定。

4)确定胶凝材料、外加剂、矿物掺合料、水泥用量。

①计算每立方米混凝土胶凝材料、水泥、外加剂、矿物掺合料用量：

a. 每立方米混凝土的胶凝材料用量，按式(2.3.5)计算。

$$m_{b0}=\frac{m_{w0}}{W/B} \qquad (2.3.5)$$

式中 m_{b0}——计算配合比每立方米混凝土中胶凝材料用量(kg/m^3)；

m_{w0}——计算配合比每立方米混凝土的用水量(kg/m^3)；

W/B——混凝土水胶比。

b. 每立方米混凝土的外加剂用量，按式(2.3.6)计算。

$$m_{a0}=m_{b0}\beta_a \qquad (2.3.6)$$

式中 m_{a0}——每立方米混凝土中外加剂用量(kg/m^3)；

β_a——外加剂掺量(%)，应经混凝土试验确定。

c. 每立方混凝土中矿物掺合料用量。

• 为了保证混凝土的耐久性能，《普通混凝土配合比设计规程》(JGJ 55—2011)规定，矿物掺合料在混凝土中的掺量应通过试验确定。采用硅酸盐水泥或普通硅酸盐水泥时，钢筋混凝土中矿物掺合料最大掺量宜符合表2.3.8的规定，预应力混凝土中矿物掺合料最大掺量宜符合表2.3.9的规定。对基础大体积混凝土，粉煤灰、粒化高炉矿渣粉和复合掺合料的最大掺量可增加5%，采用掺量大于30%的C类粉煤灰的混凝土应以实际使用的水泥和粉煤灰掺量进行安定性检验。当采用超出表2.3.8、表2.3.9给出的矿物掺合料最大掺量时，应对混凝土性能进行全面的试验及论证，证明结构混凝土安全性和耐久性满足设计要求后，才能使用。

表2.3.8 钢筋混凝土中矿物掺合料最大掺量

矿物掺合料种类	水胶比	最大掺量/%	
		采用硅酸盐水泥时	采用普通硅酸盐水泥时
粉煤灰	≤0.40	45	35
	>0.40	40	30
粒化高炉矿渣粉	≤0.40	65	55
	>0.40	55	45
钢渣粉	—	30	20
磷渣粉	—	30	20

续表

矿物掺合料种类	水胶比	最大掺量/%	
		采用硅酸盐水泥时	采用普通硅酸盐水泥时
硅灰	—	10	10
复合掺合料	≤0.40	65	55
	>0.40	55	45

注：1. 采用其他通用硅酸盐水泥时，宜将水泥混合材掺量20%以上的混合材量计入矿物掺合料。
2. 复合掺合料各组分的掺量不宜超过单掺时的最大掺量。
3. 在混合使用两种或两种以上矿物掺合料时，矿物掺合料的总掺量应符合表中复合掺合料的规定。

表 2.3.9 预应力混凝土中矿物掺合料最大掺量

矿物掺合料种类	水胶比	最大掺量/%	
		硅酸盐水泥	普通硅酸盐水泥
粉煤灰	≤0.40	≤35	≤30
	>0.40	≤25	≤20
粒化高炉矿渣粉	≤0.40	≤55	≤45
	>0.40	≤45	≤35
钢渣粉	—	≤20	≤10
磷渣粉	—	≤20	≤10
硅灰	—	≤10	≤10
复合掺合料	≤0.40	≤50	≤40
	>0.40	≤40	≤30

注：1. 采用其他通用硅酸盐水泥时，宜将水泥混合材掺量20%以上的混合材量计入矿物掺合料；
2. 复合掺合料各组分的掺量不宜超过单掺时的最大掺量；
3. 在混合使用两种或两种以上矿物掺合料时，矿物掺合料总掺量应符合表中复合掺合料的规定。

- 每立方米混凝土中矿物掺合料用量按式(2.3.7)计算：

$$m_{f0} = m_{b0}\beta_f \quad (2.3.7)$$

式中 m_{f0}——计算配合比每立方米混凝土中矿物掺合料用量(kg/m³)；
β_f——矿物掺合料的掺量(%)。

d. 每立方混凝土水泥用量，按式(2.3.8)计算：

$$m_{c0} = m_{b0} - m_{f0} \quad (2.3.8)$$

式中 m_{c0}——计算配合比每立方米混凝土中水泥用量(kg/m³)。

②按耐久性要求校核水泥用量。根据混凝土耐久性要求，每立方米普通水泥混凝土的最小水泥用量，依结构所处的环境条件应不得小于表2.3.5中的规定。

5)砂率的选定。砂率对混凝土拌合物性能影响较大，可调范围略宽，也关系到材料成本。在实际工作中，砂率应根据集料的技术指标、混凝土拌合物性能和施工要求，参考经验和既有历史的资料确定。当无历史资料可参考时，坍落度为10～60 mm的混凝土砂率，可根据粗集料品种、粒径及水胶比按表2.3.10选取，坍落度大于60 mm的混凝土砂率，可经试验确定，也可在表2.3.10的基础上，按坍落度每增大20 mm，砂率增大1%的幅度予以调整,坍落度小于 10 mm 的混凝土,其砂率应经试验确定。

表 2.3.10 混凝土的砂率 %

水胶比	卵石最大粒径/mm			碎石最大粒径/mm		
(W/B)	10.0	20.0	40.0	16.0	20.0	40.0
0.40	26~32	25~31	24~30	30~35	29~34	27~32
0.50	30~35	29~34	28~33	33~38	32~37	30~35
0.60	33~38	32~37	31~36	36~41	35~40	33~38
0.70	36~41	35~40	34~39	39~44	38~43	36~41

注:1. 本表数值是中砂的选用砂率,对细砂或粗砂,可相应地减少或增大砂率;
  2. 采用人工砂配制混凝土时,砂率可适当增大;
  3. 只用一个单粒级粗集料配制混凝土时,砂率应适当增大。

6)计算粗、细集料用量。

①质量法。又称假定密度法。此法假定混凝土拌合物的表观密度为一固定值,混凝土拌合物各组成材料的单位用量之和即为其表观密度。在砂率值为已知的条件下,粗、细集料的单位用量可用下式计算求得:

$$\begin{cases} m_{f0}+m_{c0}+m_{g0}+m_{s0}+m_{w0}=m_{cp} & (2.3.9) \\ \beta_s=\dfrac{m_{s0}}{m_{g0}+m_{s0}}\times 100\% & (2.3.10) \end{cases}$$

式中 m_{g0}——计算每立方米混凝土的粗集料用量(kg/m³);

  m_{s0}——计算每立方米混凝土的细集料用量(kg/m³);

  β_s——砂率(%);

  m_{cp}——每立方米混凝土拌合物的假定质量(kg/m³),可取 2 350~2 450 kg/m³。

②体积法。又称绝对体积法。该法是假定混凝土拌合物的体积等于各组成材料绝对体积和混凝土拌合物中所含空气之和。在砂率已知的条件下,粗、细集料的单位用量可由下式求得:

$$\dfrac{m_{f0}}{\rho_f}+\dfrac{m_{c0}}{\rho_c}+\dfrac{m_{g0}}{\rho_g}+\dfrac{m_{s0}}{\rho_s}+\dfrac{m_{w0}}{\rho_w}+0.01\alpha=1 \quad (2.3.11)$$

式中 ρ_c——水泥密度(kg/m³),可按现行国家标准《水泥密度测定方法》(GB/T 208)测定,也可取 2 900 kg/m³~3 100 kg/m³;

  ρ_f——矿物掺合料密度(kg/m³),可按现行国家标准《水泥密度测定方法》(GB/T 208)测定。

  ρ_s,ρ_g——粗、细集料的表观密度(kg/m³);

  ρ_w——水的密度(kg/m³),可取 1 000 kg/m³;

  α——混凝土的含气量百分数,在不使用引气剂或引气型外加剂时,取值为 1。

通过以上六个步骤计算,可将水泥、水、粗集料、细集料的用量全部求出,得到初步配合比,而以上各项计算多数利用经验公式或经验资料获得,因此配合比所制得的混凝土不一定符合实际要求,所以应对配合比进行试配、调整和确定。

(2)填写试验检测记录表。"水泥混凝土初步配合比试验检测记录表"填写要求见表 2.3.11。

表 2.3.11 "水泥混凝土初步配合比试验检测记录表"填写要求

记录表名称	代号	填写要求
水泥混凝土配合比设计试验检测记录表	本项目 JJ0504a	1. 本试验检测记录表共三页，初步配合比只填写第一页部分内容 2. 基本信息区参照任务单内容填写"样品名称""样品标号""样品描述""试验条件"不填 3. 主要仪器设备名称不填 4. 设计条件、用料说明根据任务单内容填写，原材料指标检验结果按照试验记录表数据填写 5. 填写初步配合比数据 6. 数据区先铅笔填写，教师批阅后可修改

2. 试拌调整提出基准配合比，填写试验检测记录表

(1)试拌检验工作性。

1)试拌要求。

①材料的要求。试配混凝土所用各种原材料，要与实际工程使用的材料相同。配合比设计所采用的细集料含水量应小于0.5%，粗集料含水量应小于0.2%。

②搅拌方法和拌合物数量。混凝土试配应采用强制式搅拌机进行搅拌，搅拌方法(搅拌方式、投料方式、搅拌时间)宜与施工采用的方法相同。试拌时，每盘混凝土的最小搅拌数量应符合表2.3.12中的规定。并且，不应小于搅拌机公称容量的1/4，且不大于搅拌机公称容量。如果搅拌量太小，由于混凝土拌合物浆体粘锅因素影响和体量不足等原因，拌合物的代表性不足。

表 2.3.12 混凝土试配的最小搅拌量

集料最大公称粒径/mm	拌合物数量/L
≤31.5	20
40.0	25

2)检验工作性。按初步配合比计算出试配所需的材料用量，按规定的方法配制混凝土拌合物，通过试验测定混凝土的坍落度，同时观察拌合物的黏聚性和保水性。

试验依据为《公路工程水泥及水泥混凝土试验规程》(JTG E30—2005)。

①试验方法。

T 0521—2005 水泥混凝土拌合物的拌合与现场取样方法

1. 目的和适用范围

本方法规定了在常温环境中室内水泥混凝土拌合物的拌合与现场取样方法。

轻质水泥混凝土、防水水泥混凝土、碾压水泥混凝土等其他特种水泥混凝土的拌合与现场取样方法，可以参照本方法进行，但因其特殊所引起的对试验设备及方法的特殊要求，均应遵照对这些水泥混凝土的有关技术规定进行。

2. 仪器设备

(1)搅拌机：自由式或强制式。

(2)振动台：标准振动台，符合《混凝土试验用振动台》的要求。

(3)磅秤：感量满足称量总量1%的磅秤。
(4)天平：感量满足称量总量0.5%的天平。
(5)其他：铁板、铁铲等。

3. 材料

3.1 所有材料均应符合有关要求，拌合前材料应放置在温度为20℃±5℃的室内。

3.2 为防止粗集料的离析，可将集料按不同粒径分开，使用时再按一定比例混合。试样从抽取至试验完毕的过程中，不要风吹日晒，必要时应采取保护措施。

4. 拌合步骤

4.1 拌合时室温保持在20℃±5℃。

4.2 拌合物的总量至少应比所需量高20%以上。拌制混凝土的材料用量应以质量计，称量的精确度：集料为±1%，水、水泥、掺合料和外加剂为±0.5%。

4.3 粗集料、细集料均以干燥状态[注]为基准，计算用水量时应扣除粗集料、细集料的含水量。

注：干燥状态是指含水量小于0.5%的细集料和含水量小于0.2%的粗集料。

4.4 外加剂的加入。

对于不溶于水或难溶于水且不含潮解型盐类，应先和一部分水泥拌合，以保证其充分分散。

对于不溶于水或难溶于水但含潮解型盐类，应先和细集料拌合。

对于水溶性或液体，应先和水拌合。

其他特殊外加剂应遵守有关规定。

4.5 拌制混凝土所用各种用具，如铁板、铁铲、抹刀等，应预先用水润湿，使用后必须清洗干净。

4.6 使用搅拌机前，应先用少量砂浆进行涮膛，再刮出涮膛砂浆，以避免正式拌合混凝土时水泥砂浆黏附筒壁的损失。涮膛砂浆的水胶比及砂灰比，应与正式的混凝土配合比相同。

4.7 用搅拌机拌合时，拌合量宜为搅拌机公称容量的1/4～3/4之间。

4.8 搅拌机搅拌。

按规定称好原材料，按顺序向搅拌机内加入粗集料、细集料、水泥。开动搅拌机，将材料拌合均匀，在拌合过程中徐徐加水，全部加料时间不宜超过2 min。全部加入后，继续拌合约2 min，而后将拌合物倾出在铁板上，再经人工翻拌1～2 min，务必使拌合物均匀一致。

4.9 人工拌合。

采用人工拌合时，先用湿布将铁板、铁铲润湿，再将称好的砂和水泥在铁板上拌匀，加入粗集料，再混合搅拌均匀。而后将该拌合物收集成长堆，中心扒成长槽，将称好的水倒入约一半，将其与拌合物仔细拌匀，再将材料堆成长堆，扒成长槽，倒入剩余的水，继续进行拌合，至少来回翻拌6遍。

4.10 从试样制备完毕到开始做各项性能试验不宜超过5 min(不包括成型试件)。

5. 现场取样

5.1 新混凝土现场取样：凡由搅拌机、料斗、运输小车以及浇制的构件中采取新拌混凝土代表性样品时，均须从三处以上的不同部位抽取大致相同分量且有代表性的样品(不要抽取已经离析的混凝土),集中用铁铲翻拌均匀,而后立即进行拌合物的试验。拌合物取样量应多于试验所需数量的1.5倍,其体积不少于20 L。

5.2 为取样具有代表性,宜采用多次采样的方法,最后集中用铁铲翻拌均匀。

5.3 从第一次取样到最后一次取样不宜超过15 min。取回的混凝土拌合物经过人工再次翻拌均匀,而后进行试验。

T 0522—2005 水泥混凝土拌合物稠度试验方法(坍落度仪法)

1. 适用范围

本方法规定了采用坍落度仪测定水泥混凝土拌合物稠度的方法和步骤。

本方法适用于坍落度大于10 mm、集料公称粒径不大于31.5 mm的水泥混凝土的坍落度测定。

2. 仪器设备

(1)坍落筒:如图T 0522-1所示,符合《水泥混凝土坍落度仪》中有关技术要求。坍落筒为铁板制成的截头圆锥筒,厚度不小于1.5 mm,内侧平滑,没有铆钉头之类的突出物,在筒上方约2/3高度处有两个把手,近下端两侧焊有两个踏脚板,保证坍落筒可以稳定操作,坍落筒尺寸见表T 0522-1。

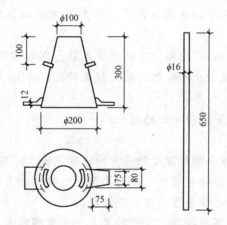

图 T 0522-1 坍落筒及捣棒(尺寸单位:mm)

表 T 0522-1 坍落筒尺寸

集料公称最大粒径/mm	筒的名称	筒的内部尺寸/mm		
		底面直径	顶面直径	高度
<31.5	标准坍落筒	200±2	100±2	300±2

(2)捣棒:符合《水泥混凝土坍落度仪》(JG 3021)中有关技术要求,为直径16 mm、长约600 mm并具有半球形端头的钢质圆棒。

(3)其他:小铲、木尺、小钢尺、镘刀和钢平板等。

3. 试验步骤

3.1 试验前将坍落筒内外洗净,放在经水润湿过的平板上(平板吸水时应垫以塑料布),踏紧踏脚板。

3.2 将代表样分三层装入筒内,每层的装入高度稍大于筒高的1/3,用捣棒在第一层的横截面上均匀插捣25次。插捣在全部面积上进行，沿螺旋线由边缘至中心，插捣底面时插至底部；插捣其他两层时，应插透本层并插入下层20～30 mm，插捣须垂直压下（边缘部分除外），不得冲击。在插捣顶层时，装入的混凝土应高出坍落筒口，随插捣过程随时添加拌合物。当顶层插捣完毕后，将捣棒用锯和滚的动作，清除掉多余的混凝土，用镘刀抹平筒口，刮净筒底周围的拌合物。而后立即垂直提起坍落筒，提筒过程在5～10 s内完成，并使混凝土不受横向及扭力作用。从开始装料到提出坍落度筒的整个过程应在150 s内完成。

3.3 将坍落筒放在锥体混凝土试样一旁，筒顶平放木尺，用小钢尺量出木尺底面至试样顶面最高点的垂直距离，即为该混凝土拌合物的坍落度，精确至1 mm。如图T 0522-2所示。

3.4 当混凝土试件的一侧发生崩坍或一边剪切破坏，则应重新取样另测。如果第二次仍发生上述情况，则表示该混凝土和易性不好，应予以记录。

3.5 当混凝土拌合物的坍落度大于220 mm时，用钢尺测量混凝土扩展后最终的最大直径和最小直径，在这两个直径之差小于50 mm的条件下，用其算术平均值作为坍落扩展度值；否则，此次试验无效。

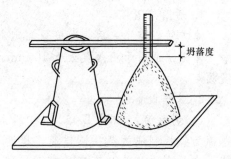

图T 0522-2 坍落度测定

3.6 坍落度试验的同时，可用目测方法评定混凝土拌合物的下列性质，并予以记录。

3.6.1 棍度：按插捣混凝土拌合物时难易程度评定。分"上""中""下"三级。

"上"：表示插捣容易；

"中"：表示插捣时稍有石子阻滞的感觉；

"下"：表示很难插捣。

3.6.2 含砂情况：按拌合物外观含砂多少而评定，分"多""中""少"三级。

"多"：表示用镘刀抹拌合物表面时，一两次即可使拌合物表面平整且无蜂窝；

"中"：表示抹五六次才可使表面平整、无蜂窝。

"少"：表示抹面困难，不易抹平，有空隙及石子外露等现象。

3.6.3 黏聚性：观测拌合物各组分相互黏聚的情况。评定方法是用捣棒在已坍落的混凝土锥体侧面轻打，如锥体在轻打后逐渐下沉，表示黏聚性良好；如锥体突然倒坍、部分崩裂或发生石子离析现象，则表示黏聚性不好。

3.6.4 保水性：指水分从拌合物中析出情况，分"多量""少量""无"三级评定。

"多量"：表示提起坍落筒后，有较多水分从底部析出；

"少量"：表示提起坍落筒后，有少量水分从底部析出；

"无"：表示提起坍落筒后，没有水分从底部析出。

4. 结果整理

混凝土拌合物坍落度和坍落扩展度值以毫米（mm）为单位，测量精确至1 mm，结果修约至最接近的5 mm。

5. 试验报告

试验报告应包括以下内容：

(1)要求检测项目的名称、执行标准；

(2)原材料的品种、规格和产地以及混凝土配合比;
(3)试验日期及时间;
(4)仪器设备的名称、型号及编号;
(5)环境温度和湿度;
(6)搅拌方式;
(7)水泥混凝土拌合物坍落度(坍落扩展度值);
(8)要说明的其他内容,如棍度、含砂情况、黏聚性和保水性。

②完成本试验需思考的问题及提示。完成"水泥混凝土拌合物的拌合及稠度试验"需思考的问题及提示见表2.3.13。

表2.3.13 完成"水泥混凝土拌合物的拌合及稠度试验"需思考的问题及提示

序号	问题	提示	备注
1	拌制混凝土材料用量精确度	根据T 0521中4.2条确定	合理选择台秤感量
2	粗细集料的含水状态	根据T 0521中4.3条确定	思考：施工拌合站粗细集料的含水状态
3	人工拌合时间要求	根据T 0521中4.10条确定	—
4	拌合物坍落度结果单位	根据T 0522中4条确定	
5	试验完成后设备的清洗	—	避免堵塞下水，养成好习惯

(2)调整配合比。当混凝土的和易性不符合设计要求时，应进行调整。调整的基本原则如下：若黏聚性和保水性较好，坍落度不符合要求，可在保持水胶比不变、砂率不变的条件下，适当增减水和胶凝材料的用量；若坍落度符合要求，黏聚性和保水性不良时，实际是混凝土拌合物中砂浆不足，此时可保持原有水和胶凝材料的用量，适当增大砂率；若坍落度不符合要求，同时保水性黏聚性也不好时，则应在水胶比和材料总量不变的条件下，在水胶比不变的情况下，适当改变用水量和砂率，重新计算每立方各材料用量，调整坍落度、和易性满足要求。当试拌调整工作完成后，应测出混凝土拌合物的实际表观密度。计算出混凝土配合比的校正系数，此时的混凝土配合比，即是可供混凝土强度试验用的基准配合比。

(3)填写试验检测记录表。"水泥混凝土试拌调整提出基准配合比试验检测记录表"填写要求见表2.3.14。

表2.3.14 "水泥混凝土试拌调整提出基准配合比试验检测记录表"填写要求

记录表名称	代号	填写要求
水泥混凝土配合比设计试验检测记录表	本项目 JJ0504a	1. 本试验检测记录表与初步配合比为同一记录表 2. 填写第一页基准配合比、坍落度及表观密度数据 3. 数据区用铅笔填写，教师批阅后可修改

3. 确定检验强度配合比，填写试验检测记录表

(1)制作试件、检验强度。经过和易性调整试验得出的混凝土基准配合比，其水胶比不一定选用恰当，混凝土的强度不一定符合要求，所以应对混凝土的强度进行复核。进行混

凝土强度试验时至少采用三个不同的配合比。其中一个是基准配合比，另两组的水胶比则分别增加及减少0.05。用水量应与基准配合比相同，砂率可分别增加和减少1%。外加剂掺量也可作减少或增加的微调。

每种配合比应至少制作一组（三块）试件，在制作混凝土强度试件时，应检验混凝土拌合物的坍落度（或维勃稠度）、黏聚性、保水性及拌合物的表观密度，并以此结果作为代表相应配合比的混凝土拌合物的性能。按标准条件养护28天（或设计规定的龄期）后试压。

试验依据为《公路工程水泥及水泥混凝土试验规程》（JTG E30—2005）。

1）试验方法。

T 0551—2005 水泥混凝土试件制作与硬化水泥混凝土现场取样方法

1. 目的和适用范围

本方法适用于在常温环境中室内试验时水泥混凝土试件制作与硬化水泥混凝土现场取样方法。

轻质水泥混凝土、防水水泥混凝土、碾压混凝土等其他特殊水泥混凝土的制作与硬化水泥混凝土现场取样方法，可参照本方法进行，但因其特殊性所引起的对试验设备及方法的特殊要求，均应遵照对这些水泥混凝土试件制作和取样的有关技术规定执行。

2. 仪器设备

（1）搅拌机：自由式或强制式。

（2）振动器：标准振动台，应符合《混凝土试验用振动台》的要求。

（3）压力机或万能试验机：压力机除符合《液压式压力试验机》（GB/T 3722）及《试验机通用技术要求》（GB/T 2611）中的要求外，其测量精度为±1%，试件破坏荷载应大于压力机全量程的20%且小于压力机全量程的80%。同时具有加荷速度指示装置或加荷速度控制装置。上下压板平整并有足够的刚度，可以均匀、连续地加荷卸荷，且保持固定荷载，开机停机均灵活自如，能够满足试件破型吨位要求。

（4）球座：钢质坚硬，面部平装度要求在100 mm距离内高低差值不超过0.05 mm，球面及球窝粗糙度$Ra=0.32~\mu m$，研磨、转动灵活。不应在大球座上做小试件破型，球座最好放置在试件顶面（特别是棱柱试件）部位，并凸面朝上，当试件均匀受力后，一般不宜再敲动球座。

（5）试模：

①非圆柱试模：应符合《混凝土试模》（JG 237—2008）的规定，内表面刨光磨光（粗糙度$Ra=0.32~\mu m$）。

内部尺寸允许偏差为±0.2%；相邻面夹角为90°±0.3°。试件边长的尺寸公差为1 mm。

②圆柱试模：直径误差小于1/200 d，高低误差小于1/100 h。试模底板的平面度公差不超过0.02 mm。组装试模时，圆筒纵轴与底板应成直角，允许公差为0.5°。

为防止接缝出现渗漏，要使用合适的密封剂，如黄油。并采用紧固方法使底板固定在模具上。

常用的几种试件尺寸（试件内部尺寸）规定如表T 0551-1。所有试件承压面的平面度公差不超过0.000 5 d（d为边长）。

表 T 0551-1 试件尺寸

试件名称	标准尺寸/mm	非标准尺寸/mm
立方体抗压强度试件	150×150×150(31.5)	100×100×100(26.5) 200×200×200(53)
圆柱体抗压强度试件	φ150×300(31.5)	φ100×200(26.5) φ200×400(53)
芯样抗压强度试件	φ150×l_m(31.5)	φ150×l_m(26.5)
立方体劈裂抗拉强度试件	150×150×150(31.5)	100×100×100(26.5)
圆柱劈裂抗拉强度试件	φ150×300(31.5)	φ100×200(26.5) φ200×400(53)
芯样劈裂强度试件	φ150×l_m(31.5)	φ100×l_m(26.5)
轴心抗压强度试件	150×150×300(31.5)	100×100×300(26.5) 200×200×400(53)
抗压弹性模量试件	150×150×150(31.5)	100×100×100(26.5)
圆柱抗压弹性模量试件	φ150×300(31.5)	φ100×200(26.5) φ200×400(53)
抗弯拉强度试件	150×150×600(31.5) 150×150×550(31.5)	100×100×400(26.5)
抗弯拉弹性模量试件	150×150×600(31.5) 150×150×550(31.5)	100×100×400(26.5)
水泥混凝土干缩试件	100×100×515(19)	150×150×515(31.5) 200×200×515(50)
抗渗试件	上口直径175 mm，下口直径185 mm，高150 mm的锥台	上下直径与高度均为150 mm的圆柱体

注：括号中的数字为试件中集料公称的最大粒径，单位mm。标准试件的最短尺寸大于公称最大粒径4倍。

(6)捣棒：符合《水泥混凝土坍落度仪》(JG 3021)中有关技术要求，为直径16 mm、长约600 mm并具有半球形端头的钢质圆棒。

(7)压板：用于圆柱试件的顶端处理。其一般为厚6 mm以上的毛玻璃，压板直径应比试模直径大25 mm以上。

(8)橡皮锤：应带有质量约250 g的橡皮锤头。

(9)钻孔取样机：钻机一般用金刚石钻头，从结构表面垂直钻取，钻机应具有足够的刚度，保证钻取的芯样周面垂直且表面损伤最少。钻芯时，钻头应做无显著偏差的同心运动。

(10)锯：用于切割适于抗弯拉试验的试件。

(11)游标卡尺。

3. 非圆柱体试件成型

3.1 水泥混凝土的拌合物参照 T 0521—2005 水泥混凝土拌合物的拌合与现场取样方法。成型前应在试模内壁涂一层矿物油。

3.2 取拌合物的总量至少应比所需量高20%以上，并取出少量混凝土拌合物代表样，在5 min内进行坍落度或维勃试验，认为品质合格后，应在15 min内开始制件或作其他试验。

3.3 当坍落度小于 25 mm 时^注，可采用 φ25 mm 的插入式振捣棒成型。将混凝土拌合物一次装入试模，装料时应用抹刀沿各试模壁插捣，并使混凝土拌合物高出试模口；振捣时振捣棒距底板 10～20 mm，且不要接触底板。振捣直到表面出浆为止且应避免过振，以防混凝土离析，一般振捣时间为 20 s。拔出振捣棒时要缓慢，拔出后不得留有孔洞。用刮刀刮去多余的混凝土，在临近初凝时，用抹刀抹平。试件抹面与试模边缘的高低差不得超过 0.5 mm。

注：这里不适于用水量非常低的水泥混凝土；同时不适于直径或高度不大于 100 mm 的试件。

3.4 当坍落度大于 25 mm 且小于 70 mm 时，用标准振动台成型。将试模放在振动台上夹牢，防止试模自由跳动，将拌合物一次装满试模并稍有富余，开动振动台至混凝土表面出现乳状水泥浆时为止，振动过程中随时添加混凝土，以保证试模常满，记录振动时间（约为维勃秒数的 2～3 倍，一般不超过 90 s）。振动结束后，用金属直尺沿试模边缘刮去多余混凝土，用镘刀将表面初次抹平，待试件收浆后，再次用镘刀将试件仔细抹平，试件抹面与试模边缘的高低差不得超过 0.5 mm。

3.5 当坍落度大于 70 mm 时，用人工成型。拌合物分为厚度大致相等的两层装入试模。捣固时按螺旋方向从边缘到中心均匀地进行。插捣底层混凝土时，捣棒应到达模底；插捣上层时，捣棒应贯穿上层后插入下层 20～30 mm 处。插捣时应用力将捣棒压下，保持捣棒垂直，不得冲击。捣完一层后，用橡皮锤轻轻击打试模外端面 10～15 下，以填平插捣过程中留下的孔洞。100 cm^2 截面积内，每层插捣次数不得少于 12 次。试件抹面与试模边缘高低差不得超过 0.5 mm。

4. 圆柱体试件制作

4.1 水泥混凝土的拌合物参照 T 0521—2005 水泥混凝土拌合物的拌合与现场取样方法。成型前试模内壁涂一层矿物油。

4.2 取拌合物的总量至少应比所需量高 20% 以上，并取出少量混凝土拌合物代表样，在 5 min 内进行坍落度或维勃试验，认为品质合格后，应在 15 min 内开始制件或作其他试验。

4.3 对于坍落度小于 25 mm 时，可采用 φ25 mm 的插入式振捣棒成型。拌合物分厚度大致相等的两层装入试模。以试模的纵轴为对称轴，呈对称方式填料。插入密度以每层分三次插入。振捣底层时，振捣棒距底板 10～20 mm 且不接触底板；振捣上层时，振捣棒插入该层底面下 15 mm 深。振捣直到表面出浆为止，且应避免过振，以防止混凝土离析，一般时间为 20 s。捣完一层后，如有棒坑留下，可用橡皮锤敲击试模侧面 10～15 下。振捣棒拔出时要缓慢。用刮刀刮去多余的混凝土，在临近初凝时，用抹刀抹平，使表面略低于试模边缘 1～2 mm。

4.4 当坍落度大于 25 mm 且小于 70 mm 时用标准振动台成型。将试模放在振动台上夹牢，防止试模自由跳动，将拌合物一次装满试模并稍有富余，开动振动台至混凝土表面出现乳状水泥浆时为止。振动过程中随时添加混凝土使试模常满，记录振动时间（约为维勃秒数的 2～3 倍，一般不超过 90 s）。振动结束后，用金属直尺沿试模边缘刮去多余混凝土，用镘刀将表面初次抹平，待试件收浆后，再次用镘刀将试件仔细抹平，使表面略低于试模边缘 1～2 mm。

4.5 当坍落度大于 70 mm 时，用人工成型。当试件直径为 200 mm 时，拌合物分厚度大致相等的三层装入试模。以试模的纵轴为对称轴，呈对称方式填料。每层插捣 25 下，捣固时按螺旋方向从边缘到中心均匀进行。插捣底层混凝土时，捣棒应到达模底；插捣上层时，捣棒应贯穿上层后插入下层 20～30 mm 处。插捣时应用力将捣棒压下，不得冲击，捣完一层后，如有棒坑留下，可用橡皮锤敲击试模侧面 10～15 下。用镘刀将试件仔细抹平，使表面略低于试模边缘 1～2 mm。

试件直径为 100 mm 或 150 mm 时，分两层装料，各层厚度大致相等。试件直径为 150 mm 时，每层插捣 15 下；试件直径为 100 mm 时，每层插捣 8 下。捣固时按螺旋方向从边缘到中心均匀进行。插捣底层时，捣棒应到达模底；插捣上层时，捣棒插入该层底面下 15 mm 深。用镘刀将试件仔细抹平，使表面略低于试模边缘 1～2 mm。

当所确定的插捣次数使混凝土拌合物产生离析现象时，可酌情减少插捣次数至拌合物不产生离析的程度为止。

4.6 对试件端面应进行整平处理，但加盖层的厚度应尽量薄。

4.6.1 拆模前，当混凝土具有一定强度后，用水洗去上表面的浮浆，并用干抹布吸去表面水之后，抹上干硬性水泥净浆，用压板均匀地盖在试模顶部。加盖层应与试件的纵轴垂直。为防止压板和水泥浆之间相互黏结，应在压板下垫一层薄纸。

4.6.2 对于硬化试件的端面处理，可采用硬石膏或硬石膏和水泥的混合物，加水后平铺在端面，并用压板进行整平。在材料硬化之前，应用湿布覆盖试件。

4.6.3 对不采用端部整平处理的试件，可采用切割的方法以达到端面和纵轴垂直。整平后的端面应与试件的纵轴相垂直，端面平整度的公差为 ±0.1 mm。

5. 养护

5.1 试件成型后，用湿布覆盖表面（或其他保持湿度办法），在室温 20 ℃±5 ℃、相对湿度大于 50% 的环境下，静放一到两个昼夜，然后拆模并作第一次外观检查、编号，对有缺陷的试件应除去，或加工补平。

5.2 将完好的试件放入标准养护室进行养护，标准养护室温度为 20 ℃±2 ℃、相对湿度在 95% 以上，试件宜放在铁架或木架上，间距至少为 10～20 mm，试件表面应保持一层水膜，并避免用水直接冲淋。当无标准养护室时，将试件放入温度 20 ℃±2 ℃ 不流动的 $Ca(OH)_2$ 饱和溶液中养护。

5.3 标准养护龄期为 28 d（以搅拌加水开始），非标准的龄期为 1 d、3 d、7 d、60 d、90 d、180 d。

6. 硬化水泥混凝土现场试样的钻取或切割取样

6.1 芯样的钻取。

6.1.1 钻取位置：在钻取前应考虑由于钻芯可能对结构所造成的不利影响，应尽可能避免在靠近混凝土构件的接缝或边缘处钻取，且基本上不应带有钢筋。

6.1.2 芯样尺寸：芯样直径应为混凝土所用集料公称最大粒径的 4 倍，一般为 150 mm±10 mm 或 100 mm±10 mm。

对于路面，芯样长径比宜为 1.9～2.1。对于长径比超过 2.1 的试件，可减少钻芯深度；也可先取芯样长度与路面厚度相等，再在室内加工成为长径比为 2 的试件；对于长径比不足 1.8 的试件，可按不同试件项目分别进行修正。

6.1.3 标记：钻出后的每个芯样应立即清楚地编号，并记录所取芯样在混凝土结构中的位置。

6.2 切割。

对于现场采取的不规则混凝土试块,可按表 T 0551—1 所列棱柱体尺寸进行切割,以满足不同试验的需求。

6.3 检查。

6.3.1 外观检查。

每个芯样应详细描述有关裂缝、接缝、分层、麻面或离析等不均匀性,必要时应记录以下事项:

(1)集料情况:估计集料的最大粒径、形状及种类,粗细集料的比例与级配。

(2)密实性:检查并记录存在的气孔,以及气孔的位置、尺寸与分布情况,必要时拍下照片。

6.3.2 测量。

(1)平均直径 d_m:在芯样高度的中间及两个 1/4 处按两个垂直方向测量三对数值确定芯样的平均直径 d_m,精确至 1.0 mm。

(2)平均长度 L_m:取芯样直径两端侧面测定钻取后芯样的长度及加工后的长度,其尺寸差应在 0.25 mm 之内,取平均值作为试件平均长度 L_m,精确至 1.0 mm。

(3)平均长、宽、高:对于切割棱柱体,分别测量所有的边长,精确至 1.0 mm。

T 0553—2005 水泥混凝土立方体抗压强度试验方法

1. 目的和适用范围

本方法规定了测定水泥混凝土抗压极限强度的方法和步骤。本方法可用于确定水泥混凝土的强度等级,作为评定水泥混凝土品质的主要指标。

本方法适于各类水泥混凝土立方体试件的极限抗压强度试验。

2. 仪器设备

(1)压力机或万能试验机:应符合 T 0551 中 2.3 条的规定。

(2)球座:应符合 T 0551 中 2.4 条的规定。

(3)混凝土强度等级大于等于 C60 时,试验机上下压板之间应各垫一个钢垫板,平面尺寸应不小于试件的承压面,其厚度至少为 25 mm。钢垫板应进行机械加工,其平面度允许偏差为±0.04 mm;表面硬度大于等于 55 HRC;硬化层厚度约 5 mm。试件周围应设置防崩裂网罩。

3. 试件制备和养护

3.1 试件制备和养护应符合 T 0551 中的相关规定。

3.2 混凝土抗压强度试件尺寸应符合 T 0551 中表 T 0551—1 的规定。

3.3 集料公称最大粒径应符合 T 0551 中表 T 0551—1 的规定。

3.4 混凝土抗压强度试件应同龄期者为一组,每组为 3 个同条件制作和养护的混凝土试块。

4. 试验步骤

4.1 至试验龄期时,自养护室取出试件,应尽快试验,避免其湿度变化。

4.2 取出试件,检查其尺寸及形状,相对两面应平行。量出棱边长度,精确至 1 mm。试件受力截面积按其与压力机上下接触平均值计算。在破型前,保持试件原有湿度,在试验时擦干试件。

4.3 以成型时的侧面为上下受压面，试件中心与压力机几何对中。

4.4 强度等级小于C30的混凝土，取0.3～0.5 MPa/s的加荷速度；强度等级大于C30且小于C60时，则取0.5～0.8 MPa/s的加荷速度；强度等级大于C60的混凝土，取0.8～1.0 MPa/s的加荷速度。当试件接近破坏而开始迅速变形时，应停止调整试验机油门，直至试件破坏，记下破坏极限荷载$F(N)$。

5. 结果整理

5.1 混凝土立方体试件抗压强度按下式计算：

$$f_{cu}=\frac{F}{A} \tag{T 0553-1}$$

式中 f_{cu}——混凝土立方体的抗压强度(MPa)；
F——极限荷载(N)；
A——受压面积(mm^2)。

5.2 以3个试件测值的算术平均值为测定值，计算精确至0.1 MPa。三个测值中的最大值或最小值中如有一个与中间值之差超过中间值的15%，则取中间值为测定值；如最大值和最小值与中间值之差均超过中间值的15%，则该组试验结果无效。

5.3 混凝土强度等级小于C60时，非标准试件的抗压强度应乘以尺寸换算系数(表T 0553-1)，并应在报告中注明。当混凝土强度等级大于等于C60时，宜用标准试件，使用非标准试件时，换算系数由试验确定。

表 T 0553-1 立方体抗压强度尺寸换算系数

试件尺寸/mm	尺寸换算系数	试件尺寸/mm	尺寸换算系数
100×100×100	0.95	200×200×200	1.05

6. 试验报告

试验报告应包括以下内容：

(1)要求检查的项目名称和执行标准；
(2)原材料的品种、规格和产地；
(3)仪器设备的名称、型号及编号；
(4)环境温度和湿度；
(5)水泥混凝土立方体抗压强度值；
(6)要说明的其他内容。

2)完成本试验需思考的问题及提示。完成"水泥混凝土试件制作和强度检验试验"需思考的问题及提示见表2.3.15。

表 2.3.15 完成"水泥混凝土试件制作和强度检验试验"需思考的问题及提示

序号	问题	提示	备注
1	试件制作前应先测定拌合物的表观密度及和易性	—	记录数据
2	按本任务单的要求，试件应采用的成型方式	根据T 0551中3.5条确定	—
3	试件成型后的放置条件	根据T 0551中5.1条确定	—
4	试件脱模后的养护条件	根据T 0551中5.2条确定	—

续表

序号	问题	提示	备注
5	每组试件几块	根据 T 0553 中 3.4 条确定	—
6	加载速度	根据 T 0553 中 4.4 条确定	思考：是否会进行与荷载的换算
7	结果处理	正确理解 T 0553 中 5.2 条	—

(2)确定满足强度要求、胶凝材料用量经济合理的配合比。

1)确定胶水比。混凝土强度试验的目的是通过三个不同水胶比的配合比的比较，取得能够满足配制强度要求的、胶凝材料用量经济合理的配合比。所以，应根据试验得出的混凝土强度结果，绘制强度和胶水比的线性关系图，根据关系图或用插值法确定略大于配制强度的强度所对应的胶水比。

2)根据强度检验结果修正配合比。

①用水量。应在基准配合比用水量的基础上，根据制作强度试件时测得的坍落度值加以适当调整。

②胶凝材料用量。取用水量乘以由"强度与胶水比"关系定出的胶水比计算得出。

③外加剂用量。应根据确定的胶凝材料用量做调整。

④粗集料和细集料用量。应在基准配合比的粗集料和细集料用量的基础上，按选定的水胶比，用假定的表观密度法或体积法进行调整后确定。

按上述步骤修正的配合比为满足配制强度要求的、胶凝材料用量经济合理的配合比。

(3)填写试验检测记录表。"水泥混凝土满足强度要求、胶凝材料用量经济合理的配合比试验检测记录表"填写要求见表 2.3.16。

表 2.3.16 "水泥混凝土满足强度要求、胶凝材料用量经济合理的配合比试验检测记录表"填写要求

记录表名称	代号	填写要求
水泥混凝土配合比设计试验检测记录表	本项目 JJ0504a	1. 本试验检测记录表与初步配合比为同一记录表 2. 数据区用铅笔填，教师批阅后可修改 3. 填写第一页检验强度配合比，并填写对应坍落度及表观密度数据 4. 填写第二页立方体强度检验结果 5. 填写第三页满足强度要求的配合比并绘制强度和胶水比的线性关系图 5. 空白格中打横杠

4. 确定试验室配合比，填写试验检测记录表

(1)根据实测拌合物湿表观密度修正配合比。由强度复核之后的配合比，还应根据实测的混凝土拌合物的表观密度校正，以确定 1 m³ 混凝土中各种材料的用量。

其步骤如下：

1)按强度检验结果修正的配比试拌，测定其表观密度。

2)计算出混凝土拌合物的计算表观密度，可按式(2.3.13)计算：

$$\rho_{c,c}=m_c+m_f+m_w+m_g+m_s \tag{2.3.13}$$

3)计算出混凝土密度校正系数，可按式(2.3.14)计算：

$$\delta=\rho_{c,t}/\rho_{c,c} \tag{2.3.14}$$

式中　　δ——校正系数；
　　　　$\rho_{c,c}$——混凝土表观密度计算值(kg)；
　　　　$\rho_{c,t}$——混凝土表观密度实测值(kg)。

当混凝土拌合物表观密度计算值与实测值之差的绝对值不超过计算值的2%时，按以上原则确定的配合比即为确定的设计配合比；当两者之差超过2%时，应将配合比中每项材料用量乘以校正系数δ，即为确定的试验室配合比。

(2)填写试验检测记录表。"水泥混凝土试验室配合比试验检测记录表"填写要求见表2.3.17。

表2.3.17　"水泥混凝土试验室配合比试验检测记录表"填写要求

记录表名称	代号	填写要求
水泥混凝土配合比设计试验检测记录表	本项目 JJ0504a	1. 本试验检测记录表与初步配合比为同一记录表 2. 填写第3页试验室配合比数据 3. 数据区先用铅笔填，教师批阅后用签字笔描写 4. 落款区"试验"处本人签名；"复核"处小组长签名

二、编制检测报告

"水泥混凝土验室配合比设计试验检测报告"的填写要求见表2.3.18。

表2.3.18　"水泥混凝土试验室配合比设计试验检测报告"填写要求

报告表名称	代号	填写要求
水泥混凝土配合比设计试验检测报告	本项目 报告续页 JB010504	1. 本报告表共1页 2. 基本信息区参照委托单内容填写。"样品名称""样品编号""样品描述"不填 3. 判定依据为"《公路桥涵施工技术规范》(JTG/T F50—2011)/设计文件" 4. 数据区用签字笔填写，错误处按要求"修改"并在修改处签名 5. 检测结论要严谨、准确 6. 落款区"试验"处要本人签名；"复核"处要小组长签名；"签发"处指导教师签名 7. 空白格中打横杠

任务四　出具配合比设计报告书

任务描述

本任务是在任务一、任务二、任务三的试验检测记录表及试验报告的基础上，出具配合比设计报告书。

一、配合比设计报告书包含内容

配合比设计报告书的格式应包括原材料质量的试验结果、矿料级配、试验室配合比。

试验报告的矿料级配曲线应按规定的方法绘制(横坐标为筛孔尺寸的 0.45 次方)。

二、配合比报告书格式要求

(1)配合比报告书分封面、封二、首页及报告续页。

(2)填写封面、首页。

1)封面"检验类别"为委托检验。

2)首页检验依据为"《公路桥涵施工施工技术规范》(JTG/T F50—2011)/设计文件"。

3)主要仪器设备为该项目涉及的主要设备。

4)检测结论要严谨准确。

5)试验环境为"温度""湿度"。

6)"批准人"为指导教师签名;"审核人"为小组长签名;"主检人"为本人签名;"录入"及"校对"处为任意两名同学签名。

7)空白格中打横杠。

8)用签字笔填写。

(3)将各原材料报告、矿料配合比报告及试验室配合比设计报告作为报告续页附在首页后。

(4)从首页开始,加上报告续页,将配合比报告书编页码。

(5)报告书装订成册。

项目三　水泥稳定级配碎石目标配合比设计

【项目描述】

实践证明，无论是沥青路面还是水泥混凝土路面，影响其使用寿命和使用性能的关键因素之一是基层的材料和质量。无机结合料稳定类材料常用作路面的基层（底基层），以此修筑的基层或底基层，亦称半刚性基层（底基层）。稳定类材料组成设计是路面结构设计的重要组成部分。无机结合料稳定类材料的配合比设计，也称混合料的组成设计，即根据对某种稳定材料规定的技术要求，选择合适的原材料、掺配用料（需要时），确定结合料的剂量及混合料的最佳含水量。

水泥稳定级配碎石基层是常见的一种基层类型。本项目是完成水泥稳定级配碎石混合料的配合比设计。包括组成材料的指标检测、确定最佳水泥剂量、出具配合比报告书3个任务。学生通过系统、完整的训练，能掌握水泥稳定级配碎石所用原材料及碎石混合料的技术指标的检测技能，并能评价其质量；能简要分析影响混合料强度的因素；能掌握混合料配合比设计的方法与步骤。

【设计资料】

在太原地区某高速公路修建中，路面基层采用水泥稳定级配碎石基层，其设计厚度为36 cm，水泥稳定级配碎石混合料7 d无侧限抗压强度要求5.0 MPa，矿料级配范围采用《公路路面基层施工技术细则》（JTG/T F 20—2015）中推荐的C-B-1型。施工单位将混合料的目标配合比设计任务外委至山西交通职业技术学院公路交通试验检测中心完成。

检测中心办公室接待人员与客户洽谈检测业务事宜后，送样人员填写了试验委托单（附表3.1），样品管理员接收并签字，同时样品管理员根据试验委托单约定的检测任务对各功能室下发任务单（附表3.2、附表3.3、附表3.4）。

【实训任务】

学生模拟山西交通职业技术学院公路交通试验检测中心各功能室的检测人员，完成各功能室所接收到的任务单（附表3.2、附表3.3、附表3.4）要求的检测任务。

完成本项目需要两名指导教师，其职责除指导学生实训外，其中一名教师模拟检测中心技术负责人，负责签发检测报告。

附表3.1　山西交通职业技术学院公路交通试验检测中心检验委托单

编号：WT-20160106-017

工程名称		×××高速公路		委托单位		山西路桥建设集团有限公司
使用部位		路面基层		日期		2016.1.12
试样情况	名称	规格	产地	数量	用途	样品状态
	碎石	20～30 mm	寿阳	500 kg	配合比设计	干燥、洁净、无杂质
	碎石	10～20 mm	寿阳	500 kg	配合比设计	干燥、洁净、无杂质

续表

试样情况	碎石	5～10 mm	寿阳	500 kg	配合比设计	干燥、洁净、无杂质
	石屑	0～5 mm	寿阳	500 kg	配合比设计	干燥、洁净、无杂质
	水泥	P.O 42.5	太原	150 kg	配合比设计	干燥、洁净、无结块
	—	—	—	—	—	—
	—	—	—	—	—	—
	—	—	—	—	—	—

双方约定事项（检测项目、方法及其他）	检测项目：1. 原材料检验 2. 矿料级配比例设计 3. 最佳水泥剂量 检验依据：JTG/T F20—2015 试验依据：JTG E30—2005，JTG E42—2005 其他：1. 水泥稳定级配碎石混合料用于高速公路基层，强度要求 5.0 MPa 2. 2016 年 1 月 12 日，取检验报告				
试验室对委托试样意见		样品数量及状态满足试验要求			
送样人	×××	接收人	×××	见证人	×××
联系电话	×××	联系电话	×××	联系电话	×××

说明：本委托书一式两联，第一联交委托单位存留，第二联主检单位存留。

附表 3.2　山西交通职业技术学院
公路交通试验检测中心检测项目任务单

任务通知部门：集料室　　　　　　　　　　　　　　　　　　　任务单编号：RW-2016-017

样品名称	规格型号	样品编号	样品数量	样品状态描述
碎石	20～25 mm	YP-2016-CJL-011	500 kg	干燥、洁净、无杂质
碎石	10～20 mm	YP-2016-CJL-012	500 kg	干燥、洁净、无杂质
碎石	5～10 mm	YP-2016-CJL-013	500 kg	干燥、洁净、无杂质
石屑	0～5 mm	YP-2016-XJL-009	500 kg	干燥、洁净、无杂质
—	—	—	—	—
要求检测项目、参数	1. 各材料颗粒级配 2. 粗集料的压碎值，针、片状颗粒含量，粉尘含量 3. 石屑的塑性指数 4. 矿料配合比例			
试验依据	JTG E42—2005			
试验方法	T 0302—2005，T 0316—2005，T 0312—2005，T 0327—2005，T 0310—2005			
是否存留样	否	剩余样品处理方式	自行转基层室	
要求完成时间	2016.1.15			
样品管理员	×××	通知日期	2016.1.12	
试验室负责人	×××	接收日期	2016.1.12	
备注	集料均用于高速公路水泥稳定级配碎石基层，混合料合成级配应符合《公路路面基层施工技术细则》(JTG/T F20—2015)中 C-B-3 的要求			

注：本任务单一式两联，一联交付试验检测人员存留，一联办公室存留。

附表3.3 山西交通职业技术学院
公路交通试验检测中心检测项目任务单

任务通知部门：水泥室　　　　　　　　　　　　　　　　　　　　任务单编号：RW-2016-018

样品名称	规格型号	样品编号	样品数量	样品状态描述
水泥	P.O 42.5	YP-2016-SNJ-007	150 g	干燥、洁净、无结块
—	—	—	—	—
—	—	—	—	—
—	—	—	—	—
—	—	—	—	—
要求检测项目、参数	细度、凝结时间、安定性、胶砂强度			
试验依据	JTG E30—2005			
试验方法	T 0505—2005，T 0506—2005，T 0502—2005			
是否存留样	留样	剩余样品处理方式	自行转基层室	
要求完成时间	2016.2.12			
样品管理员	×××	通知日期	2016.1.12	
试验室负责人	×××	接收日期	2016.1.12	
备注	水泥稳定级配碎石基层用水泥			

注：本任务单一式两联，一联交付试验检测人员存留，一联办公室存留。

附表3.4 山西交通职业技术学院
公路交通试验检测中心检测项目任务单

任务通知部门：基层室　　　　　　　　　　　　　　　　　　　　任务单编号：RW-2016-019

样品名称	规格型号	样品编号	样品数量	样品状态描述
碎石	20～25 mm	YP-2016-CJL-011	500 kg	干燥、洁净、无杂质
碎石	10～20 mm	YP-2016-CJL-012	500 kg	干燥、洁净、无杂质
碎石	5～10 mm	YP-2016-CJL-013	500 kg	干燥、洁净、无杂质
石屑	0～5 mm	YP-2016-XLJ-009	500 kg	干燥、洁净、无杂质
水泥	P.O 42.5	YP-2016-SNJ-007	150 kg	干燥、洁净、无结块
要求检测项目、参数	水泥稳定级配碎石混合料配合比设计（水泥剂量，强度）；混合料用于高速公路基层，强度要求5.0 MPa。			
试验依据	JTG E51—2009			
试验方法	T 0804—1994，T 0843—2009，T 0845—2009，T 0805—2009			
是否存留样	水泥留样，其他样品不留样	剩余样品处理方式	自行转学生实训场所	
要求完成时间	2016.1.26			
样品管理员	×××	通知日期	2016.1.12	
试验室负责人	×××	接收日期	2016.1.12	
备注	矿料配合比例依据集料室试验结果			

注：本任务单一式两联，一联交付试验检测人员存留，一联办公室存留。

任务一 组成材料的指标检测

任务描述

本任务是学生模拟检测中心集料室及水泥室试验检测员独立完成附表3.2、附表3.3的任务单中20~25 mm、10~20 mm、5~10 mm碎石，0~5 mm石屑及P.O42.5水泥的相关检测任务，完成4种矿料级配组成设计，正确、完整地填写检验记录表，并编制检测报告。

一、粗集料的指标检测

1. 检测技术指标，填写试验检测记录表

(1)测定粗集料的颗粒级配，压碎值，针、片状颗粒含量。水泥稳定级配碎石混合料用粗集料的颗粒级配，压碎值，针、片状颗粒含量指标的检测方法同项目一，试验检测记录表格式及填写要求相同。20~25 mm、10~20 mm、5~10 mm碎石各自独立填写试验检测记录表、编制检测报告，"样品名称"中标注规格。

(2)测定的粗集料粉尘含量。

1)试验方法。

T 0310—2005 粗集料含泥量及泥块含量试验

1. 目的与适用范围

测定碎石或砾石中小于0.075 mm的尘屑、淤泥和黏土的总含量及4.75 mm以上泥块颗粒的含量。

2. 仪具与材料

(1)台秤：感量不大于称量的0.1%。

(2)烘箱：能控温在105 ℃±5 ℃。

(3)标准筛：测泥含量时用孔径为1.18 mm、0.075 mm的方孔筛各1只；测泥块含量时，则用2.36 mm及4.75 mm的方孔筛各1只。

(4)容器：容积约10 L的桶或搪瓷盘。

(5)浅盘、毛刷等。

3. 试验准备

按T 0301方法取样，将来样用四分法或分料器法缩分至表T 0310-1所规定的量（注意防止细粉丢失并防止所含黏土块被压碎），置于温度为105 ℃±5 ℃的烘箱内烘干至恒重，冷却至室温后分成两份备用。

表 T 0310-1 含泥量及泥块含量试验所需试样最小质量

公称最大粒径/mm	4.75	9.5	16	19	26.5	31.5	37.5	63	75
试样最小质量/kg	1.5	2	2	6	6	10	10	20	20

4. 试验步骤

4.1 含泥量试验步骤。

4.1.1 称取试样 1 份(m_0)装入容器中,加水,浸泡 24 h,用手在水中淘洗颗粒(或用毛刷洗刷),使尘屑、黏土与较粗的颗粒分开,并使之悬浮于水中;缓缓地将浑浊液倒入 1.18 mm 及 0.075 mm 的套筛上,滤去小于 0.075 mm 的颗粒。试验前筛子的两面应先用水湿润,在整个过程中,应注意避免大于 0.075 mm 的颗粒丢失。

4.1.2 再次加水于容器中,重复上述步骤,直到洗出的水清澈为止。

4.1.3 用水冲洗余留在筛上的细料,并将 0.075 mm 筛放在水中(使水面略高于筛内颗粒)来回摇动,以充分洗除小于 0.075 mm 的颗粒,而后将两只筛上余留的颗粒和容器中已经洗净的试样一并装入浅盘,置于温度为 105 ℃±5 ℃ 的烘箱中烘干至恒重,取出冷却至室温后,称取试样的质量(m_1)。

4.2 泥块含量试验步骤。

4.2.1 取试样 1 份。

4.2.2 用 4.75 mm 筛将试样过筛,称出筛去 4.75 mm 以下颗粒后的试样质量(m_2)。

4.2.3 将试样在容器中摊平,加水使水面高出试样表面,24 h 后将水放掉,用手捻压泥块,然后将试样放在 2.36 mm 筛上用水冲洗,直至洗出的水清澈为止。

4.2.4 小心地取出 2.36 mm 筛上试样,置于温度为 105 ℃±5 ℃ 的烘箱中烘干至恒重,取出冷却至室温后称量(m_3)。

5. 计算

5.1 碎石或砾石的含泥量按式(T 0310—1)计算,精确至 0.1%。

$$Q_n = \frac{m_0 - m_1}{m_0} \times 100\% \qquad (\text{T } 0310-1)$$

式中 Q_n——碎石或砾石的含泥量(%);

m_0——烘干前试样质量(g);

m_1——烘干后试样质量(g)。

以上两次试验的算术平均值作为测定值,当两次结果的差值超过 0.2% 时,应重新取样进行试验。对沥青路面用集料,此含泥量记为小于 0.075 mm 的颗粒含量。

5.2 碎石或砾石中黏土泥块含量按式(T 0310—2)计算,精确至 0.1%。

$$Q_k = \frac{m_2 - m_3}{m_2} \times 100\% \qquad (\text{T } 0310-2)$$

式中 Q_k——碎石或砾石中黏土泥块含量(%);

m_2——4.75 mm 筛筛余量(g);

m_3——试验后烘干试样质量(g)。

将以上两次试样的两次试验结果的算术平均值作为测定值,当两次结果的差值超过 0.1% 时,应重新取样进行试验。

2)完成本试验需要思考的问题及提示。完成"粗集料粉尘含量试验"需思考的问题及提示见表 3.1.1。

3)填写试验检测记录表。"粗集料粉尘含量试验检测记录表"的填写要求见表 3.1.2。

表 3.1.1 完成"粗集料粉尘含量试验"需思考的问题及提示

序号	问题	提示	备注
1	试验目的	根据本试验1条确定	—
2	所需筛孔尺寸	根据本试验2条确定	—
3	试样所需质量	根据本试验3条确定	回答试样取样方法
4	结果计算至小数点后几位	根据本试验5条确定	根据"数据修约规则"进行修约
5	平行试验的精密度超过要求怎么办	正确理解本试验5条的要求	—

表 3.1.2 "粗集料粉尘含量试验检测记录表"填写要求

记录表名称	代号	填写要求
粗集料含泥量及泥块含量试验检测记录表	本项目 JJ0215	1. 基本信息区参照任务单内容填写,"试验条件"为环境条件 2. 主要仪器设备名称要填写 3. 数据区用铅笔填,教师批阅后可以修改 4. 落款区"试验"处本人签名;"复核"处小组长签名 5. 空白格中打横杠

2. 编制检测报告

(1)粗集料的指标要求。

1)对粗集料级配的要求。基层、底基层的粗集料规格要求宜符合表 3.1.3 的规定。

表 3.1.3 基层、底基层的粗集料规格要求

规格名称	工程粒径/mm	通过下列方孔筛(mm)的质量百分率/%									公称粒径/mm
		53	37.5	31.5	26.5	19	13.2	9.5	4.75	2.36	
G1	20~40	100	90~100	—	—	0~10	0~5	—	—	—	19~37.5
G2	20~30	—	100	90~100	—	0~10	0~5	—	—	—	19~31.5
G3	20~25	—	—	100	90~100	0~10	0~5	—	—	—	19~26.5
G4	15~25	—	—	100	90~100	—	0~5	—	—	—	13.2~26.5
G5	15~20	—	—	—	100	90~100	0~5	—	—	—	13.2~19
G6	10~30	—	100	90~100	—	—	—	0~10	0~5	—	9.5~31.5
G7	10~25	—	—	100	90~100	—	—	0~10	0~5	—	9.5~26.5
G8	10~20	—	—	—	100	90~100	—	0~10	0~5	—	9.5~19
G9	10~15	—	—	—	—	100	90~100	0~10	0~5	—	9.5~13.2
G10	5~15	—	—	—	—	100	90~100	40~70	0~10	0~5	4.75~13.2
G11	5~10	—	—	—	—	—	100	90~100	0~10	0~5	4.75~9.5

2)粗集料的技术要求。用作被稳定材料的粗集料应符合表 3.1.4 中Ⅰ类的规定，用作级配碎石的粗集料应符合Ⅱ类的规定。

表 3.1.4 粗集料技术要求

| 指标 | 层位 | 高速公路和一级公路 | | | | 二级及二级以下公路 | | 试验方法 |
| | | 极重、特重交通 | | 重、中、轻交通 | | | | |
		Ⅰ类	Ⅱ类	Ⅰ类	Ⅱ类	Ⅰ类	Ⅱ类	
压碎值/%	基层	≤22[a]	≤22	≤26	≤26	≤35	≤30	T 0316
	底基层	≤30	≤26	≤30	≤26	≤40	≤35	
针、片状颗粒含量/%	基层	≤18	≤18	≤22	≤18	—	≤20	T 0312
	底基层	—	≤20	—	≤20	—	≤20	
0.075 mm 以下粉尘含量/%	基层	≤1.2	≤1.2	≤2	≤2	—	—	T 0310
	底基层							
软石含量/%	基层	≤3	≤3	≤5	≤5			T 0320
	底基层							

注：[a] 对花岗岩石料，压碎值可放宽至 25%。

(2)检测报告的填写要求。"粗集料试验检测报告"的填写要求见表 3.1.5。

表 3.1.5 粗集料试验检测报告编制要求

检测报告名称	代号	填写要求
粗集料试验检测报告（基层材料用）	本项目报告续页 JB010203	1. 基本信息区参照委托单内容填写 2. 判定依据为《公路路面基层施工技术细则》(JTG/T F20—2015) 3. 主要仪器设备名称要填写 4. 数据区用签字笔填写，错误处按要求"修改"并在修改处签名 5. 检测结论要严谨准确 6. 落款区"试验"处本人签名；"复核"处小组长签名；"签发"处指导教师签名 7. 20～30 mm、10～20 mm、5～10 mm 碎石各自独立编制检测报告 8. 空白格中打横杠

二、细集料的指标检测

1. 检测技术指标，填写试验检测记录表

(1)测定细集料的颗粒级配。细集料颗粒级配的检测方法同项目一。试验检测记录表格式填写要求相同。

(2)测定细集料的塑性指数。水泥稳定级配碎石用细集料，应测定 0.075 mm 以下材料的塑性指数。

1)试验方法。试样过 0.075 mm 的筛。

T 0118—2007 土的界限含水量试验(液限和塑限联合测定法)

1. 目的和适用范围

1.1 本试验的目的是联合测定土的液限和塑限，用于划分土类、计算土的天然稠度和塑性指数，供公路工程设计和施工使用。

1.2 本方法适用粒径不大于 0.5 mm、有机质含量不大于试样总质量 5%的土。

2. 仪器设备

2.1 圆锥仪：锥质量为 100 g 或 76 g，锥角为 30°，读数显示形式宜采用光电式、数码式、游标式、百分表式。

2.2 盛土杯：直径为 50 mm，深度为 40~50 mm。

2.3 天平：称量 200 g，感量 0.01 g。

2.4 其他：筛(孔径 0.5 mm)、调土刀、调土皿、称量盒、研钵(附带橡皮头的研杵或橡皮板、木棒)干燥器、吸管、凡士林等。

3. 试验步骤

3.1 取有代表性的天然含水量或风干土样进行试验。如土中含大于 0.5 mm 的土粒或杂物时，应将风干土样用带橡皮头的研杵破碎或木棒在橡皮板上压碎，过 0.5 mm 的筛。

取 0.5 mm 筛下的代表性土样 200 g，分开放入三个盛土皿中，加不同数量的蒸馏水，土样的含水量分别控制在液限(a 点)、略大于塑限(c 点)和二者的中间状态(b 点)。用调土刀调匀，盖上湿布，放置 18 h 以上。测定 a 点的锥入深度应为 20 mm±0.2 mm。测定 c 点的锥入深度应控制在 5 mm 以下，对于 76 g 锥应控制在 2 mm 以下。对于砂类土，用 100 g 锥测定 c 点的锥入深度可大于 5 mm，对于 76 g 锥测定 c 点的锥入深度可大于 2 mm。

3.2 将制备的土样充分搅拌均匀，分层装入盛土杯，用力压密，使空气逸出。对于较干的土样，应先充分搓揉，用调土刀反复压实。试杯装满后，将其刮成与杯边齐平。

3.3 当用游标式或百分表式液限塑限联合测定仪试验时，调平仪器，提起锥杆(此时游标或百分表读数为零)，锥头上涂少许凡士林。

3.4 将装好土样的试杯放在联合测定仪的升降座上，转动升降旋钮，待锥尖与土样表面刚好接触时停止升降，扭动锥下降旋钮，同时开动秒表，5 s 时，松开旋钮，锥体停止下落时，此时游标读数即为锥入深度 h_1。

3.5 改变锥尖与土的接触位置(锥尖两次锥入深度距离不小于 1 cm)，重复本试验 3.3 和 3.4 步骤，得锥入深度 h_2。h_1、h_2 允许平行误差为 0.5 mm，否则应重做。取 h_1、h_2 的平均值作为该点的锥入深度 h。

3.6 去掉锥尖入土处的凡士林，取 10 g 以上的土样两个，分别装入称量盒内，称质量(精确至 0.01 g)，测定其含水量 w_1、w_2(计算到 0.1%)。计算含水量平均值 w。

3.7 重复本规程 3.2~3.6 步骤，对其他两个含水量土样进行试验，测其锥入深度和含水量。

3.8 用光电式或数码式液限塑限联合测定仪测定时，接通电源，调平机身，打开开关，提上锥体(此时刻度或数码显示应为零)。将装好土样的试杯放在升降座上，转动升降旋钮，试杯徐徐上升，土样表面刚好和锥尖接触，指示灯亮，停止转动旋钮，锥体立刻自行下沉，5 s 时自动停止下落，读数窗上或数码管上显示锥入深度。试验完毕，按动复位按钮，锥体复位，读数显示为零。

4. 结果整理

4.1 在双对数坐标纸上，以含水量 w 为横坐标，锥入深度 h 为纵坐标，点绘 a、b、c 三点含水量的 h-w 图(图 T 0118—1)，连此三点，应呈一条直线。如三点不在同一直线上，要通过 a 点与 b、c 两点连成两条直线，根据液限(a 点含水量)在 h_p-w_L 图上查得 h_p，以此 h_p 再在 h-w 图上的 ab 及 ac 两直线上求出相应的两个含水量，当两个含水量的差值小于 2%

时，以该两点含水量的平均值与 a 点连成一直线。当两个含水量的差值不小于 2% 时，应重做试验。

4.2 液限的确定方法。

4.2.1 若采用 76 g 锥做液限试验，则在 h-w 图上，查得纵坐标入土深度 $h=17$ mm 所对应横坐标的含水量 w，即为该土样的液限 w_L。

4.2.2 若采用 100 g 锥做液限试验，则在 h-w 图上，查得纵坐标入土深度 $h=20$ mm 所对应横坐标的含水量 w，即为该土样的液限 w_L。

4.3 塑限的确定方法。

4.3.1 根据本试验 4.2.1 求出的液限，通过 76 g 锥入土深度 h 与含水量 w 的关系曲线（图 T 0118－1），查得锥入土深度为 2 mm 时所对应的含水量即为该土样的塑限 w_p。

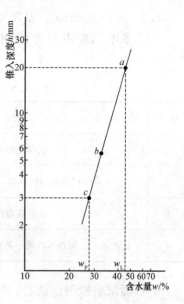

图 T 0118－1 锥入深度与含水量 (h-w) 关系

4.3.2 根据本试验 4.2.2 求出的液限，通过液限 w_L 与塑限时入土深度 h_p 的关系曲线（图 T 0118－2），查得 h_p，再由图 T 0118－1 求出入土深度为 h_p 时所对应的含水量，即为该土样的塑限 w_p。查 h_p-w_L 关系图时，须先通过简易鉴别法及筛分法（见土的工程分类及 T 0115－1993）把砂类土与细粒土区别开来，再按这两种土分别采用相应的 h_p-w_L 关系曲线，对于细粒土，用双曲线确定 h_p 值；对于砂类土，则用多项式曲线确定 h_p 值。

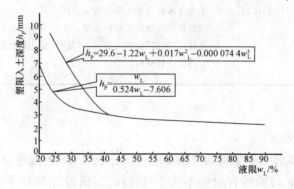

图 T 0118－2 h_p-w_L 关系曲线

若根据本试验 4.2.2 求出的液限，当 a 点的锥入深度在 20 mm±0.2 mm 范围内时，应在 ad 线上查得入土深度为 20 mm 所相对应的含水量，此为液限 w_L。再用此液限在"图 T 0118－2 h_p-w_L 关系曲线"上找出与之相对应的塑限入土深度 h'_p，然后根据 h-w 图上 ad 直线上查得 h'_p 相对应的含水量，此为塑限 w_p。

4.4 精密度和允许差。

本试验须进行两次平行测定，取其算术平均值，以整数（%）表示。其允许差值为：高液限土小于或等于 2%，低液限土小于或等于 1%。

5. 报告

5.1 土的鉴别分类和代号。

5.2 土的液限 w_L、塑限 w_p 和塑性指数 I_p。

2)完成本试验需思考的问题提示。完成"土的液塑限试验"需思考的问题及提示见表3.1.6。

表3.1.6 完成"土的液塑限试验"需思考的问题及提示

序号	问题	提示	备注
1	试样过筛要求	根据本试验1.2条确定	—
2	a点土样太湿如何处理，可不可以加干土	正确理解本试验3.1条	—
3	试验是否有效	正确理解本试验4.1条的要求	—
4	如果ab、ac两点不在同一条直线上，如何确定塑限	根据本试验4.1及4.3.2条确定	—

3)填写试验检测记录表。"土的液塑限试验检测记录表"填写要求见表3.1.7。

表3.1.7 "土的液塑限试验检测记录表"填写要求

记录表名称	代号	填写要求
土的界限含水量试验检测记录表（液塑限联合测定仪法）	本项目JJ0102a	1. 基本信息区参照任务单填写 2. 主要仪器设备名称要填写 3. 数据区用铅笔填写，教师批阅后可修改 4. 绘制含水量与锥入深度的关系图 5. 结论只需给出塑性指数数值，不需要给出土名 6. 落款区"试验"处本人签名；"复核"处小组长签名 7. 空白格中打横杠

2. 编制检测报告

(1)细集料的指标要求。

1)细集料的规格要求。细集料的规格要求应符合表3.1.8的规定。高速公路和一级公路，细集料中小于0.075 mm的颗粒含量应不大于15%；二级及二级以下公路，细集料中小于0.075 mm的颗粒含量应不大于20%。

表3.1.8 细集料规格要求

规格名称	工程粒径/mm	通过下列方孔筛(mm)的质量百分率/%							公称粒径/mm
		9.5	4.75	2.36	1.18	0.6	0.3	0.15	0.075	
XG1	3~5	100	90~100	0~15	0~5					2.36~4.75
XG2	0~3	—	100	90~100				0~15		0~2.36
XG3	0~5	100	90~100						0~4.75	0~4.75

2)细集料的技术要求。高速公路和一级公路用细集料技术要求应符合表3.1.9的规定。

水泥稳定级配碎石用于高速公路时，被稳定材料的塑性指数宜不大于5；用于二级及二级以下公路时，宜不大于7。

表3.1.9 细集料的技术要求

项目	水泥稳定[a]	石灰稳定	石灰粉煤灰综合稳定	水泥粉煤灰综合稳定	试验方法
颗粒分析	满足级配要求				T 0302/T 0303 T 0327
塑性指数[b]	≤17	适宜范围15～20	适宜范围12～20	—	T 0118
有机质含量/%	<2	≤10	≤10	<2	T 0313/T 0336
硫酸盐含量/%	≤0.25	≤0.8	—	≤0.25	T 0341

注：[a] 水泥稳定包含水泥石灰综合稳定。
　　[b] 应测定0.075 mm以下材料的塑性指数。

(2)检测报告的填写要求。细集料试验检测报告的填写要求见表3.1.10。

表3.1.10 细集料试验检测报告编制要求

检测报告名称	代号	填写要求
细集料试验检测报告（基层材料用）	本项目报告续页 JB010206	1. 基本信息区参照委托单内容填写 2. 判定依据为《公路路面基层施工技术细则》(JTG/T F20—2015) 3. 主要仪器设备名称要填写 4. 数据区用签字笔填写，错误处按要求"修改"并在修改处签名 5. 检测结论要严谨准确 6. 落款区"试验"处本人签名；"复核"处小组长签名；"签发"处指导教师签名 7. 空白格中打横杠

三、矿质混合料的组成设计

1. 组成设计方法

1)矿质混合料的级配范围应符合表3.1.11的要求。

表3.1.11 水泥稳定级配碎石(C-B-1)级配范围

通过下列筛方孔(mm)的质量百分率/%											
26.5	19.0	16	13.2	9.5	4.75	2.36	1.18	0.6	0.3	0.15	0.075
100	86～82	79～73	72～65	62～53	45～35	31～22	22～13	15～8	10～5	7～3	5～2

(2)用图解法计算所用20～25 mm碎石、10～20 mm碎石、5～10 mm碎石、0～5 mm石屑的配合比组成。

(3)用电算法调整配合比例。

2. 填写试验检测记录表

水泥稳定级配碎石"矿质混合料配合比设计试验检测记录表"填写要求见表3.1.12。

表 3.1.12　水泥稳定级配碎石"矿质混合料的配合比设计试验检测记录表"填写要求

记录表名称	代号	填写要求
矿质混合料配合比设计试验检测记录表	JJ0700	1. 本记录表共2页 2. 基本信息区"样品名称、样品编号、主要仪器设备"不填 3. "规定通过百分率"按C-B-3型级配范围填写 4. 矿料级配检验图横坐标按筛孔尺寸的0.45次方绘制

3. 编制检测报告

水泥稳定级配碎石"矿质混合料配合比试验检测报告"的填写要求见表3.1.13。

表 3.1.13　水泥稳定级配碎石"矿质混合料配合比试验检测报告"填写要求

检测报告名称	代号	填写要求
矿质混合料配合比设计试验检测报告	本项目报告续页 JB010700	1. 基本信息区参照任务单内容填写,"样品名称、样品编号、试验依据"不填 2. 判定依据为《公路路面基层施工技术细则》(JTG/T F20—2015) 3. 主要仪器设备名称要填写 4. 数据区用签字笔填写 5. 检测结论要严谨准确 6. 落款区"试验"处本人签名;"复核"处小组长签名;"签发"处指导教师签名 7. 矿料合成级配图横坐标按筛孔尺寸的0.45次方绘制

四、水泥的指标检测

1. 检测技术指标,填写试验检测记录表

水泥的各项技术指标的检验方法、试验检测记录表格式及填写要求与项目二相同。

2. 编制检测报告

(1)水泥的技术要求。水泥的各项技术指标除应符合国家技术标准(GB 175—2007)要求的同时,还应使初凝时间大于3 h,终凝时间大于6 h且小于10 h。

(2)检测报告的填写要求同项目二的任务二,报告编号为本项目报告续页JB010402。

任务二　确定最佳水泥剂量

任务描述

本任务是学生模拟检测中心基层室试验检测员根据附表3.4的任务单中提供的材料,完成最佳水泥剂量的确定,正确完整填写试验检测记录表,并编制检测报告。其中,击实试验、试件制作、强度检验应独立完成,其他可在教师指导下完成。

一、确定最佳水泥剂量,填写试验检测记录表

1. 拟定水泥剂量

根据规范推荐,结合经验拟定五个水泥剂量。

根据《公路路面基层施工技术细则》(JTG/T F20—2015)的要求,水泥稳定材料配合比试验推荐水泥试验剂量可采用表 3.2.1 中的推荐值,水泥的最小剂量应符合表 3.2.2 的规定。

表 3.2.1 水泥稳定材料配合比试验推荐水泥试验剂量表

被稳定材料	条件		推荐试验剂量/%
有级配的碎石或砾石	基层	$R_d \geq 5.0$ MPa	5、6、7、8、9
		$R_d < 5.0$ MPa	3、4、5、6、7
土、砂、石屑等		塑性指数<12	5、7、9、11、13
		塑性指数≥12	8、10、12、14、16
有级配的碎石或砾石	底基层	—	3、4、5、6、7
土、砂、石屑等		塑性指数<12	4、5、6、7、8
		塑性指数≥12	6、8、10、12、14
碾压贫混凝土	基层	—	7、8.5、10、11.5、13

表 3.2.2 水泥的最小剂量　　　　　　　　　　　　　　　　　　　　　%

被稳定材料类型	条件	推荐试验剂量/%
	路拌法	集中厂拌法
中、粗粒材料	4	3
细粒材料	5	4

2. 确定混合料的最佳含水量、最大干密度

做上述五个水泥剂量混合料的击实试验,确定各剂量混合料的最佳含水量与最大干密度。

试验依据为《公路工程无机结合料稳定材料试验规程》(JTG E51—2009)。

(1)试验方法。

T 0804—1994 无机结合料稳定材料击实试验方法

1. 适用范围

1.1 本方法适用于在规定的试筒内,对水泥稳定材料(在水泥水化前)、石灰稳定材料及石灰(或水泥)粉煤灰稳定材料进行击实试验,以绘制稳定材料的含水量-干密度关系曲线,从而确定其最佳含水量和最大干密度。

1.2 试验集料的公称最大粒径宜控制在 37.5 mm 以内(方孔筛)。

1.3 试验方法类别。本试验方法分三类,各类击实方法的主要参数列于表 T 0804—1 内。

表 T 0804-1 试验方法类别表

类别	锤的质量/kg	锤击面直径/cm	落高/cm	试筒尺寸 内径/cm	试筒尺寸 高/cm	试筒尺寸 容积/cm³	锤击层数	每层锤击次数	平均单位击实功/J	容许最大公称粒径/mm
甲	4.5	5.0	45	10.0	12.7	997	5	27	2.687	19.0
乙	4.5	5.0	45	15.2	12.0	2 177	5	59	2.687	19.0
丙	4.5	5.0	45	15.2	12.0	2 177	3	98	2.677	37.5

2. 仪器设备

2.1 击实筒：小型，内径 100 mm、高 127 mm 的金属圆筒，套环高 50 mm，底座；大型，内径 152 mm、高 170 mm 的金属圆筒，套环高 50 mm，直径 151 mm 和高 50 mm 的筒内垫块，底座。

2.2 多功能自控电动击实仪：击锤的底面直径 50 mm，总质量 4.5 kg。击锤在导管内的总行程为 450 mm，可设置击实次数，并保证击锤自由垂直落下，落高应为 450 mm，锤迹均匀分布于试样面。

2.3 电子天平：量程 4 000 g，感量 0.01 g。

2.4 电子天平：量程 15 kg，感量 0.1 g。

2.5 方孔筛：孔径 53 mm、37.5 mm、26.5 mm、19 mm、4.75 mm、2.36 mm 的筛各 1 个。

2.6 量筒：50 mL、100 mL 和 500 mL 的量筒各 1 个。

2.7 直刮刀：长 200~250 mm、宽 30 mm 和厚 3 mm，一侧开口的直刮刀，用以刮平和修饰粒料大试件的表面。

2.8 刮土刀：长 150~200 mm、宽约 20 mm 的刮刀，用以刮平和修饰小试件的表面。

2.9 工字形刮平尺：30 mm×50 mm×310 mm，上下两面和侧面均刨平。

2.10 拌合工具：约 400 mm×600 mm×70 mm 的长方形金属盘、拌合用平头小铲等。

2.11 脱模器。

2.12 测定含水量的铝盒、烘箱等其他用具。

2.13 游标卡尺。

3. 试验准备

3.1 将具有代表性的风干试料（必要时，也可以在 50 ℃烘箱内烘干）用木锤捣碎或用木碾碾碎。土团均应破碎到能通过 4.75 mm 的筛孔。但应注意不使粒料的单个颗粒破碎或不使其破碎程度超过施工中拌合机械的破碎率。

3.2 如试料是细粒土，将已破碎的具有代表性的土过 4.75 mm 筛备用（用甲法或乙法做试验）。

3.3 如试料中含有粒径大于 4.75 mm 的颗粒，则先将试料过 19 mm 筛；如存留在 19 mm 筛上颗粒的含量不超过 10%，则过 26.5 mm 的筛，留作备用（用甲法或乙法做试验）。

3.4 如试料中含有粒径大于 19 mm 的颗粒含量超过 10%，则先将试料过 37.5 mm 的筛；如存留在 37.5 mm 筛上的颗粒含量不超过 10%，则过 53 mm 的筛备用（用丙法做试验）。

3.5 每次筛分后，均应记录超过尺寸颗粒的百分率 P。

3.6 在预定做击实试验的前一天，取有代表性的试料测定其风干含水量。对于细粒土，试样应不少于100 g；对于中粒土，试样应不少于1 000 g；对于粗粒土的各种集料，试样应不少于2 000 g。

3.7 在试验前用游标卡尺准确测量试模的内径、高和垫块的厚度，以计算试筒的容积。

4. 试验步骤

4.1 准备工作。

在试验前应将试验所需要的各种仪器设备准备齐全，测量设备应满足精度要求；调试击实仪器，检查其运转是否正常。

4.2 甲法。

4.2.1 将已筛分的试样用四分法逐次分小，至最后取出10～15 kg试料。再用四分法将已取出的试料分成5～6份，每份试料的干质量为2.0 kg（对于细粒土）或2.5 kg（对于中粒土）。

4.2.2 预定5～6个含水量，依次相差0.5%～1.5%注，且其中至少有两个大于和两个小于最佳含水量。

注：对于中、粗粒土，在最佳含水量附近取0.5%，其余取1%；对于细粒土，取1%，但对于黏土，特别是重黏土，可能需要取2%。

4.2.3 按预定含水量制备试样。将1份试料平铺于金属盘内，将事先计算求得的该份试料中应加的水量均匀地喷洒在试料上，用小铲将试料充分拌合到均匀状态（如为石灰稳定材料、石灰粉煤灰综合稳定材料、水泥粉煤灰综合稳定材料和水泥、石灰综合稳定材料，可将石灰、粉煤灰和试样一起拌匀），然后装入密闭容器或塑料袋内浸润备用。

浸润时间要求：黏质土12～24 h，粉质土6～8 h，砂类土、砂砾土、红土砂砾、级配砂砾等可以缩短到4 h左右，含土很少的未筛分碎石，砂砾和砂可缩短到2 h。浸润时间一般不超过24 h。

应加水量可按式（T 0804-1）计算

$$m_w = \left(\frac{m_n}{1+0.01w_n} + \frac{m_c}{1+0.01w_c}\right) \times 0.01w -$$

$$\frac{m_n}{1+0.01w_n} \times 0.01w_n - \frac{m_c}{1+0.01w_c} \times 0.01w_c \quad (T\ 0804-1)$$

式中 m_w——混合料中应加的水量（g）；

m_n——混合料中素土（或集料）的质量（g），其原始含水量为w_n，即风干含水量（%）；

m_c——混合料中水泥或石灰的质量（g），其原始含水量为w_c（%）；

w——要求到达的混合料的含水量（%）。

4.2.4 将所需要的稳定剂水泥加到浸润后的试样中，并用小铲、泥刀或其他工具充分拌合至均匀状态。水泥应在土样击实前逐个加入。加有水泥的试样拌合后，应在1 h内完成下述击实试验。拌合后超过1 h的试样，应予作废（石灰稳定材料和石灰粉煤灰稳定材料除外）。

4.2.5 试筒套环与击实底板应紧密联结。将击实筒放在坚实的地面上，用四分法取制备好的试样400～500 g（其量应使击实后的试样等于或略高于筒高的1/5）倒入筒内，整平其表面并稍加压紧，然后将其安装到多功能自控电动击实仪上，设定所需锤击次数，进行第1层试样的击实。第1层击实完后，检查该高度是否合适，以便调整以后几层的试样用量。

用刮刀或螺丝刀将已击实层的表面"拉毛",然后重复上述做法,进行其余4层的试样击实。最后一层试样击实后,试样超出筒顶的高度不得大于6 mm,超出高度过大的试件应该作废。

4.2.6 用刮土刀沿套环内壁削挖(使试样与套环脱离)后,扭动并取下套环。齐筒顶细心刮平试样,并拆除底板。如试样底面略突出筒外或有孔洞,则应细心刮平或修补。最后,用工字形刮平尺齐筒将试样刮平。擦净试筒的外壁,称其质量 m_1。

4.2.7 用脱模器推出筒内试样。从试样内部从上至下取两个有代表性的样品(可将脱出的试件用锤打碎后,用四分法采取),测定其含水量,计算至0.1%。两个试样含水量的差值不得大于1%。所取样品的数量见表T 0804-2(如只取一个样品测定含水量,则样品的质量应为表列数值的两倍)。擦净试模,称其质量 m_2。

表 T 0804-2 测稳定材料含水量的样品质量

公称最大粒径/mm	样品质量/g
2.36	约50
19	约300
37.5	约1 000

烘箱的温度应事前调整到110 ℃左右,以使放入的试样能立即在105 ℃~110 ℃的温度下烘干。

4.2.8 按本方法4.2.3~4.2.7的步骤进行其余含水量下稳定材料的击实和测定工作。凡已用过的试样,一律不再重复使用。

4.3 乙法。

在缺少内径10 cm的试筒以及在需要与承载比等试验结合起来进行时,采用乙法进行击实试验。本法更适宜于公称粒径达19 mm的集料。

4.3.1 将已筛分的试样用四分法逐次分小,至最后取出约30 kg试料。再用四分法将已取出的试料分成5~6份,每份试料的干质量为4.4 kg(细粒土)或5.5 kg(中粒土)。

4.3.2 以下各步的做法与本方法4.2.2~4.2.8相同,但应该先将垫块放在筒内底板上,然后加料并击实。所不同的是,每层需取制备好的试样约900 g(对于水泥或石灰稳定细粒土)或1 100 g(对于稳定中粒土),每层的锤击次数为59次。

4.4 丙法。

4.4.1 将已筛分的试样用四分法逐次分小,至最后取出约33 kg试料。再用四分法将已取出的试料分成6份(至少5份),每份试料的干质量为5.5 kg(风干质量)。

4.4.2 预定5~6个不同含水量,依次相差0.5%~1.5%。在估计最佳含水量附近可只差0.5%~1%。[①]

注①:对于水泥稳定材料,在最佳含水量附近取0.5%;对于石灰、二灰土稳定材料,根据具体情况在最佳含水量附近取1%。

4.4.3 同4.2.3。

4.4.4 同4.2.4。

4.4.5 试筒、套环与夯击底板紧密联结在一起,并将垫块放在筒内底板上。击实筒放在坚实的地面上,取制备好的试样1.8 kg左右[其量应使击实后的试样略高于(高出1~2 mm)筒高的1/3]倒入筒内,整平其表面,并稍加压紧,然后将其安装到多功能自控电动击实仪上,设定所需锤击次数,进行第1层试样的击实。第1层击实完后,检查该高度是否合适,以便调整以后两层的试样用量。用刮刀或螺丝刀将已击实的表面"拉毛",然后重复上述做法,进行其余两层的击实。最后一层击实后,试样超出试筒顶的高度不得大于6 mm。超出高度过大的试件应该作废。

4.4.6 用刮土刀沿套环内壁削挖(使试样与套环脱离),扭动并取下套环。齐筒顶细心刮平试样,并拆除底板,取走垫块。擦净试筒的外壁,称其质量 m_1。

4.4.7 用脱模器推出筒内试样。从试样内部由上至下取两个有代表性的样品(可将脱出的试件用锤打碎后,用四分法取),测定其含水量,计算至0.1%。两个试样含水量的差值不得大于1%。所取样品的数量应不少于700 g,如只取一个样品测定含水量,则样品的质量应不少于1 400 g。烘箱的温度应先调整到110 ℃左右,以使放入的试样能立即在105 ℃~110 ℃的温度下烘干。擦净试模,称其质量 m_2。

4.4.8 按本方法4.4.3~4.4.7条进行其余含水量下稳定材料的击实和测定。凡已用过的试样,一律不再重复使用。

5. 计算

5.1 稳定材料湿密度计算。

按式(T 0804—2)计算每次击实后稳定材料的湿密度。

$$\rho_w = \frac{m_1 - m_2}{V} \tag{T 0804—2}$$

式中 ρ_w——稳定材料的湿密度(g/cm³);
m_1——试筒与湿试样的总质量(g);
m_2——试筒的质量(g);
V——试筒的容积(cm³)。

5.2 稳定材料干密度计算。

按式(T 0804—3)计算每次击实后稳定材料的湿密度。

$$\rho_d = \frac{\rho_w}{1 + 0.01w} \tag{T 0804—3}$$

式中 ρ_d——试样的干密度(g/cm³);
w——试样的含水量(%)。

5.3 制图。

5.3.1 以干密度为纵坐标、含水量为横坐标,绘制含水量-干密度曲线。曲线必须是凸形的。如试验点不足以连成完整的凸形曲线,则应该进行补充试验。

5.3.2 将试样各点采用二次曲线方法拟合曲线,曲线峰值点对应的含水量及干密度即为最佳含水量和最大干密度。

5.4 超尺寸颗粒的校正。

当试样中大于规定最大颗粒的超尺寸颗粒的含量为5%~30%时,按下列各式对试验所得最大干密度和最佳含水量进行校正(超尺寸颗粒的含量小于5%时,可以不进行校正)[注]。

(1)最大干密度按式(T 0804—4)校正。

$$\rho'_{dm} = \rho_{dm}(1 - 0.01p) + 0.9 \times 0.01pG'_a \tag{T 0804—4}$$

式中 ρ'_{dm}——校正后的最大干密度(g/cm³);
ρ_{dm}——试样所得的最大干密度(g/cm³);

p——试样中超尺寸颗粒的百分率(%);

G'_a——超尺寸颗粒的毛体积相对密度。

(2)最佳含水量按式(T 0804-5)校正。

$$w'_0 = w_0(1-0.01p) + 0.01pw_a \qquad (T\ 0804-5)$$

式中 w'_0——校正后的最佳含水量(%);

w_0——试验所得的最佳含水量(%);

p——试样中超尺寸颗粒的百分率(%);

w_a——超尺寸颗粒的吸水量。

注：超尺寸颗粒的含量少于5%时，它对于最大干密度的影响位于平行试验的误差范围内。

6. 结果整理

6.1 应做两次平行试验，取两次试验的平均值作为最大干密度和最佳含水量。两次重复性试验最大密度的差不应超过 0.05 g/cm³(稳定细粒土)和 0.08 g/cm³(稳定中粒土和粗粒土)，最佳含水量的差不应超过 0.5%(最佳含水量小于 10%)和 1.0%(最佳含水量大于10%)。若超过上述规定值，应重做试验，直到满足精度要求。

6.2 混合料密度计算应保留小数点后3位有效数字，含水量应保留小数点后1位有效数字。

7. 报告

试验报告应包括以下内容：

(1)试样的最大粒径、超尺寸颗粒的百分率；

(2)无机结合料类型及剂量；

(3)所用试验方法类别；

(4)最大干密度(g/cm³);

(5)最佳含水量(%)，并附击实曲线。

(2)完成本试验需思考的问题及提示。完成"无机结合料稳定材料击实试验"需思考的问题及提示见表3.2.3。

3.2.3 完成"无机结合料稳定材料击实试验"需思考的问题及提示

序号	问题	提示	备注
1	根据任务单要求可知，本击实试验材料的公称最大粒径	—	根据 10～31.5 mm 碎石粒径确定
2	本次试验选取的方法类别	根据本试验3.6条确定	—
3	拟定含水量		根据经验，拟定含水量为 4.0%、4.5%、5.0%、5.5%、6.0%
4	击实试验一份混合料的总量	根据本试验4.4.1条确定	—
5	一份击实试样所需水泥、水、20～30 mm 碎石、10～20 mm 碎石、5～10 mm 碎石、0～5 mm 石屑的量	正确理解灰剂量、含水量的定义	思考是否会计算
6	20～30mm 碎石、10～20mm 碎石的取样	严格按四分法缩分取样	思考"四分法缩分取样"
7	加水闷料要防止水流失	可加一半的水拌匀闷料	思考"另一半水什么时候加入"

续表

序号	问题	提示	备注
8	测定含水量取样	根据本试验 4.4.7 条确定	
9	一个击实试验含水量测定需要几个盛样容器，各容器的质量是否一样	—	各容器质量不一样，为防止混淆，每个容器应事先编号且称质量，要养成做标记的好习惯
10	平行试验的次数	根据本试验 6.1 条确定	思考"什么是平行试验"
11	精密度要求	根据本试验 6.1 条确定	—
12	含水量计算至小数点后几位	根据本试验 4.4.7 条确定	—
13	混合料密度计算至小数点后几位	根据本试验 6.2 条确定	—

(3)填写试验检测记录表。"无机结合料稳定材料击实试验检测记录表"填写要求见表 3.2.4。

表 3.2.4 "无机结合料稳定材料击实试验检测记录表"填写要求

记录表名称	代号	填写要求
无机结合料稳定材料击实试验检测记录表	本项目 JJ0701	1. 基本信息区参照任务单内容填写，"样品名称""样品编号""样品描述"不填 2. 主要仪器设备名称要填写 3. 数据区用铅笔填写，教师批阅后可修改 4. 要绘制击实曲线图 5. 落款区"试验"处要本人签名；"复核"处要小组长签名 6. 空白格中打横杠 7. 共有 5 份击实记录表，混合料比例不同

3. 确定工地预期达到的干密度

(1)压实度标准。《公路路面基层施工技术细则》(JTG/T F20—2015)规定无机结合料稳定材料的基层压实度标准应符合表 3.2.5 的规定。

表 3.2.5 基层材料压实标准　　　　　　　　　　　　　　　　　　　　　　　%

公路等级		水泥稳定材料	石灰粉煤灰稳定材料	水泥粉煤灰稳定材料	石灰稳定材料
高速公路和一级公路		≥98	≥98	≥98	—
二级及二级以下公路	稳定中、粗粒材料	≥97	≥97	≥97	≥97
	稳定细粒材料	≥95	≥95	≥95	≥95

(2)计算工地预期达到的干密度。按规定压实度按式(3.2.1)分别计算不同水泥剂量的试件应有的干密度，也就是工地预期达到的干密度。

$$\rho_d = k \cdot \rho_d' \quad (3.2.1)$$

式中　ρ_d——工地预期达到的干密度(g/cm³)；

　　　k——压实度(%)；

ρ'_d——击实试验得到的最大干密度(g/cm^3);

4. 制备无侧限抗压强度试件

(1)试件制备要求：

1)采用静压法成型试件。

2)按最佳含水量和工地预期达到的干密度制备试件。

3)试件的尺寸根据材料类型按表3.2.6确定。

表3.2.6　无机结合稳定材料无侧限抗压强度试件尺寸　　　mm

材料类型	颗粒公称最大粒径	试件尺寸(直径×高)
细粒材料	小于16	100×100
中粒材料	不小于16，且小于26.5	150×150
粗粒材料	不小于26.5	150×150

4)作为平行试验的最少试件数量应不小于表3.2.7的规定。如试验结果的偏差系数大于表中规定的值，则应重做试验并找出原因加以解决，如不能降低偏差系数，则应增加试件数量。

表3.2.7　平行试验的最少试件数量

材料类型	相应于下列偏差系数时的试件数量		
	<10%	10%~15%	15%~20%
细粒材料	6	9	—
中粒材料	6	9	13
粗粒材料	—	9	13

(2)试件制备。

采用静压法成型试件，试验依据为《公路工程无机结合料稳定材料试验规程》(JTG E51—2009)。

1)试验方法。

T 0843—2009　无机结合料稳定材料试件制作方法(圆柱形)

1. 适用范围

本方法适用于无机结合料稳定材料的无侧限抗压强度、间接抗拉强度、室内抗压回弹模量、动态模量、劈裂模量等试验的圆柱形试件。

2. 仪器设备

2.1　方孔筛：孔径53 mm、37.5 mm、31.5 mm、26.5 mm、4.75 mm和2.36 mm的筛各1个。

2.2　试模：细粒土，试模的直径×高=ϕ50 mm×50 mm；中粒土，试模的直径×高=ϕ100 mm×100 mm；粗粒土，试模的直径×高=ϕ150 mm×150 mm。适用于下列不同土的试模尺寸如图T 0843—1所示。

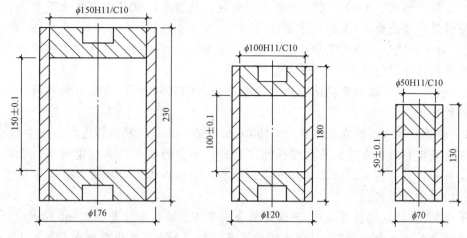

图 T 0843—1　圆柱形试件和垫块设计尺寸(尺寸单位：mm)
注：H11/C10 表示垫块和试模的配合精度

2.3　电动脱模器。
2.4　反力架：反力为 400 kN 以上。
2.5　液压千斤顶：200～1 000 kN。
2.6　钢板尺：量程 200 mm 或 300 mm，最小刻度 1 mm。
2.7　游标卡尺：量程 200 mm 或 300 mm。
2.8　电子天平：量程 4 000 g，感量 0.01 g；量程 15 kg，感量 0.1 g。
2.9　压力试验机：可替代千斤顶和反力架，量程不小于 2 000 kN，行程、速度可调。

3. 试验准备

3.1　试件的径高比一般为 1∶1，根据需要也可成型 1∶1.5 或 1∶2 的试件。试件的成型根据需要的压实度水平，按照体积标准，采用静力压实法制备。

3.2　将具有代表性的风干试料(必要时，也可以在 50 ℃烘箱内烘干)用木槌捣碎或用木碾碾碎，但应避免破坏粒料的原粒径。按照公称最大粒径的大一级筛，将土过筛并进行分类。

3.3　在预定做试验的前一天，取有代表性的试料测定其风干含水量。对于细粒土，试样应不少于 100 g；对于中粒土，试样应不少于 1 000 g；对于粗粒土，试样应不少于 2 000 g。

3.4　按照本规程 T 0804—1994 确定无机结合料稳定材料的最佳含水量和最大干密度。

3.5　根据击实结果，称取一定质量的风干土，其质量随试件大小而变。对 φ50 mm×50 mm 的试件，1 个试件约需干土 180～210 g；对于 φ100 mm×100 mm 的试件，1 个试件约需干土 1 700～1 900 g；对于 φ150 mm×150 mm 的试件，1 个试件约需干土 5 700～6 000 g。

对于细粒土，一次可称取 6 个试件的土；对于中粒土，一次宜称取一个试件的土；对于粗粒土，一次只称取一个试件的土。

3.6　将准备好的试料分别装入塑料袋中备用。

4. 试验步骤

4.1　调整成型所需要的各种设备，检查其运行是否正常；将成型用的模具擦拭干净，并涂抹机油。成型中、粗粒土时，试模筒的数量应与每组试件的个数相配套。上下垫块应与试模筒相配套，上下垫块能够刚好放入试筒内上下自由移动(一般来说，上下垫块直径比试模筒内直径小约 0.2 mm),且上下垫块完全放入试筒后,试筒内未被上下垫块占用的空间体积能满足径高比为 1:1 的设计要求。

4.2 对于无机结合料稳定细粒土,至少应该制备 6 个试件;对于无机结合料稳定中粗粒土,至少应该分别制备 9 个和 13 个试件。

4.3 根据击实结果和无机结合料的配合比按式(T 0843-1)计算每份料的加水量、无机结合料的质量。

4.4 将称好的土样放在长方盘(约 400 mm×600 mm×70 mm)内,向土中加水拌料、闷料。石灰稳定材料、水泥、石灰综合稳定材料、石灰粉煤灰综合稳定材料、水泥粉煤灰综合稳定材料,可将石灰、粉煤灰和土一起拌合,将拌合均匀后的试料放在密闭容器或塑料袋(封口)内浸润备用。

对于细粒土(特别是黏性土),浸润时的含水量应比最佳含水量小 3%;对于中粒土和粗粒土,可按最佳含水量加水^注;对于水泥稳定类材料,加水量应比最佳含水量小 1%~2%。

注:应加水量可按式(T 0843-1)计算。

$$m_w = \left(\frac{m_n}{1+0.01w_n} + \frac{m_c}{1+0.01w_c}\right) \times 0.01w - \frac{m_n}{1+0.01w_n} \times 0.01w_n - \frac{m_c}{1+0.01w_c} \times 0.01w_c$$

(T 0843-1)

式中 m_w——混合料中应加的水量(g)。

m_n——混合料中素土(或集料)的质量(g),其含水量为 w_a,即风干含水量(%)。

m_c——混合料中水泥或石灰的质量(g),其原始含水量为 w_c(%)(水泥的 w_c 通常很小,也可以忽略不计)。

w——要求达到的混合料的含水量(%)。

浸润时间要求:黏质土为 12~24 h,粉质黏土为 6~8 h,砂类土、砂砾土、红土砂砾、级配砂砾等可以缩短到 4 h 左右,含土很少的未筛分碎石、砂砾和砂可缩短到 2 h。浸润时间一般不超过 24 h。

4.5 在试件成型前 1 h 内,加入预定数量的水泥并拌合均匀。在拌合过程中,应将预留的水(对于细粒土为 3%,对于水泥稳定类为 1%~2%)加入土中,使混合料达到最佳含水量。拌合均匀且加有水泥的混合料应在 1 h 内按下述方法制成试件,超过 1 h 的混合料应该作废。其他结合料稳定材料,混合料虽不受此限,但也应尽快制成试件。

4.6 用反力架和液压千斤顶,或采用压力试验机制件。

将试模配套的下垫块放入试模的下部,但应外露 2 cm 左右。将称量规定数量 m_2 的稳定材料混合料分 2~3 次灌入试模中,每次灌入后用夯棒轻轻均匀插实。如制取 φ50 mm× 50 mm 的小试件,则可以将混合料一次倒入试模中,然后将与试模配套的上垫块放入试模内,也应该使其外露 2 cm 左右(即上、下垫块露出试模外的部分应该相等)。

4.7 将整个试模(连同上、下垫块)放在反力架内的千斤顶(千斤顶下应放一扁球座)或压力机上,以 1 mm/min 的加载速率加压,直到上下均压入试模为止。维持压力 2 min。

4.8 解除压力后,取下试模,并放到脱模器上将试件顶出。用水泥稳定有黏结性的材料(如黏质土)时,制件后可以立即脱模;用水泥稳定无黏结性细粒土时,最好在 2~4 h 再脱模;对于中、粗粒土的无机结合料稳定材料,也最好在 2~6 h 后脱模。

4.9 在脱模器上取下试件时,应用双手抱住试件侧面的中下部,然后沿水平方向轻轻旋转,待感觉到试件移动后,再将试件轻轻捧起,放置到试验台上。切勿直接将试件向上捧起。

4.10 称试件的质量 m_2，小试件精确至 0.01 g，中试件精确至 0.01 g，大试件精确至 0.1 g。然后用游标卡尺测量试件高度 h，精确至 0.1 mm。检查试件的高度和质量，不满足成型标准的试件应作为废件。

4.11 试件称量后应立即放在塑料袋中封闭，并用潮湿的毛巾覆盖，移放至养生室。

5. 计算

单个试件的标准质量：

$$m_0 = V \times \rho_{max} \times (1+w_{opt}) \times \gamma \quad (\text{T } 0843-2)$$

考虑到试件成型过程中的质量损耗，实际操作过程中每个试件的质量可增加 0～2%，即

$$m_0' = m_0 \times (1+\delta) \quad (\text{T } 0843-3)$$

每个试件干料（包括干土和无机结合料）的总质量：

$$m_1 = \frac{m_0'}{1+w_{opt}} \quad (\text{T } 0843-4)$$

每个试件中无机结合料的质量：

外掺法：

$$m_2 = m_1 \times \frac{\alpha}{1+\alpha} \quad (\text{T } 0843-5)$$

内掺法：

$$m_2 = m_1 \times \alpha \quad (\text{T } 0843-6)$$

每个试件中的干土质量：

$$m_3 = m_1 - m_2 \quad (\text{T } 0843-7)$$

每个试件的加水量：

$$m_w = (m_2 + m_3) \times w_{opt} \quad (\text{T } 0843-8)$$

验算：

$$m_0' = m_2 + m_3 + m_w \quad (\text{T } 0843-9)$$

式中　V——试件体积（cm³）；

　　　w_{opt}——混合料最佳含水量（%）；

　　　ρ_{max}——混合料最大干密度（g/cm³）；

　　　γ——混合料压实度标准（%）；

　　　m_0，m_0'——混合料质量（g）；

　　　m_1——干混合料质量（g）；

　　　m_2——无机结合料质量（g）；

　　　m_3——干土质量（g）；

　　　δ——计算混合料质量的冗余量（%）；

　　　α——无机结合料的参量（%）；

　　　m_w——加水质量（g）。

6. 结果整理

6.1 小试件的高度误差范围应为−0.1～0.1 cm，中试件的高度误差范围应为−0.1～0.15 cm，大试件的高度误差范围应为−0.1～0.2 cm。

6.2 质量损失：小试件应不超过标准质量的 5 g，中试件应不超过标准质量的 25 g，大试件应不超过标准质量的 50 g。

2)完成本试验需思考的问题及提示。完成"无机结合料稳定材料强度试件制作试验"需思考的问题及提示见表 3.2.8。

表 3.2.8 完成"无机结合料稳定材料强度试件制作试验"需思考的问题及提示

序号	问题	提示	备注
1	根据任务单要求可知,本强度试验制作试件尺寸及数量	根据本指导书表 3.2.4 和表 3.2.5 确定	—
2	压力机代替反力架和千斤顶时,选取压力机的规格	根据本试验 2.9 条确定	正确选择压力机量程
3	按本委托单中的信息,成型时的压实度	根据本指导书表 3.2.3 确定	—
4	计算一个试件的总量	—	按工地预期达到的干密度和最佳含水量计算
5	一个试件所需水泥、水、10~31 碎石、5~10 mm、10~31.5 mm 碎石、石粉的量	正确理解灰剂量、含水量的定义	思考是否会计算
6	10~31 碎石的取样	严格按四分法缩分取样	思考"四分法缩分取样"
7	加水闷料要防止水流失	可加一半的水拌匀闷料	思考"另一半水什么时候加入"
8	水稳试件制件的时间要求	根据本试验 4.5 条确定	—

5. 无侧限抗压强度检验

试件在标准养护室中(温度 20 ℃±2 ℃,相对湿度为 95％以上)保温养生 6 d,浸水 24 h 后,按《公路工程无机结合料稳定材料试验规程》(JTG E51—2009)进行无侧限抗压强度试验。并计算试验结果的平均值和偏差系数。

(1)试验方法。

T 0805—1994 无机结合料稳定材料无侧限抗压强度试验方法

1. 适用范围

本方法适用于测定无机结合料稳定材料(包括稳定细粒土、中粒土和粗粒土)试件的无侧限抗压强度。

2. 仪器设备

2.1 标准养护室。

2.2 水槽:深度应大于试件高度 50 mm。

2.3 压力机或万能试验机(也可用路面强度试验仪和测力计):压力机应符合现行《液压式万能试验机》(GB/T 3159)及《试验机通用技术要求》(GB/T 2611)中的要求,其测量精度为±1％,同时应具有加载速率指示装置或加载速率控制装置。上下压板平整并有足够的刚度,可以均匀连续的加载卸载,且保持固定荷载。开机停机均灵活自如,能够满足试件吨位的要求,且压力机加载速率可以有效控制在 1 mm/min。

2.4 电子天平:量程 15 kg,感量 0.1 g;量程 4 000 g,感量 0.01 g。

2.5 量筒、拌合工具、大小铝盒、烘箱等。

2.6 球形支座。

2.7 机油:若干。

3. 试件制备和养护

3.1 细粒土，试模的直径×高＝ϕ50 mm×50 mm；中粒土，试模的直径×高＝ϕ100 mm×100 mm；粗粒土，试模的直径×高＝ϕ150 mm×150 mm。

3.2 按照《公路工程无机结合料稳定材料试验规程》规程 T 0843—2009 方法成型径高比为 1∶1 的圆柱形试件。

3.3 按照《公路工程无机结合料稳定材料试验规程》规程 T 0845—2009 标准养生方法进行 7 d 的标准养生。

3.4 将试件两顶面用刮刀刮平，必要时可用快凝水泥砂浆抹平试件顶面。

3.5 为保证试验结果的可靠性和准确性，每组试件的数目要求为：小试件不少于 6 个；中试件不少于 9 个；大试件不少于 13 个。

4. 试验步骤

4.1 根据试验材料的类型和一般的工程经验，选择合适量程的测力计和压力机，试件破坏荷载应大于测力量程的 20% 且小于测力量程的 80%。球形支座和上下顶板应涂上机油，使球形支座能够灵活转动。

4.2 将已浸水一昼夜的试件从水中取出，用软布吸去试件表面的水分，并称试件的质量 m_4。

4.3 用游标卡尺测量试件的高度 h，精确至 0.1 mm。

4.4 将试件放在路面材料强度试验仪或压力机上，并在升降台上先放一扁球座，进行抗压试验。试验过程中，应保持加载速率为 1 mm/min。记录试件破坏时的最大压力 P（N）。

4.5 从试件内部取有代表性的样品（经过打破），按照本规程 T 0801—2009 测定其含水量 w。

5. 计算

试件的无侧限抗压强度按式（T 0805-1）计算。

$$R_C = \frac{P}{A} \tag{T 0805-1}$$

式中 R_C——试件的无侧限抗压强度（MPa）；

P——试件破坏时的最大压力（N）；

A——试件的截面面积（mm²）；

$$A = \frac{1}{4}\pi D^2$$

D——试件的直径（mm）。

6. 结果整理

6.1 抗压强度保留 1 位小数。

6.2 同一组试件试验中，采用 3 倍均方差方法剔除异常值，允许小试件有 1 个异常值，中试件有 1~2 个异常值，大试件有 2~3 个异常值。异常值的数量若超过上述规定的试验应重做。

6.3 同一组试验的变异系数 C_V(%) 符合下列规定，方为有效试验：小试件 $C_V \leqslant 6\%$；中试件 $C_V \leqslant 10\%$；大试件 $C_V \leqslant 15\%$。如不能保证试验结果的变异系数小于规定的值，则应按允许误差 10% 和 90% 的概率重新计算所需的试件数量，增加试件数量并另做新试验。新试验结果与旧试验结果一并重新进行统计评定,直到变异系数满足上述规定为止。

7. 试验报告

试验报告应包括以下内容:

(1)材料的颗粒组成;

(2)水泥的种类和强度等级或石灰的等级;

(3)重型击实的最佳含水量(%)和最大干密度(g/cm³);

(4)无机结合料的类型及剂量;

(5)试件干密度(保留3位小数,g/cm³)或压实度;

(6)吸水量以及测抗压强度时的含水量(%);

(7)抗压强度,保留1位小数;

(8)若干个试验结果的最小值和最大值、平均值 $\bar{R}_C$、标准差 S、变异系数 C_V 和95%保证率的值 $R_{C0.095}$($R_{C0.095}=\bar{R}_C 1.645 S$)。

(2)完成本试验需思考的问题及提示。完成"无机结合料稳定材料无侧限抗压强度试验"需思考的问题及提示见表3.2.9。

表3.2.9 完成"无机结合料稳定材料无侧限抗压强度试验"需思考的问题及提示

序号	问题	提示	备注
1	预估极限荷载,选择压力机	正确理解本试验4.1条	1. 正确选择压力机量程 2. 需要球形支座
2	控制加载速率	根据本试验4.4条确定	
3	无侧限抗压强度计算至小数点后几位	根据本试验6.1条确定	
4	本次试验是否有效的判定	根据本试验6.2、6.3条确定	
5	由变异系数不符合要求引起无效试验而采取的措施	根据本试验6.3条确定	

(3)填写试验检测记录表。"无机结合料稳定材料无侧限抗压强度试验检测记录表"填写要求见表3.2.10。

表3.2.10 "无机结合料稳定材料无侧限抗压强度试验检测记录表"填写要求

记录表名称	代号	填写要求
无机结合料稳定材料无侧限抗压强度试验检测记录表	本项目 JJ0703	1. 基本信息区参照任务单内容填写,"样品名称""样品编号""样品描述"不填 2. 主要仪器设备名称要填写 3. 数据区用铅笔填写,教师批阅后可修改 4. 落款区"试验"处要本人签名;"复核"处要小组长签名 5. 空白格中打横杠 6. 共有5份强度检验记录表,混合料比例不同

6. 选定水泥的剂量

(1)根据试验结果,按式(3.2.2)计算各水泥剂量的强度代表值。处理强度数据时,宜按3倍标准差的标准剔除异常数值,且同一组试验样本异常值的剔除数量应不多于2个。

$$R_d^0 = \overline{R} \cdot (1 - Z_a C_V) \tag{3.2.2}$$

式中 R_d^0——一组试验的强度代表值(MPa);

$\overline{R}$——一组试验的强度平均值(MPa);

Z_a——标准正态分布表中随保证率或置信度 α 而改变的系数,高速公路和一级公路应取保证率95%,即 $Z_a = 1.645$;二级及二级以下的公路应取保证率90%,即 $Z_a = 1.282$;

C_V——一组试验的强度变异系数。

2)根据设计的强度标准,选定合适的水泥剂量,此剂量的强度代表值应不小于强度标准值,即满足式(3.2.3)的要求,同时此剂量还应满足设计90 d龄期的弯拉强度和抗压回弹模量值。

$$R_d^0 \geqslant R_d \tag{3.2.3}$$

式中 R_d——设计抗压强度值(MPa)。

二、编制检测报告

确定最佳水泥剂量过程试验检测报告包括"无机结合料稳定材料击实试验检测报告"和"无机结合料稳定材料无侧限抗压强度试验检测报告",填写要求见表3.2.11和表3.2.12。

表3.2.11 "无机结合料稳定材料击实试验检测报告"填写要求

检测报告名称	代号	填写要求
无机结合料稳定材料击实试验检测报告	本项目报告续页 JB010703	1. 本报告共5份,混合料的比例不同 2. 基本信息区参照委托单内容填写,"样品名称""样品编号""样品描述"不填 3. 主要仪器设备名称要填写 4. 判定依据为《公路路面基层施工技术细则》(JTG/T F20—2015) 5. 数据区用签字笔填写,错误处按要求"修改"并在修改处签名 6. 绘制击实曲线图 7. 检测结论应严谨准确 8. 落款区"试验"处本人签名;"复核"处小组长签名;"签发"处指导教师签名 9. 空白格中打横杠

表3.2.12 "无机结合料稳定材料无侧限抗压强度试验检测报告"填写要求

检测报告名称	代号	填写要求
无机结合料稳定材料无侧限抗压强度试验检测报告	本项目报告续页 JB010704	1. 本报告共5份,混合料的比例不同 2. 基本信息区参照委托单内容填写,"样品名称""样品编号""样品描述"不填 3. 主要仪器设备名称要填写 4. 判定依据为《公路路面基层施工技术细则》(JTG/T F20—2015) 5. 数据区用签字笔填写,错误处按要求"修改"并在修改处签名 6. 检测结论应严谨准确 7. 落款区"试验"处本人签名;"复核"处小组长签名;"签发"处指导教师签名 8. 空白格中打横杠

任务三　出具配合比设计报告书

> **任务描述**
>
> 本任务是在任务一、任务二的试验检测记录表及试验报告表的基础上,出具配合比设计报告书。

一、配合比设计报告书包含内容

配合比设计报告书应包括原材料质量试验结果、矿料级配、最佳水泥剂量结果。试验报告的矿料级配曲线应按规定的方法绘制(横坐标为筛孔尺寸的 0.45 次方)。

二、配合比报告书格式要求

(1)配合比报告书分封面、封二、首页及报告续页。

(2)填写封面、首页。

1)封面"检验类别"为委托检验。

2)首页检验依据为"《公路路面基层施工技术细则》(JTG/T F20—2015)/设计文件"。

3)主要仪器设备为该项目涉及的主要设备。

4)检测结论要严谨准确。

5)试验环境为"温度""湿度"。

6)"批准人"为指导教师签名;"审核人"为小组长签名;"主检人"为本人签名;"录入"及"校对"处为任意两名同学签名。

7)空白格中打横杠。

8)用签字笔填写。

(3)将各原材料报告、矿料配合比报告、击实试验报告、无侧限抗压强度试验检测报告作为报告续页附在首页后。

(4)将配合比报告书从首页开始,加上报告续页开始编页码。

(5)报告书装订成册。

项目四
路基填土指标检测

【项目描述】

路基作为路面的基础,必须有足够的强度和稳定性。所以在填方土质路基施工前应按照施工技术规范及设计要求,对所选路基填料的各项技术指标进行检验,并对其质量进行评价。

本项目是为完成路基填土的技术指标检测,并评价其质量。包括路基填土的命名、路基填土的指标检测及出具路基填土的指标检测报告书3个任务。学生通过系统完整的训练,能正确对路基填土进行命名、掌握路基土各项指标的检测技能,并能评价其质量。

【实训资料】

太原地区某高速公路在K4+420~K5+630段为高填方路段,设计文件要求该段路堤填筑平均高度为7.4 m,路基顶层填筑30 cm砂砾,土方数量大于30万 m³。施工单位选取土场后,将细粒土样及砂砾样品的质量检测任务外委至山西交通职业技术学院公路交通试验检测中心完成。

检测中心办公室接待人员与客户洽谈后,送样人员填写了试验委托单(附表4.1),样品管理员接收并签字,同时根据试验委托单约定的检测任务对各功能室下发任务单(附表4.2)。

【实训任务】

学生模拟检测中心土工室的检测人员,完成土工室所接收到的任务单(附表4.2)所要求的检测任务。

完成本项目需要两名指导教师,其职责除指导学生实训外,其中一名模拟检测中心技术负责人,负责签发检测报告。

附表4.1 山西交通职业技术学院
公路交通试验检测中心检验委托单

编号:WT-20160417-021

工程名称		×××高速公路		委托单位	山西省×××路桥建设有限公司	
使用部位		路基		日期	2016.4.17	
试样情况	名称	规格	产地	数量	用途	样品状态
	土	细粒扰动	曹庄	500 kg	路基填筑	干燥、黄色、无臭味
	砂砾	扰动	叶家河	500 kg	路基填筑	洁净、无杂质
	—	—	—	—	—	—

续表

双方约定事项 （检测项目、 方法及其他）	检测项目：1. 细粒土样的液限、塑限、塑性指数、最佳含水量、最大干密度、CBR 值。 2. 砂砾样品的颗粒组成、最佳含水量、最大干密度、CBR 值。 检测依据：JTG F40—2004。 试验依据：JTG F10—2006，试验依据：JTG E40—2007。 其他：2016 年 4 月 26 日取检验报告。				
试验室对委托试样意见	样品数量及状态满足试验要求				
送样人	×××	接收人	×××	见证人	×××
联系电话	×××	联系电话	×××	联系电话	×××

说明：本委托书一式两联，第一联交委托单位存留，第二联主检单位存留。

附表 4.2 山西交通职业技术学院
公路交通试验检测中心检测项目任务单

任务通知部门：土工室   任务单编号：RW-2016-031

样品名称	规格型号	样品编号	样品数量	样品状态描述
土	细粒扰动	YP-2016-TGJ-003	500 kg	干燥、黄色、无臭味
砂砾	扰动	YP-2016-TGJ-005	500 kg	洁净、无杂质
—	—	—	—	—
—	—	—	—	—
—	—	—	—	—
要求检测 项目、参数	1. 细粒土样的液限、塑限、塑性指数、最佳含水量、最大干密度、CBR 值； 3. 砂砾的颗粒组成、最佳含水量、最大干密度、CBR 值。			
试验依据	JTG E40—2007			
试验方法	T 0303—1993，T 0118—2007，T 0131—2007，T 0134—1993，T 0115—1993			
是否存留样	否	剩余样品处理方式	自行转学生实训场所	
要求完成时间	2016.4.25			
样品管理员	×××	通知日期	2016.4.17	
集料室负责人	×××	接收日期	2016.4.17	
备注	该细粒土样和砂砾样品均用于高速公路路基填筑			

注：本任务单一式两联，一联交付试验检测人员存留，一联办公室存留。

任务一 路基填土的命名

任务描述

本任务是根据附表 4.2 提供的细粒土样及砂砾样品，通过对砂砾进行颗粒分析，对细粒土样测定其塑性指数，对该路基所用填土进行分类命名。正确填写试验检测记录表，并编制相关项目的检验报告。

一、测定颗粒组成及塑性指数

路基土按《公路土工试验规程》(JTG E40—2007)规定的方法进行分类。土的分类依据有土颗粒组成特征，土的塑性指标：液限、塑限和塑性指数，土中的有机质含量情况三项。

按筛分法确定各粒组的含量，按液塑限联合测定法确定液限、塑限、塑性指数，土中有机质包括未完全分解的动植物残骸和完全分解的无定形物质。后者多呈黑色、青黑色或暗色，有臭味、有弹性和海绵感，借目测、手摸及嗅感判别。当不能判定时，可将试样在 105 ℃～110 ℃ 的烘箱中烘烤。若烘烤 24 h 后试样液限小于烘烤前的四分之三，则该试样为有机质土。

1. 测定砂砾的颗粒组成，填写试验检测记录表

(1)试验依据为《公路土工试验规程》(JTG E40—2007)。

T 0115—1993　筛分法

1. 目的和适用范围

本试验法适用于分析粒径大于 0.075 mm 的土颗粒。但对于颗粒大于 60 mm 的土样，本试验方法不适用。

2. 仪器设备

2.1　标准筛：粗筛(圆孔)孔径为 60 mm、40 mm、20 mm、10 mm、5 mm、2 mm；细筛孔径为 2.0 mm、1.0 mm、0.5 mm、0.25 mm、0.075 mm。

2.2　天平：称量 5 000 g，感量 5 g；称量 1 000 g，感量 1 g；称量 200 g，感量 0.2 g。

2.3　摇筛机。

2.4　其他：烘箱、筛刷、烧杯、木碾、研钵及杵等。

3. 试样

从风干、松散的土样中，用四分法按照下列规定取出具有代表性的试样：

3.1　小于 2 mm 颗粒的土 100～300 g。

3.2　最大粒径小于 10 mm 的土 300～900 g。

3.3　最大粒径小于 20 mm 的土 1 000～2 000 g。

3.4　最大粒径小于 40 mm 的土 2 000～4 000 g。

3.5　最大粒径大于 40 mm 的土 4 000 以上。

4. 试验步骤

4.1　对于无凝聚性的土。

4.1.1　按规定称取试样，将试样分批过 2 mm 筛。

4.1.2　将大于 2 mm 的试样按从大到小的次序，通过大于 2 mm 的各级粗筛。将留在筛上的土分别称量。

4.1.3　如 2 mm 筛下的土数量过多，可用四分法缩分至 100～800 g。将试样按从大到小的次序通过小于 2 mm 的各级细筛。可用摇筛机进行振摇。振摇时间一般为 10～15 min。

4.1.4　由最大孔径的筛开始，顺序将各筛取下，在白纸上用手轻叩摇晃，至每分钟筛下数量不大于该级筛余质量的 1% 为止。漏下的土粒应全部放入下一级筛内，并将留在各筛上的土样用软毛刷刷净，并分别称量。

4.1.5　筛后各级筛上和筛底土总质量与筛前试样质量之差，不应大于 1%。

4.1.6 如 2 mm 筛下的土不超过试样总质量的 10%，可省略细筛分析；如 2 mm 筛上的土不超过试样总质量的 10%，可省略粗筛分析。

4.2 对于含有黏土粒的砂砾土。

4.2.1 将土样放在橡皮板上，用木碾将黏结的土团充分碾散后，拌匀、烘干、称量。如土样过多时，用四分法称取代表性土样。

4.2.2 将试样置于盛有清水的瓷盘中，浸泡并搅拌，使粗细颗粒分散。

4.2.3 将浸润后的混合液过 2 mm 筛，边冲边洗过筛，直至筛上仅留大于 2 mm 以上的土粒为止。然后将筛上洗净的砂砾风干称量。按以上方法进行粗筛分析。

4.2.4 通过 2 mm 筛下的混合液存放在盆中，待稍沉淀后，将上部悬液过 0.075 mm 筛，用带橡皮头的玻璃棒研磨盆内浆液，再加清水、搅拌、研磨、静置、过筛，反复进行，直至盆内悬液澄清。最后，将全部土粒倒在 0.075 mm 筛上，用水冲洗，直到筛上仅留大于 0.075 mm 的净砂为止。

4.2.5 将大于 0.075 mm 的净砂烘干称量，并进行细筛分析。

4.2.6 将 0.075~2 mm 颗粒及大于 2 mm 的颗粒质量从原称量的总质量中减去，即为小于 0.075 mm 颗粒质量。

4.2.7 如果小于 0.075 mm 颗粒质量超过总土质量的 10%，有必要时，将这部分土烘干、取样，另做密度计或移液管分析。

5. 结果整理

5.1 按下式计算小于某粒径颗粒质量百分数：

$$X = \frac{A}{B} \times 100\% \qquad (T\ 0115-1)$$

式中 X——小于某粒径颗粒的质量百分数(%)，计算至 0.01；

A——小于某粒径的颗粒质量(g)；

B——试样的总质量(g)。

5.2 当小于 2 mm 的颗粒用四分法缩分取样时，按下式计算试样中小于某粒径的颗粒质量占总土质量的百分数：

$$X = \frac{a}{b} \times p \times 100\% \qquad (T\ 0115-2)$$

式中 X——小于某粒径颗粒的质量百分数(%)，计算至 0.01；

a——通过 2 mm 筛的试样中小于某粒径的颗粒质量(g)；

b——通过 2 mm 筛的试样中所取试样质量(g)；

p——粒径小于 2 mm 的颗粒质量百分数(g)。

5.3 在半对数坐标纸上，以小于某粒径的颗粒质量百分数为纵坐标，以粒径(mm)为横坐标，绘制颗粒大小级配曲线，求出各粒组的颗粒质量百分数，以整数(%)表示。

5.4 必要时按下式计算不均匀系数：

$$C_u = \frac{d_{60}}{d_{10}} \qquad (T\ 0115-3)$$

式中 C_u——不均匀系数，计算至 0.1 且含两位以上有效数字；

d_{60}——限制粒径，即土中小于该粒径的颗粒质量为 60% 的粒径(mm)；

d_{10}——有效粒径，即土中小于该粒径的颗粒质量为 10% 的粒径(mm)。

5.5 精密度和允许差。

筛后各级筛上和筛底土的总质量与筛前试样质量之差，不应大于1%。

6. 报告

6.1 土的鉴别分类和代号。

6.2 颗粒级配曲线。

6.3 不均匀系数 C_u。

(2)完成本试验需思考的问题及提示。完成"土的颗粒分析试验(筛分法)"需思考的问题及提示见表4.1.1。

表4.1.1 完成"土的颗粒分析试验(筛分法)"需思考的问题及提示

序号	问题	提示	备注
1	本方法适用范围	根据本试验1条确定	小于0.075 mm颗粒的土样颗粒分析方法
2	标准筛尺寸	根据本试验2.1条确定	回忆集料标准筛尺寸
3	取样方法及数量	根据本试验3.2条确定	—
4	粗筛分或细筛分可省略的条件	根据本试验4.16条确定	思考
5	小于某粒径颗粒质量百分数如何计算	根据本试验5.1、5.2条计算	—
6	d_{60} 的含义	参考本试验5.4条	—
7	级配曲线的坐标建立	—	横坐标参数为什么

(3)填写试验检测记录表"土的颗粒分析试验检测记录表(筛分法)"填写要求见表4.1.2。

表4.1.2 "土的颗粒分析试验检测记录表(筛分法)"填写要求

记录表名称	代号	填写要求
土的颗粒分析试验检测记录表(筛分法)	本项目 JJ0101a	1. 基本信息区参照任务单内容填写。"试验条件"为环境条件(温度、湿度) 2. 主要仪器设备名称要填写 3. 数据区用铅笔填，教师批阅后可修改 4. 绘制颗粒分析曲线 5. 落款区"试验"处本人签名；"复核"处小组长签名 6. 空白格中打横杠

2. 测定细粒土样的液限、塑限及塑性指数，填写试验检测记录表

试验依据为《公路土工试验规程》(JTG E40—2007)。

(1)测定土的含水量。

1)试验方法。

T 0103—1993 烘干法

1. 目的和适用范围

本试验方法适用于测定黏质土、粉质土、砂类土、砂砾石、有机质土和冻土土类的含水量。

2. 仪器设备

2.1 烘箱：可采用电热烘箱或温度能保持105 ℃～110 ℃的其他能源烘箱。

2.2 天平：称量200 g，感量0.01 g；称量1 000 g，感量0.1 g

2.3 其他:干燥器、称量盒[为简化计算手续,可将盒质量定期(3~6个月)调整为恒质量值]等。

3. 试验步骤

3.1 取具有代表性试样,细粒土15~30 g,砂类土、有机土为50 g,砂砾石为1~2 kg,放入称量盒内,立即盖好盒盖,称质量。称量时,可在天平一端放上与该称量盒等质量的砝码,移动天平游码,平衡后称量结果减去称量盒质量即为湿土质量。

3.2 揭开盒盖,将试样和盒放入烘箱内,在温度105 ℃~110 ℃恒温下烘干[①]。对细粒土,烘干时间不得少于8 h,对砂类土不得少于6 h。对于有机质超过5%的土或含石膏的土,应将温度控制在65 ℃~70 ℃的恒温下烘干,干燥时间在12~15 h为好。

3.3 将烘干后的试样和盒取出,放入干燥器内冷却(一般只需0.5~1 h即可)[②]。冷却后盖好盒盖,称质量,精确至0.01 g。

注①:对于大多数土,通常烘干16~24 h就足够了。但是,某些土或试样的数量过多或试样很潮湿,可能需要烘更长的时间。烘干的时间也与烘箱内试样的总质量、烘箱的尺寸及其通风系统的效率有关。

注②:如铝盒的盖密闭,而且试样在称量前放置时间较短,则可以不放在干燥器中冷却。

4. 结果整理

4.1 按下式计算含水量:

$$w = \frac{m - m_s}{m_s} \times 100\% \tag{T 0103-1}$$

式中 w——含水量(%),计算至0.1;
　　　m——湿土质量(g);
　　　m_s——干土质量(g)。

4.2 精密度和允许差。

本试验须进行二次平行测定,取其算术平均值,允许平行差值应符合表T 0103-1的规定。

表T 0103-1　含水量测定的允许平行差值

含水量/%	允许平行差值/%	含水量/%	允许平行差值/%
5以下	0.3	40以上	≤2
40以下	≤1	对层状和网状构造的冻土	<3

5. 报告

5.1 土的鉴别分类和代号。

5.2 土的含水量w值。

T 0104—1993　酒精燃烧法

1. 目的和适用范围

本试验方适用于快速简易测定细粒土(含有机质的土除外)的含水量。

2. 仪器设备

2.1 称量盒(定期调整为恒质量)。

2.2 天平：感量 0.01 g。
2.3 酒精：纯度 95%。
2.4 滴管、火柴、调土刀等。

3. 试验步骤

3.1 取代表性试样（黏质土 5～10 g，砂类土 20～30 g），放入称量盒内，称湿土质量 m，精确至 0.01 g。

3.2 用滴管将酒精注入放有试样的称量盒中，直至盒中出现自由液面为止。为使酒精在试样中充分混合均匀，可将盒底在桌面上轻轻敲击。

3.3 点燃盒中酒精，燃至火焰熄灭。

3.4 将试样冷却数分钟，按本试验 3.3、3.4 条方法再重新燃烧两次。

3.5 待第三次火焰熄灭后，盖好盒盖，立即称干土质量 m_s，精确至 0.01 g。

4. 结果整理

按下式计算含水量：

$$w = \frac{m - m_s}{m_s} \times 100\% \qquad (T\ 0104-1)$$

式中 w——含水量(%)，计算至 0.1；
　　　m——湿土质量(g)；
　　　m_s——干土质量(g)。

4.2 精密度和允许差。

本试验须进行二次平行测定，取其算术平均值，允许平行差值应符合表 T 0104-1 的规定。

T 0104-1　含水量测定的允许平行差值

含水量/%	允许平行差值/%	含水量/%	允许平行差值/%
5 以下	0.3	40 以上	≤2
40 以下	≤1	对层状和网状构造的冻土	<3

5. 报告

5.1 土的鉴别分类和代号。

5.2 土的含水量 w 值。

2）完成土的含水量试验需思考的问题及提示。完成"土的含水量试验"需思考的问题及提示见表 4.1.3。

表 4.1.3　完成"土的含水量试验"需思考的问题提示

序号	问题	提示	备注
1	烘干法测定细粒土选取天平的感量	根据本试验 2.2 和 3.1 条确定	—
2	酒精燃烧法的适用范围	根据本试验 1 条确定	—
3	酒精燃烧法测定土的含水量所选天平的感量	根据本试验 2.2 条确定	—
4	结果计算至小数点后几位	根据本试验 4.1 条确定	根据"数据修约规则"进行修约
5	含水量试验允许的平行差值	根据烘干法 4.3 条确定	—

(2)测定细粒土样的液限、塑限及塑性指数。

1)试样过0.5 mm筛后,试验方法见项目三任务一。

2)试验检测记录表为本项目JJ0102a。填写要求除与项目三任务一相同外,要给出土类及土名。

二、编制检测报告

1. 土的分类方法

(1)粒组的划分。《公路土工试验规程》(JTG E40—2007)要求土的颗粒应根据表4.1.4划分粒组。

表4.1.4 土颗粒粒组划分表

200		60	20	5	2	0.25	0.075	0.002 (mm)	
巨粒组			粗粒组					细粒组	
漂石(块石)	卵石(小块石)	砾(角砾)			砂			粉粒	黏粒
		粗	中	细	粗	中	细		

根据各粒组土粒质量将土分为巨粒土、粗粒土、细粒土和特殊土。分类总体系如图4.1.1所示。

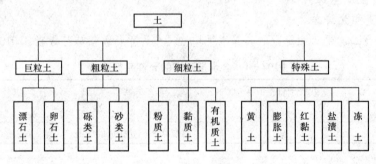

图4.1.1 土的分类总体系

(2)土的分类原则与符号。

1)土的分类原则。

①粗粒土按粒度成分及级配特征分类,级配指标分为不均匀系数C_u和曲率系数C_c。

②细粒土按塑性图分类,土的塑性图是以液限为横坐标、塑性指数为纵坐标构成。

③有机土和特殊土则分别单独各列为一类。

2)土的成分、级配、液限、特殊土等的基本代号见表4.1.5。

表4.1.5 土的基本代号

项目 类别代号	类别	代号	类别	代号
成分	漂石	B	块石	Ba
	卵石	C_b	小块石	Cba
	砾	G	角砾	Ga
	砂	S	粉土	M

续表

类别代号 项目	类别	代号	类别	代号
成分	黏土	C	有机质土	O
成分	细粒土 (C和M的合称)	F	(混合)土 (粗、细粒土合称)	SI
级配	良好级配	W	不良级配	P
液限高低	高液限	H	低液限	L
特殊土	黄土	Y	膨胀土	E
特殊土	红黏土	R	盐渍土	St
特殊土	冻土	Ft		

3)土类名称的表示。

①土类名称可用一个基本代号表示。

②当由两个基本代号构成时,第一个代号表示土的主成分,第二个代号表示土的副成分(土的液限或级配)。

③当由三个基本代号构成时,第一个代号表示土的主成分,第二个代号表示液限的高低(或级配的好坏),第三个代号表示土中所含的次要成分。

④土类名称和代号见表4.1.6。

表4.1.6 土类的名称和代号

名称	代号	名称	代号	名称	代号
漂石	B	级配良好砂	SW	含砾低液限黏土	GLG
块石	Ba	级配不良砂	SP	含砂高液限黏土	CHS
卵石	Cb	粉土质砂	SM	含砂低液限黏土	CLS
小块石	Cba	黏土质砂	SC	有机质高液限黏土	CHO
漂石夹土	BSI	高液限粉土	MH	有机质低液限黏土	CLO
卵石夹土	CbSI	低液限粉土	ML	有机质高液限粉土	MHO
漂石质土	SIB	含砾高液限粉土	MHG	有机质低液限粉土	MLO
卵石质土	SICb	含砾低液限粉土	MLG	黄土(低液限黏土)	CLY
级配良好砾	GW	含砂高液限粉土	MHS	膨胀土(高液限黏土)	CHE
级配不良砾	GP	含砂低液限粉土	MLS	红土(高液限粉土)	MHR
细粒质粒	GF	高液限黏土	CH	红黏土	R
粉土质砾	GM	低液限黏土	CL	盐渍土	St
黏土质粒	GC	含砾高液限黏土	CHG	冻土	Ft

(3)巨粒土。

1)巨粒土分类。

①巨粒组质量多于总质量75%的土称漂(卵)石;

②巨粒组质量为总质量50%~75%(含75%)的土称漂(卵)石夹土;

③巨粒组质量为总质量15%~50%(含50%)的土称漂(卵)石质土;

④巨粒组质量少于或等于总质量15%的土，可扣除巨粒，按粗粒土或细粒土的相应规定分类定名。

⑤巨粒土分类体系如图4.1.2所示。

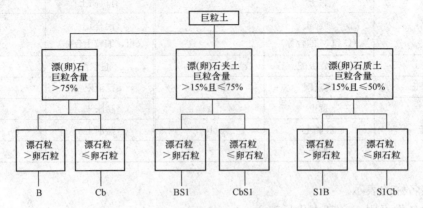

图 4.1.2 巨粒土分类体系

注：1. 巨粒土分类体系中的漂石换成块石，B换成Ba，即构成相应的块石分类体系。
  2. 巨粒土分类体系中的卵石换成小块石，Cb换成Cba，即构成相应的小块石分类体系。

2) 漂(卵)石按下列规定命名：

①漂石粒组质量多于卵石粒组质量的土称漂石(B)；

②漂石粒组质量少于或等于卵石粒组质量的土称卵石(Cb)。

3) 漂(卵)石夹土按下列规定命名：

①漂石粒组质量多于卵石粒组质量的土称漂石夹土(BSl)；

②漂石粒组质量少于或等于卵石粒组质量的土称卵石夹土(CbSl)。

(4) 漂(卵)石质土应按下列规定命名：

①漂石粒组质量多于卵石粒组质量的土称漂石质土(SlB)；

②漂石粒组质量少于或等于卵石粒组质量的土称卵石质土(SlCb)；

③如有必要可按漂(卵)石质土中的砾、砂、细粒土含量定名。

(4) 粗粒土。

1) 粗粒土定义。试样中巨粒组土粒少于或等于总质量的15%，且巨粒组土粒与粗粒组土粒质量之和多于总土质量50%的土称粗粒土。粗粒土分为砾类土和砂类土。

2) 砾类土分类。粗粒土中砾粒组质量多于砂粒组质量的土叫砾类土。砾类土应根据其中细粒含量和类别以及粗粒组的级配进行分类。分类体系如图4.1.3所示。

①砾类土中细粒组质量少于或等于总质量5%的土称砾。当$C_u \geqslant 5$，且$C_c = 1 \sim 3$时，称级配良好砾，记为GW；不能同时满足时，称级配不良砾，记为GP。

②砾类土中细粒组质量为总质量5%～15%(含15%)的土称含细粒土砾，记为GF。

③砾类土中细粒组质量大于总质量的15%，并小于或等于总质量50%的土称细粒土砾，按细粒土在塑性图中的位置定名。细粒土位于塑性图A线以下时，称粉土质砾，记为GM；细粒土位于塑性图A线或A线以上时，称黏土质砾，记为GC。

3) 砂类土分类。粗粒土中砾粒组质量少于或等于砂粒组质量的土称砂类土。砂类土应根据其中细粒含量和类别以及粗粒组的级配进行分类。分类体系如图4.1.4所示。根据粒径，分组由大到小，以首先符合者命名。

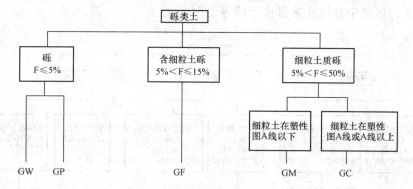

图 4.1.3 砾类土的分类体系

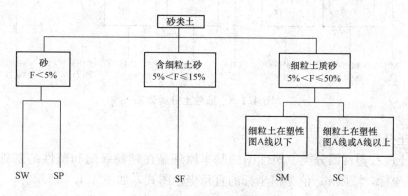

图 4.1.4 砂类土的分类体系

①砂类土中细粒组质量少于或等于总质量5%的土称砂。当$C_u \geqslant 5$，且$C_c = 1 \sim 3$时，称级配良好砂，记为 SW；不能同时满足时，称级配不良砂，记为 SP。

②砂类土中细粒组质量为总质量5%～15%(含15%)的土称含细粒土砂，记为 SF。

③砂类土中细粒组质量大于总质量的15%，并小于或等于总质量50%的土称细粒土质砂，按细粒土在塑性图中的位置定名。细粒土位于塑性图 A 线以下时，称粉土质砂，记为 SM；细粒土位于塑性图 A 线或 A 线以上时，称黏土质砂，记为 SC。

注：需要时，砂可进一步分为粗砂、中砂和细砂：

粗砂——粒径大于 0.5 mm 的颗粒多于总质量的 50%；

中砂——粒径大于 0.25 mm 的颗粒多于总质量的 50%；

细砂——粒径大于 0.075 mm 的颗粒多于总质量的 75%。

(5)细粒土。

1)细粒土的定义。试样中细粒组土粒质量多于或等于总质量50%的土称细粒土，分类体系如图 4.1.5 所示。

2)细粒土的划分。

①粉质土或黏质土：指细粒土中粗粒组质量少于或等于总质量25%的土。

②含粗粒的粉质土或含粗粒的黏质土：细粒土中粗粒组质量为总质量25%～50%(含50%)的土。

③有机质土：试样中有机质含量多于总质量5%，且少于总质量10%的土。

④有机土：试样中有机质含量多于或等于10%的土。

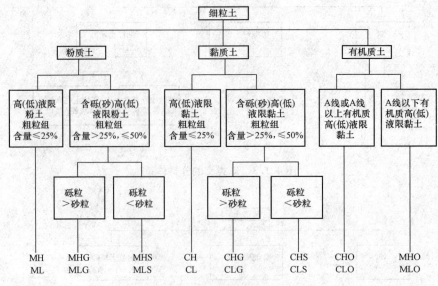

图 4.1.5 细粒土分类体系

3) 细粒土分类。

①细粒土应按塑性图分类。塑性图的基本原理是在颗粒级配和塑性的基础上，以塑性指数 I_P 为纵坐标，液限 w_L 值为横坐标的直角坐标图式，如图 4.1.6 所示。

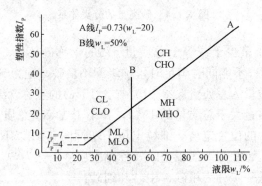

图 4.1.6 塑性图

②塑性图的液限分区。$w_L<50\%$ 为低液限；$w_L\geqslant 50\%$ 为高液限。

③将所测出的细粒土液限和塑性指数点到塑性图上，根据其位置确定细粒土的名称。

a. 当细粒土位于塑性图 A 线或 A 线以上时，按下列规定命名：

在 B 线或 B 线以右，称高液限黏土，记为 CH；在 B 线左，$I_p=7$ 以上，称低液限黏土，记为 CL。

b. 当细粒土位于塑性图 A 线以下时，按下列规定命名：

在 B 线或 B 线以右，称高液限粉土，记为 MH；在 B 线以左，$I_p=4$ 以下，称低液限粉土，记为 ML。

黏土～粉土过渡区(CL～ML)的土可以按相邻土层的类别加以细分。

c. 含粗粒的细粒土可先按塑性图确定细粒土部分的名称，再按以下规定最终命名：

当粗粒组中砾粒组质量多于砂粒组质量时，称含砾细粒土，在细粒土代号后缀以"G"；当粗粒组中砂粒组质量多于或等于砾粒组质量时，称含砂细粒土，在细粒土代号后缀以"S"。

④有机质土的定名。土中有机质包括未完全分解的动植物残骸和完全分解的无定形物质。后者多呈黑色、青黑色或暗色、有臭味、有弹性和海绵感。借目测、手摸及嗅感判别。

当不能判定时，可采用下列方法：将试样在 105 ℃～110 ℃ 的烘箱中烘烤，若烘烤 24 h 后试样的液限小于烘烤前的四分之三，则该试样为有机质土。当需要测定有机质的含量时，按有机质含量试验进行。

a. 有机质土根据下列规定命名：

当位于塑性图 A 线或 A 线以上时：

在 B 线或 B 线右，称有机质高液限黏土，记为 CHO；在 B 线左，$I_p=7$ 以上，称有机质低液限黏土，记为 CLO。

b. 当细粒土位于塑性图 A 线以下时，按下列规定命名：

在 B 线或 B 线右，称有机质高液限粉土，记为 MHO；在 B 线左，$I_p=4$ 以下，称有机质低液限粉土，记为 MLO。

黏土～粉土过渡区(CL～ML)的土可以按相邻土层的类别考虑细分。

(6)特殊土分类。黄土、膨胀土和红黏土根据其液限和塑性指数在图 4.1.7 中的位置进行定名。盐渍土和冻土分类与命名见《公路土工试验规程》，此处略。

黄土：低液限黏土(CLY)，分布范围大部分在 A 线以上，液限 $w_L<40\%$。

膨胀土：高液限黏土(CHE)，分布范围大部分在 A 线以上，液限 $w_L>50\%$。

红黏土：高液限粉土(MHR)，分布范围大部分在 A 线以下，$w_L>55\%$。

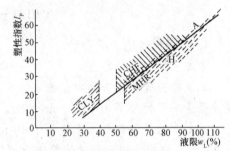

图 4.1.7 特殊土塑性图

2. 检测报告的编制要求

细粒土样和砂砾样品分别编制各自检测报告。"路基填土分类命名的检测报告"编制要求见表 4.1.7。

表 4.1.7 "路基填土分类命名检测报告"编制要求

检测报告名称	代号	填写要求
土工试验检测报告	本项目报告续页 JB010101	1. 基本信息区参照委托单内容填写 2. 主要仪器设备名称要填写 3. 数据区用签字笔填写，错误处要求"修改"并在修改处签名 4. 细粒土样只填写"界限含水量"及"土的定名及代号"二项数据。砂砾填写"筛分法"；"不均匀系数、曲率系数"及"土的定名及代号"三项数据 5. 其余项不填写 6. 土样和砂砾各自编制试验报告

任务二　路基填土的技术指标检测

> **任务描述**
>
> 　　本任务是根据附表 4.2 提供的细粒土样及砂砾样品，测定其天然含水量；CBR 值；最大干密度、最佳含水量等技术指标，正确填写试验检测记录表，并编制相关项目检验报告，对该路基填土进行质量评价。

一、检测各项技术指标，填写试验检测记录表

　　检测细粒土样及砂砾样品的各项技术指标，试验依据为《公路土工试验规程》(JTG E40—2007)。

　　1. 测定土的最佳含水量、最大干密度
　　(1)试验方法。细粒土样和砂砾样品的最佳含水量、最大干密度的试验方法相同。

T 0131—2007　土的击实试验

1. 目的和适用范围
本方法适用于细粒土。
本试验分轻型击实和重型击实。轻型击实试验适用于粒径不大于 20 mm 的土，重型击实试验适用于粒径不大于 40 mm 的土。

当土中的最大粒径大于或等于 40 mm，并且大于或等于 40 mm 颗粒粒径的质量含量大于 5% 时，则应使用大尺寸试筒进行击实试验，或按 5.4 条进行最大干密度校正。大尺寸试筒要求其最小尺寸大于土样中最大颗粒粒径的 5 倍以上，并且击实试验的分层厚度应大于土样中最大颗粒粒径的 3 倍以上。单位体积击实功能控制在 $2\ 677.2 \sim 2\ 687.0\ \text{kJ/m}^3$ 的范围内。

当细粒土中的粗粒土总含量大于 40% 或粒径大于 0.005 mm 颗粒的含量大于土总质量的 70%（即 $d_{30} \leqslant 0.005$ mm）时，还应做粗粒土最大干密度试验，其结果与重型击实试验结果比较，最大干密度取两种试验结果的最大值。

2. 仪器设备
2.1　标准击实仪(图 T 0131—1)。击实试验方法和相应设备的主要参数应符合表 T 0131—1 的规定。
2.2　烘箱及干燥器。
2.3　天平：感量 0.01 g。
2.4　台秤：称量 10 kg，感量 5 g。
2.5　圆孔筛：孔径 40 mm、20 mm 和 5 mm 各 1 个。
2.6　拌合工具：400 mm×600 mm、深 70 mm 的金属盘，土铲。
2.7　其他：喷水设备、碾土器、盛土盘、量筒、推土器、铝盒、修土刀、平直尺等。

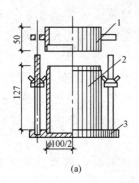 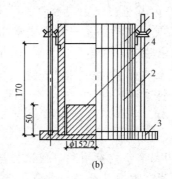

图 T 0131－1 击实筒

(a)小击实筒；(b)大击实筒

1—套筒；2—击实筒；3—底板；4—垫块

表 T 0131－1 击实试验方法种类

试验方法	类别	锤底直径/cm	锤质量/kg	落高/cm	试筒尺寸 内径/cm	高/cm	试样尺寸 高度/cm	体积/cm³	层数	每层击数	击实功/(kJ·m⁻³)	最大粒径/mm
轻型	Ⅰ-1	5	2.5	30	10	12.7	12.7	997	3	27	598.2	20
	Ⅰ-2	5	2.5	30	15.2	17	12	2 177	3	59	598.2	40
重型	Ⅱ-1	5	4.5	45	10	12.7	12.7	997	3	27	2 687.0	20
	Ⅱ-2	5	4.5	45	15.2	17	12	2 177	3	98	2 677.2	40

3. 试样

3.1 本试验可分别采用不同的方法准备试样，各方法可按表 T 0131－2 准备试料。

表 T 0131－2 试料用量

使用方法	类别	试筒内径/cm	最大粒径/mm	试料用量
干土法，试样不重复使用	b	10	20	至少5个试样，每个3 kg
		15.2	40	至少5个试样，每个6 kg
湿土法，试样不重复使用	c	10	20	至少5个试样，每个3 kg
		15.2	40	至少5个试样，每个6 kg

3.2 干土法(土不重复使用)。按四分法至少准备5个试样，分别加入不同水分(按2%～3%含水量递增)，拌匀后闷料一夜备用。

3.3 湿土法(土不重复使用)。对于高含水量的土，可省略过筛步骤，用手拣除大于40 mm 的粗石子即可。保持天然含水量的第一个土样，可立即用于击实试验。其余几个试样，将土分成小土块，分别风干，使含水量按2%～3%递减。

4. 试验步骤

4.1 根据工程要求，按表 T 0131－1 的规定选择轻型或重型的试验方法。根据土的性质(含易击碎风化石数量多少，含水量高低)，按表 T 0131－2 选用干土法(土重复或不重复使用)或湿土法。

4.2 将击实筒放在坚硬的地面上，在筒壁上涂一薄层凡士林，并在筒底(小试筒)或垫块(大试筒)上放置蜡纸或塑料薄膜。取制备好的土样分 3～5 次倒入筒内。小筒按三层法时，每次800～900 g(其量应使击实后的试样等于或略高于筒高的1/3)；按五层法时，每次400～500 g(其量应使击实后的土样等于或略高于筒高的1/5)。对于大试筒，先将垫块放入筒内底板上；按三层法时，每层需试样1 700 g左右。整平表面，并稍加压紧，然后按规定的击数进行第一层土的击实，击实时击锤应自由垂直落下，锤迹必须均匀分布于土样面。第一层击实完后，将试样层面"拉毛"，然后再装入套筒，重复上述方法进行其余各层土的击实。小试筒击实后，试样不应高出筒顶面5 mm；大试筒击实后，试样不应高出筒顶面6 mm。

4.3 用修土刀沿套筒内壁削刮，使试样与套筒脱离后，扭动并取下套筒，齐筒顶细心削平试样，拆除底板，擦净筒外壁，称量，精至1 g。

4.4 用推土器推出筒内试样，从试样中心处取样测其含水量，计算至0.1%。测定含水量用试样的数量按表T 0131－3规定取样(取出有代表性的土样)。两个试样含水量的精度应符合本试验第5.6条的规定。

表 T 0131－3　测定含水量用试样的数量

最大粒径/mm	试样质量/g	个数
<5	15～20	2
约5	约50	1
约20	约250	1
约40	约500	1

4.5 对于干土法(土不重复使用)和湿土法(土不重复使用)，将试样搓散，然后按本试验第3条方法进行洒水、拌合，每次增加2%～3%的含水量，其中有两个大于和两个小于最佳含水量，所需加水量按下式计算：

$$m_w = \frac{m_i}{1+0.01w_i} \times 0.01(w-w_i) \tag{T 0131-1}$$

式中　m_w——所需的加水量(g)；
　　　m_i——含水量为w_i时土样的质量(g)；
　　　w_i——土样原有含水量(%)；
　　　w——要求达到的含水量(%)。

按上述步骤进行其他含水量试样的击实试验。

5. 结果整理

5.1 按下式计算击实后各点的干密度：

$$\rho_d = \frac{\rho}{1+0.01w} \tag{T 0131-2}$$

式中　ρ_d——干密度(g/cm³)，计算至0.01；
　　　ρ——湿密度(g/cm³)；
　　　w——含水量(%)。

5.2 以干密度为纵坐标，含水量为横坐标，绘制干密度与含水量的关系曲线(图T 0131－3)，曲线上峰值点的纵、横坐标分别为最大干密度和最佳含水量。如曲线不能绘出明显的峰值点，应进行补点或重做。

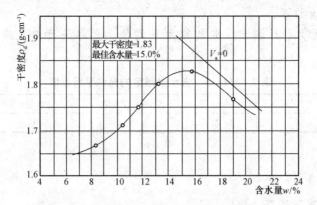

图 T 0131-3 含水量和干密度的关系图

5.3 按下式计算饱和曲线的饱和含水量 $w_{\max}$，并绘制饱和含水量与干密度的关系曲线图。

$$w_{\max}=\left[\frac{G_s\rho_w(1+w)-\rho}{G_s\rho}\right]\times 100\% \qquad (T\ 0131-3))$$

或

$$w_{\max}=\left(\frac{\rho_w}{\rho_d}-\frac{1}{G_s}\right)\times 100\% \qquad (T\ 0131-4)$$

式中 $w_{\max}$——饱和含水量(%)，计算至 0.01；

ρ——试样的湿密度(g/cm^3)；

ρ_w——水在 4 ℃时的密度(g/cm^3)；

ρ_d——试样的干密度(g/cm^3)；

G_s——试样土粒相对密度，对于粗粒土，则为土中粗细颗粒的混合相对密度。

w——试样的含水量(%)。

5.4 当试样中有大于 40 mm 的颗粒时，应先取出大于 40 mm 的颗粒，并求得其百分率 p，把小于 40 mm 的部分做击实试验，按下面公式分别对试验所得的最大干密度和最佳含水量进行校正(适用于大于 40 mm 颗粒的含量小于 30%时)。

最大干密度按下式校正：

$$\rho'_{dm}=\frac{1}{\dfrac{1-0.01p}{\rho_{dm}}+\dfrac{0.01p}{\rho_w G'_s}} \qquad (T\ 0131-5)$$

式中 ρ'_{dm}——校正后最大干密度(g/cm^3)，计算至 0.01；

ρ_{dm}——用粒径小于 40 mm 土样试验所得的最大干密度(g/cm^3)；

p——试料中粒径大于 40 mm 颗粒的质量分数(%)；

G'_s——粒径大于 40 mm 颗粒的毛体积相对密度，计算至 0.01。

最佳含水量按下式校正：

$$w'_0=w_0(10.01p)+0.01pw_2 \qquad (T\ 0131-6)$$

式中 w'_0——校正后的最佳含水量(%)，计算至 0.01；

w_0——用粒径小于 40 mm 的土样试验所得的最佳含水量(%)；

p——试料中粒径大于 40 mm 颗粒的质量分数(%)；

w_2——粒径大于 40 mm 颗粒的吸水量(%)。

5.5 精密度和允许差。

本试验须进行两次平行测定,取其算术平均值,允许平行差值应符合表 T 0131－5 规定。

表 T 0131－5 含水量测定的允许平行差值

含水量/%	允许平行差值/%	含水量/%	允许平行差值/%	含水量/%	允许平行差值/%
5 以下	0.3	40 以下	≤1	40 以上	≤2

6. 报告

6.1 土的鉴别分类和代号。

6.2 土的最佳含水量 w_0(%)。

6.3 土的最大干密度 ρ_{dm}(g/cm^3)。

(2)完成本试验需思考的问题及提示。完成"土的击实试验"需思考的问题及提示见表 4.2.1。

表 4.2.1 完成"土的击实试验"需思考的问题及提示

序号	问题	提示	备注
1	轻型和重型的适用范围	根据本试验 1 条确定	—
2	轻型击实法试验条件	根据本试验 2.1 条确定	—
3	重型击实法试验条件	根据本试验 2.1 条确定	—
4	重型击实法需土的质量估计	根据本试验 4.2 条确定	—
5	加水量的计算	正确理解含水量的定义	反思:是否会计算
6	含水量的允许差	根据本试验 5.5 条确定	—

(3)填写试验检测记录表。"土的击实试验检测记录表"填写要求见表 4.2.2。

表 4.2.2 "土的击实试验检测记录表"填写要求

记录表名称	代号	填写要求
土的击实试验检测记录表	本项目 JJ0103	1. 细粒土样和砂砾样品分别填写各自记录 2. 基本信息区内容参照任务单填写。"样品名称"处区分规格 3. 主要仪器设备名称要填写 4. 数据区用铅笔填,教师批阅后可修改 5. 绘制击实曲线图 6. 落款区"试验"处本人签名;"复核"处小组长签名

2. 测定土的 CBR 值

细粒土样和砂砾样品的 CBR 值的试验方法相同。

(1)试验方法。

T 0134—1993 承载比(CBR)试验

1. 目的和适用范围

1.1 本试验方法只适用于在规定的试筒内制件后,对各种土和路面的基层、底基层材料进行承载比试验。

1.2 试样的最大粒径宜控制在 20 mm 以内，最大不得超过 40 mm 且含量不超过 5%。

2. 仪器设备

2.1 圆孔筛：孔径 40 mm、20 mm 及 5 mm 筛各 1 个。

2.2 试筒：内径 152 mm、高 170 mm 的金属圆筒；套环，高 50 mm；筒内垫块，直径 151 mm、高 50 mm；夯击底板，同击实仪。试筒的形式和主要尺寸如图 T 0134－1 所示，也可用(T 0131—2007)击实试验的大击实筒。

2.3 夯锤和导管：夯锤的底面直径 50 mm，总质量 4.5 kg。夯锤在导管内的总行程为 450 mm，夯锤的形式和尺寸与重型击实试验法所用相同。

2.4 贯入杆，端面直径 50 mm、长约 100 mm 的金属柱。

2.5 路面材料强度仪或其他荷载装置：能量不小于 50 kN，能调节贯入速度至每分钟 1 mm，可采用测力计式，如图 T 0134－2 所示。

2.6 百分表：3 个。

2.7 试件顶面上的多孔板(测试件吸水时的膨胀量)，如图 T 0134－3 所示。

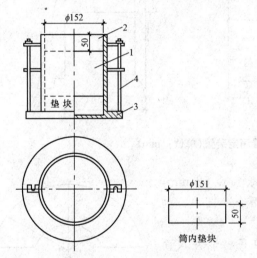

图 T 0134－1 承载比试筒(单位：mm)

1—试筒；2—套环；3—夯击底板；4—拉杆

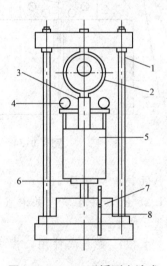

图 T 0134－2 手摇测力计式荷载装置

1—框架；2—量力环；3—贯入杆；4—百分表；5—试件；6—升降台；7—蜗轮蜗杆箱；8—摇把

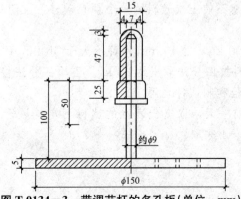

图 T 0134－3 带调节杆的多孔板(单位：mm)

2.8 多孔底板(试件放上后浸泡于水中)。
2.9 测膨胀量时支承百分表的架子,如图 T 0134—4 所示。或采用压力传感器测试。

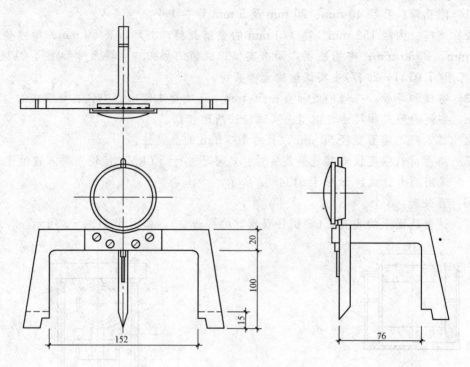

图 T 0134—4 膨胀量测定装置(单位:mm)

2.10 荷载板:直径 150 mm,中心孔眼直径 52 mm,每块质量 1.25 kg,共 4 块,并沿直径分为两个半圆块,如图 T 0134—5 所示。

2.11 水槽:浸泡试件用,槽内水面应高出试件顶面 25 mm。

2.12 其他:台秤,感量为试件用量的 0.1%;拌合盘、直尺、滤纸、脱模器等与击实试验相同。

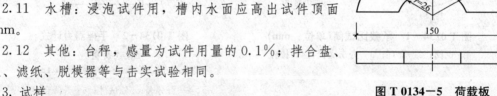

图 T 0134—5 荷载板（单位:mm）

3. 试样

将具有代表性的风干试料(必要时可在 50 ℃烘箱内烘干)用木碾捣碎,但尽量注意不使土或粒料的单个颗粒破碎。土团均应捣碎到可以通过 5 mm 的筛孔。

采取有代表性的试料 50 kg,用 40 mm 筛筛除大于 40 mm 的颗粒,并记录超尺寸颗粒的百分数。将已过筛的试料按四分法取出约 25 kg。再用四分法将取出的试料分成 4 份,每份质量为 6 kg,供击实试验和制试件之用。

在预定做击实试验的前一天,取有代表性的试料测定其风干含水量。测定含水量用的试样数量可参照表 T 0134—1 采取。

表 T 0134-1 测定含水量用的试样的数量

最大粒径/mm	试样质量/g	个数
<5	15~20	2
约5	约50	1
约20	约250	1
约40	约500	1

4. 试验步骤

4.1 称试筒本身质量(m_1),将试筒固定在底板上,将垫块放入筒内,并在垫块上放一张滤纸,安上套环。

4.2 将试料按表 T 0134-2 中 Ⅱ-2 规定的层数和每层击数进行击实,求试料的最大干密度和最佳含水量。

表 T 0134-2 击实试验方法种类

试验方法	类别	锤底直径/cm	锤质量/kg	落高/cm	试筒尺寸 内径/cm	试筒尺寸 高/cm	试样尺寸 高度/cm	试样尺寸 体积/cm³	层数	每层击数	击实功/(kJ·m⁻³)	最大粒径/mm
轻型	Ⅰ-1	5	2.5	30	10	12.7	12.7	997	3	27	598.2	20
轻型	Ⅰ-2	5	2.5	30	15.2	17	12	2 177	3	59	598.2	40
重型	Ⅱ-1	5	4.5	45	10	12.7	12.7	997	3	27	2 687.0	20
重型	Ⅱ-2	5	4.5	45	15.2	17	12	2 177	3	98	2 677.2	40

4.3 将其余3份试料,按最佳含水量制备3个试件。将一份试料平铺于金属盘内,按事先计算所得的该份试料应加的水量[按式(T 0134-1)]均匀地喷洒在试料上。

$$m_w = \frac{m_i}{1+0.01w_i} \times 0.01(w-w_i) \quad (T\ 0134-1)$$

式中 m_w——所需的加水量(g);

m_i——含水量 w_i 时土样的质量(g);

w_i——土样原有的含水量(%);

w——要求达到的含水量(%)。

用小铲将试料充分拌合到均匀状态,然后装入密闭容器或塑料口袋内浸润备用。

浸润时间:重黏土不得少于24 h,轻黏土可缩短到12 h,砂土可缩短到1 h,天然砂砾可缩短到2 h左右。

制每个试件时,都要取样测定试料的含水量。

注:需要时,可制备三种干密度试件。如每种干密度试件制3个,则共制9个试件。每层击数分别为30、50和98次,使试件的干密度从低于95%到等于100%的最大干密度。这样,9个试件共需要试料约55 kg。

4.4 将试筒放在坚硬的地面上,取备好的试样分3次倒入筒内(视最大料粒径而定),每层需试样1 700 g左右(其量应使击实后的试样高出1/3筒高1~2 mm)。整平表面,并稍加压紧,然后按规定的击数进行第一层试样的击实,击实时锤应自由垂直落下,锤迹必须均匀分布于试样面上。第一层击实完后,将试样层面"拉毛",然后再装入套筒,重复上述方法进行其余每层试样的击实。大试筒击实后,试样不宜高出筒高的10 mm。

4.5 卸下套环，用直刮刀沿试筒顶修平击实的试件，表面不平整处用细料修补。取出垫块，称试筒和试件的总质量（m_2）。

4.6 泡水测膨胀量的步骤如下：

4.6.1 在试件制成后，取下试件顶面的破残滤纸，放一张新滤纸，并在其上安装附有调节杆的多孔板，在多孔板上加4块荷载板。

4.6.2 将试筒与多孔板一起放入槽内（先不放水），并用拉杆将模具拉紧，安装百分表，并读取初读数。

4.6.3 向水槽内放水，使水自由进到试件的顶部和底部。在泡水期间，槽内水面应保持在试件顶面以上大约 25 mm。通常试件要泡水4昼夜。

4.6.4 水泡终了时，读取试件上百分表的终读数，并用下式计算膨胀量：

$$肿胀量 = \frac{泡水后试件高度变化}{原试件高(120\ mm)} \times 100\% \qquad (T\ 0134-2)$$

4.6.5 从水槽中取出试件，倒出试件顶面的水，静置 15 min 让其排水，然后卸去附加荷载和多孔板、底板和滤纸，并称量（m_3），以计算试件的湿度和密度的变化。

4.7 贯入试验。

4.7.1 将泡水试验终了的试件放到路面材料强度试验仪的升降台上，调整偏球座，对准、整平并使贯入杆与试件顶面全面接触，在贯入杆周围放置4块荷载板。

4.7.2 先在贯入杆上施加 45 N 的荷载，然后将测力和测变形的百分表指针均调整至整数，并记录起始读数。

4.7.3 加荷使贯入杆以 1~1.25 mm/min 的速度压入试件，同时测记三个百分表的读数。记录测力计内百分表某些整读数（如 20、40、60）时的贯入量，并注意使贯入量为 250×10^{-2} mm 时，能有5个以上的读数。因此，测力计内的第一个读数应是贯入量 30×10^{-2} mm 左右。

5. 结果整理

5.1 以单位压力（p）为横坐标，贯入量（l）为纵坐标，绘制 p-l 关系曲线，如图 T 0134-6 所示。图上曲线1是合适的。曲线2开始段是凹曲线，需要进行修正。修正时在变曲率点引一条切线，与纵坐标交于 O' 点，O' 即为修正后的原点。

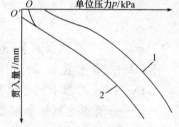

图 T 0134-6 单位压力与贯入量的关系曲线

5.2 一般采用贯入量为 2.5 mm 时的单位压力与标准压力之比作为材料的承载比（CBR）。

即

$$CBR = \frac{P}{7\ 000} \times 100\% \qquad (T\ 0134-3)$$

式中 CBR——承载比（%），计算至0.1；
     P——单位压力（kPa）。

同时计算贯入量为 5 mm 时的承载比：

$$CBR = \frac{P}{10\ 500} \times 100\% \qquad (T\ 0134-4)$$

如贯入量为 5 mm 时的承载比大于 2.5 mm 时的承载比，则试验应重做。如结果仍然如此，则采用 5 mm 时的承载比。

5.3 试件的湿密度用下式计算：

$$\rho = \frac{m_2 - m_1}{2\ 177} \qquad (T\ 0134-5)$$

式中 ρ——试件的湿密度(g/cm³)，计算至0.01；

m_2——试筒和试件的合质量(g)；

m_1——试筒的质量(g)；

2 177——试筒的容积(cm³)。

5.4 试件的干密度用下式计算：

$$\rho_d = \frac{\rho}{1+0.01w} \qquad (T\ 0134-6)$$

式中 ρ_d——试件的干密度(g/cm³)，计算至0.01；

w——试件的含水量(%)。

5.5 泡水后试件的吸水量按下式计算：

$$w_a = m_3 - m_2 \qquad (T\ 0134-7)$$

式中 w_a——泡水后试件的吸水量(g)；

m_3——泡水后试筒和试件的总质量(g)；

m_2——试筒和试件的总质量(g)。

5.6 本试验记录格式见《公路土工试验规程》(JTG E40—2007)。

5.7 精密度和允许差

如根据3个平行试验结果计算得的承载比变异系数 C_v 大于12%，则去掉一个偏离大的值，取其余两个结果的平均值。如 C_v 小于12%，且3个平行试验结果计算的干密度偏差小于0.03 g/cm³，则取3个结果的平均值。如3个试验结果计算的干密度偏差超过0.03 g/cm³，则去掉一个偏离大的值，取其两个结果的平均值。

承载比小于100，相对偏差不大于5%；承载比大于100，相对偏差不大于10%。

6. 报告

6.1 材料的颗粒组成的最佳含水量(%)和最大干密度(g/cm³)。

6.2 材料的承载比(%)。

6.3 材料的膨胀量(%)。

2)完成本试验需思考的问题及提示。完成"土的承载比试验"需思考的问题及提示见表4.2.3。

表4.2.3 完成"土的承载比试验"需思考的问题提示

序号	问题	提示	备注
1	本试验的适用范围	根据本试验1.1条确定	思考基层材料的类别，那些基层材料的强度用CBR表示
2	成型试件时要求的含水量	根据本试验4.3条确定	反思会不会进行加水量的计算
3	泡水的时间长	根据本试验4.6.3条确定	—
4	膨胀量的计算公式	根据本试验4.6.4条确定	—
5	贯入试验时先在贯入杆上施加多大的荷载	根据本试验4.7.1条确定	思考为什么要加预荷载
6	贯入量为2.5mm时的单位压力如何得到	根据本试验5.1和5.2条确定	根据曲线查出
7	对应所需压实度CBR的求取方法	—	绘制CBR和干密度的曲线

(3)填写试验检测记录表。"土的承载比试验检测记录表"填写要求见表4.2.4。

表4.2.4 "土的承载比试验检测记录表"填写要求

记录表名称	代号	填写要求
土的承载比试验检测记录表	本项目报告续页 JJ0105	1. 本试验记录表共13页 2. 基本信息区内容参照任务单填写 3. 主要仪器设备名称要填写 4. 数据区用铅笔填,教师批阅后可修改 5. 试件组数用"1、2、3"表示,试件编号用"1-1、1-2、1-3"等表示 5. 落款区"试验"处本人签名;"复核"处小组长签名 6. 细粒土样和砂砾样品分别填写各自记录表,基本信息区规格要写清楚

二、编制检测报告

1. 路基填土的要求

《公路路基施工技术规范》(JTG F10—2006)要求路基填料应符合下列规定:

(1)含草皮、生活垃圾、树根、腐殖质的土严禁作为路基填料。

(2)泥炭、淤泥、冻土、强膨胀土、有机质土及易溶盐超过允许含量的土,不得直接用于填筑路基;确需使用时,必须采取技术措施进行处理,经检验满足设计要求后方可使用。

(3)液限大于50%,塑性指数大于26、含水量不适宜直接压实的细粒土,不得直接作为路堤填料;需要使用时,必须采取技术措施处理,经检验满足设计要求后方可使用。

(4)粉质土不宜直接填筑于路床,不得直接填筑于浸水部分的路堤及冰冻地区的路床。

(5)填料强度和粒径,应符合表4.2.5的规定。

表4.2.5 路基填料最小强度和最大粒径要求

填料应用部位 (路床顶面以下深度)/m		填料最小强度(CBR)/%			填料最大粒径/mm
		高速公路、一级公路	二级公路	三、四级公路	
填方路基	上路床(0~0.30)	8	6	5	100
	下路床(0.30~0.80)	5	4	3	100
	上路堤(0.80~1.50)	4	3	3	150
	下路堤(>1.50)	3	3	2	150
零填方及挖方路基	0~0.30	8	6	5	100
	0.30~0.80	5	4	3	100

2. 土质路基压实度标准

《公路路基施工技术规范》(JTG F10—2006)要求土质路基压实度应符合表4.2.6的规定。

表 4.2.6 土质路基压实度标准

填挖类型		路床顶面以下深度/m	填料最小强度(CBR)/%		
			高速公路、一级公路	二级公路	三、四级公路
填方路基	上路床	0～0.30	≥96	≥95	≥94
	下路床	0.30～0.80	≥96	≥95	≥94
	上路堤	0.80～1.50	≥94	≥94	≥93
	下路堤	>1.50	≥93	≥92	≥90
零填方及挖方路基		0～0.30	≥96	≥95	≥94
		0.30～0.80	≥96	≥95	—

3. 路基填土试验检测报告编制要求

路基填土试验检测报告编制要求见表 4.2.7。

表 4.2.7 "路基填土试验检测报告"编制要求

检测报告名称	代号	填写要求
土工试验检测报告	本项目报告续页 JB010101	1. 本报告与土的分类命名为同一报告 2. 基本信息区参照委托单内容填写 3. 主要仪器设备名称要填写 4. 数据区填写其余项目，用签字笔填写，错误处按规定要求"修改"并在修改处签名 5. 检测结论要严谨准确 6. 细粒土样和砂砾样品各自编制检测报告 7. 空白格中打横杠

任务三 出具检验报告书

任务描述

本任务是在任务一、任务二的试验检测记录表及试验报告表的基础上，出具细粒土样及砂砾样品的检验报告书。

一、检验报告书包含内容

(1)细粒土样和砂砾样品分别编制各自的检验报告书。
(2)每份检验报告书应包括封面、封二、首页及报告续页。

二、检验报告书格式要求

(1)检验书分封面、封二、首页及报告续页。
(2)填写封面、首页。
1)封面"检验类别"为委托检验。

2)首页检验依据为"《公路路基施工技术规范》(JTG F10—2006)/设计文件"。

3)主要仪器设备为该项目涉及的主要设备。

4)检测结论要严谨准确。

5)试验环境为"温度""湿度"。

6)"批准人"为指导教师签名;"审核人"为小组长签名;"主检人"为本人签名;"录入"及"校对"处为任意两名同学签名。

7)空白格中打横杠。

8)用签字笔填写。

(3)将土工试验检测报告作为报告续页附在首页后。

(4)将检验报告书从首页开始,加上报告续页开始编页码。

(5)报告书装订成册。

参 考 文 献

[1] 中华人民共和国交通行业标准.JTG E40—2007 公路土工试验规程[S].北京：人民交通出版社，2007.
[2] 中华人民共和国交通行业标准.JTG E42—2005 公路工程集料试验规程[S].北京：人民交通出版社，2005.
[3] 中华人民共和国交通行业标准.JTG E30—2005 公路工程水泥及水泥混凝土试验规程[S].北京：人民交通出版社，2005.
[4] 中华人民共和国交通行业标准.JTG E51—2009 公路工程无机结合料稳定材料试验规程[S].北京：人民交通出版社，2009.
[5] 中华人民共和国交通行业标准.JTG E20—2011 公路工程沥青及沥青混合料试验规程[S].北京：人民交通出版社，2011.
[6] 中华人民共和国交通行业标准.JTG F40—2004 公路沥青路面施工技术规范[S].北京：人民交通出版社，2004.
[7] 中华人民共和国交通行业标准.JTG/T F50—2011 公路桥涵施工技术规范[S].北京：人民交通出版社，2011.
[8] 中华人民共和国国家标准.GB/T 1346—2011 水泥标准稠度用水量、凝结时间、体积安定性检验方法[S].北京：中国标准出版社，2011.
[9] 中华人民共和国国家标准.GB/T 8074—2008 水泥比表面积测定方法勃氏法[S].北京：中国标准出版社，2008.
[10] 中华人民共和国交通行业标准.JTG F10—2006 公路路基施工技术规范[S].北京：人民交通出版社，2006.
[11] 中华人民共和国交通行业标准.JTG/T F20—2015 公路路面基层施工技术细则[S].北京：人民交通出版社，2015.
[12] 中华人民共和国交通运输行业标准.JT/T 828—2012 公路试验检测数据报告编制导则[S].北京：人民交通出版社，2012.
[13] 中华人民共和国国家标准.GB 175—2007 通用硅酸盐水泥[S].北京：中国标准出版社，2007.
[14] 中华人民共和国行业标准.JGJ 55—2011 普通混凝土配合比设计规程[S].北京：中国建筑工业出版社，2011.
[15] 张俊红.道路建筑材料[M].重庆：重庆大学出版社，2014.

《道路建筑材料综合实训》记录本

专　　业：＿＿＿＿＿＿＿＿＿＿＿＿＿＿＿

班　　级：＿＿＿＿＿＿＿＿＿＿＿＿＿＿＿

组　　别：＿＿＿＿＿＿＿＿＿＿＿＿＿＿＿

姓　　名：＿＿＿＿＿＿＿＿＿＿＿＿＿＿＿

学　　号：＿＿＿＿＿＿＿＿＿＿＿＿＿＿＿

实训时间：＿＿＿＿＿＿＿＿＿＿＿＿＿＿＿

指导老师：＿＿＿＿＿＿＿＿＿＿＿＿＿＿＿

目 录

项目一　AC-13沥青混合料配合比设计 ……………………………………… (1)

一、实训日志 ……………………………………………………………… (1)
二、配合比设计流程图 …………………………………………………… (7)
三、试验检测记录、检验报告 …………………………………………… (8)
粗集料筛分试验检测记录表（水洗法） JJ0201b ………………………… (8)
粗集料密度及吸水率试验检测记录表　JJ0208a ………………………… (10)
粗集料压碎值试验检测记录表　JJ0203 …………………………………… (12)
粗集料洛杉矶磨耗值试验检测记录表　JJ0204 …………………………… (13)
粗集料针、片状颗粒含量试验检测记录表（游标卡尺法） JJ0202b …… (15)
细集料表观密度试验检测记录表（容量瓶法） JJ0209b ………………… (17)
细集料含泥量试验检测记录表（筛洗法） JJ0206 ……………………… (19)
细集料砂当量试验检测记录表　JJ0207 …………………………………… (20)
细集料筛分试验检测记录表（水洗法） JJ0201d ………………………… (21)
矿粉试验检测记录表　JJ0201e ……………………………………………… (23)
矿质混合料配合比设计试验检测记录表　JJ0901 ………………………… (24)
沥青密度和相对密度试验检测记录表　JJ0801 …………………………… (26)
沥青三大指标试验检测记录表　JJ0802 …………………………………… (27)
沥青混合料理论最大相对密度试验检测记录表（真空法） JJ0907 …… (28)
沥青混合料（浸水）马歇尔试验检测记录表　JJ0901 …………………… (29)
检验报告 ……………………………………………………………………… (34)
四、实训总结 ……………………………………………………………… (46)

项目二　C25水泥混凝土配合比设计 ……………………………………… (47)

一、实训日志 ……………………………………………………………… (47)
二、配合比设计流程图 …………………………………………………… (53)
三、试验检测记录、检验报告 …………………………………………… (54)
粗集料筛分试验检测记录表（干筛法） JJ0201a ………………………… (54)
粗集料密度及吸水率试验检测记录表　JJ0208a ………………………… (56)
粗集料压碎值试验检测记录表　JJ0203 …………………………………… (58)
粗集料针、片状颗粒含量试验检测记录表（规准仪法） JJ0202a ……… (59)
粗集料堆积密度及空隙率试验检测记录表　JJ0209a …………………… (61)
矿质混合料配合比设计试验检测记录表　JJ0504a ……………………… (63)
粗集料筛分试验检测记录表（干筛法） JJ0201a ………………………… (65)
粗集料密度及吸水率试验检测记录表　JJ0208a ………………………… (66)
细集料筛分试验检测记录表（干筛法） JJ0201c ………………………… (67)

  细集料表观密度试验检测记录表(容量瓶法)　JJ0209b ········· (68)
  细集料堆积密度及紧装密度试验检测记录表　JJ0209a ········· (69)
  细集料含泥量试验检测记录表(筛洗法)　JJ0206 ················· (70)
  水泥细度、比表面积试验检测记录表　JJ0402 ······················ (71)
  水泥标准稠度用水量、凝结时间、安定性试验检测记录表　JJ0403 ··· (72)
  水泥胶砂强度试验检测记录表　JJ0406 ······························· (73)
  水泥混凝土配合比设计试验检测记录表　JJ0504a ··············· (74)
  检验报告 ·· (77)
 四、实训总结 ·· (87)

项目三　水泥稳定级配碎石配合比设计 ························· (88)

 一、实训日志 ·· (88)
 二、配合比设计流程图 ·· (94)
 三、试验检测记录、检验报告 ··· (95)
  粗集料筛分试验检测记录表(水洗法)　JJ0201b ··················· (95)
  粗集料压碎值试验检测记录表　JJ0203 ······························· (98)
  粗集料针、片状颗粒含量试验检测记录表(游标卡尺法)　JJ0202b ··· (100)
  粗集料含泥量及泥块含量试验检测记录表　JJ0215 ············· (103)
  细集料筛分试验检测记录表(水洗法)　JJ0201d ·················· (106)
  土的界限含水量试验检测记录表(液塑限联合测定仪法)　JJ0102a ··· (107)
  矿质混合料配合比设计试验检测记录表　JJ0700 ················ (108)
  水泥细度、比表面积试验检测记录表　JJ0402 ···················· (110)
  水泥标准稠度用水量、凝结时间、安定性试验检测记录表　JJ0403 ··· (111)
  水泥胶砂强度试验检测记录表　JJ0406 ······························· (112)
  无机结合料稳定材料击实试验检测记录表　JJ0701 ············· (113)
  无机结合料稳定材料无侧限抗压强度试验检测记录表　JJ0703 ··· (118)
  检验报告 ·· (123)
 四、实训总结 ·· (142)

项目四　路基填土指标检测 ······································· (143)

 一、实训日志 ·· (143)
 二、细粒土样的试验检测记录、检验报告 ··························· (149)
  土的击实试验检测记录表　JJ0103 ··································· (149)
  土的界限含水量试验检测记录表(液塑限联合测定仪法)　JJ0102a ··· (150)
  土的承载比 CBR 试验检测记录表　JJ0105 ························ (151)
  检验报告 ·· (164)
 三、砂砾样品的试验检测记录、检验报告 ··························· (168)
  土的颗粒分析试验检测记录表(筛分法)　JJ0101a ················ (168)
  土的击实试验检测记录表　JJ0103 ··································· (169)
  土的承载比 CBR 试验检测记录表　JJ0105 ························ (170)
  检验报告 ·· (183)
 四、实训总结 ·· (187)

项目一　AC-13 沥青混合料配合比设计

一、实训日志

日期		天气	
实训任务			
主要仪器设备			
实训任务要求			
任务实施过程遇到的问题及解决方法			
任务实施结果			
备注			

日期		天气	
实训任务			
主要仪器设备			
实训任务要求			
任务实施过程遇到的问题及解决方法			
任务实施结果			
备注			

日期		天气	
实训任务			
主要仪器设备			
实训任务要求			
任务实施过程遇到的问题及解决方法			
任务实施结果			
备注			

日期		天气		组目	
实训任务					
主要仪器设备					
实训任务要求					
任务实施过程遇到的问题及解决方法					
任务实施结果					
备注					

日期		天气	
实训任务			
主要仪器设备			
实训任务要求			
任务实施过程遇到的问题及解决方法			
任务实施结果			
备注			

日期		天气	
实训任务			
主要仪器设备			
实训任务要求			
任务实施过程遇到的问题及解决方法			
任务实施结果			
备注			

二、配合比设计流程图

三、试验检测记录、检验报告

第 页，共 页

粗集料筛分试验检测记录表（水洗法）

JJ0201b

试验室名称：　　　　　　　　　　　　　　　　　　　　　　记录编号：

工程部位/用途				委托/任务编号						
试验依据				样品编号						
样品名称				样品描述						
试验条件				试验日期						
主要仪器及编号										
干燥试样总量/g		第一组				第二组				平均值
水洗后筛上总量/g										
水洗后0.075mm筛下量/g										
0.075mm通过率/%										

	筛孔尺寸/mm	筛上重/g	分计筛余/%	累计筛余/%	通过百分率/%	筛上重/g	分计筛余/%	累计筛余/%	通过百分率/%	平均通过百分率/%
水洗后干筛法筛分	31.5									
	26.5									
	19									
	16									
	13.2									
	9.5									
	4.75									
	2.36									
	1.18									
	0.6									
	0.3									
	0.15									
	0.075									
	底盘									
	干筛后总量/g									
	损耗/g									
	损耗率/%									
	扣除损耗后总量/g									

备注：

试验：　　　　　　　　　　　复核：　　　　　　　　　　日期：　　年　月　日

第 页，共 页

粗集料筛分试验检测记录表(水洗法)

JJ0201b

试验室名称： 记录编号：

工程部位/用途		委托/任务编号	
试验依据		样品编号	
样品名称		样品描述	
试验条件		试验日期	
主要仪器及编号			

		第一组				第二组				
干燥试样总量/g										平均值
水洗后筛上总量/g										
水洗后 0.075 mm 筛下量/g										
0.075 mm 通过率/%										

	筛孔尺寸/mm	筛上重/g	分计筛余/%	累计筛余/%	通过百分率/%	筛上重/g	分计筛余/%	累计筛余/%	通过百分率/%	平均通过百分率/%
水洗后干筛法筛分	31.5									
	26.5									
	19									
	16									
	13.2									
	9.5									
	4.75									
	2.36									
	1.18									
	0.6									
	0.3									
	0.15									
	0.075									
	底盘									
	干筛后总量/g									
损耗/g										
损耗率/%										
扣除损耗后总量/g										

备注：

试验： 复核： 日期： 年 月 日

第 页，共 页

粗集料密度及吸水率试验检测记录表

JJ0208a

试验室名称： 记录编号：

工程部位/用途		委托/任务编号		试验依据	
样品编号		样品名称		样品规格	
样品描述		试验条件		试验日期	
主要仪器及编号					

试验数据及吸水率						
水温 /℃	水密度 /(g·cm^{-3})	集料水中质量 /g	集料表干质量 /g	集料烘干质量 /g	吸水率单值 /%	吸水率平均值 /%

密度											
集料表观相对密度		集料表干相对密度		集料毛体积相对密度		集料表观密度 /(g·cm^{-3})		集料表干密度 /(g·cm^{-3})		集料毛体积密度 /(g·cm^{-3})	
单值	平均值	单值	平均值	单值	平均值	单值	平均值	单值	平均值	单值	平均值

备注：

试验： 复核： 日期： 年 月 日

第 页，共 页

粗集料密度及吸水率试验检测记录表

JJ0208a

试验室名称： 记录编号：

工程部位/用途		委托/任务编号		试验依据	
样品编号		样品名称		样品规格	
样品描述		试验条件		试验日期	

主要仪器及编号	

试验数据及吸水率							
水温 /℃	水密度 /(g·cm⁻³)	集料水中质量 /g	集料表干质量 /g	集料烘干质量 /g	吸水率单值 /%		吸水率平均值 /%

密度											
集料表观相对密度		集料表干相对密度		集料毛体积相对密度		集料表观密度 /(g·cm⁻³)		集料表干密度 /(g·cm⁻³)		集料毛体积密度 /(g·cm⁻³)	
单值	平均值	单值	平均值	单值	平均值	单值	平均值	单值	平均值	单值	平均值

备注：

试验： 复核： 日期： 年 月 日

第 页，共 页

粗集料压碎值试验检测记录表

JJ0203

试验室名称：　　　　　　　　　　　　　　　　　　　　　　　　　　　　记录编号：

工程部位/用途		委托/任务编号	
试验依据		样品编号	
样品名称		样品描述	
试验条件		试验日期	
主要仪器及编号			

金属筒中石料数量/g	

试验次数	试验前试样质量/g	通过2.36 mm筛质量/g	压碎值/%	压碎值测定值/%	压碎值换算值/%

备注：

试验：　　　　　　　　　　　　　复核：　　　　　　　　　　日期：　　年　月　日

第 页，共 页

粗集料洛杉矶磨耗值试验检测记录表

JJ0204

试验室名称： 记录编号：

工程部位/用途		委托/任务编号	
试验依据		样品编号	
样品名称		样品描述	
试验条件		试验日期	
主要仪器及编号			

粒度类别	粒级组成/mm	试样质量/g	试样总质量/g

钢球个数/个		钢球总质量/g	
转动次数/转		转动速度/(r·min^{-1})	

试验次数	试验前试样质量/g	试验后试验质量/g	磨耗损失率/%	
			单值/%	平均值/%

备注：

试验： 复核： 日期： 年 月 日

第 页，共 页

粗集料洛杉矶磨耗值试验检测记录表

JJ0204

试验室名称： 　　　　　　　　　　　　　　　　　　　　　　　　　　记录编号：

工程部位/用途		委托/任务编号	
试验依据		样品编号	
样品名称		样品描述	
试验条件		试验日期	
主要仪器及编号			

粒度类别	粒级组成/mm	试样质量/g	试样总质量/g

钢球个数/个		钢球总质量/g	
转动次数/转		转动速度/($r \cdot min^{-1}$)	

试验次数	试验前试样质量/g	试验后试验质量/g	磨耗损失率/%	
			单值/%	平均值/%

备注：

试验： 　　　　　　　　　　　　　　复核： 　　　　　　　　　　　　日期： 　年　月　日

第 页，共 页

粗集料针、片状颗粒含量试验检测记录表(游标卡尺法)

JJ0202b

试验室名称：　　　　　　　　　　　　　　　　　　　　　　　　　　　　记录编号：

工程部位/用途		委托/任务编号		试验依据	
样品编号		样品名称		样品规格	
样品描述		试验条件		试验日期	

主要仪器及编号	

试样编号							
集料种类	试验用集料质量/g	扁平细长比例大于3的针、片状颗粒质量/g	针、片状颗粒含量/%	试验用集料质量/g	扁平细长比例大于3的针、片状颗粒质量/g	针、片状颗粒含量/%	针、片状颗粒平均含量/%
混合料							
粒径大于9.5 mm							
粒径小于9.5 mm							

备注：

试验：　　　　　　　　　　　　复核：　　　　　　　　　　日期：　　年　月　日

第 页，共 页

粗集料针、片状颗粒含量试验检测记录表(游标卡尺法)

JJ0202b

试验室名称： 记录编号：

工程部位/用途		委托/任务编号		试验依据	
样品编号		样品名称		样品规格	
样品描述		试验条件		试验日期	

主要仪器及编号	

试样编号							
集料种类	试验用集料质量/g	扁平细长比例大于3的针、片状颗粒质量/g	针、片状颗粒含量/%	试验用集料质量/g	扁平细长比例大于3的针、片状颗粒质量/g	针、片状颗粒含量/%	针、片状颗粒平均含量/%
混合料							
粒径大于9.5 mm							
粒径小于9.5 mm							

备注：

试验： 复核： 日期： 年 月 日

第 页，共 页

细集料表观密度试验检测记录表（容量瓶法）

JJ0209b

试验室名称： 　　　　　　　　　　　　　　　　　　　　　　　　　记录编号：

工程部位/用途		委托/任务编号	
试验依据		样品编号	
样品名称		样品描述	
试验条件		试验日期	
主要仪器及编号			

试验次数	水温 t /℃	试样烘干质量/g	试样、水及容量瓶总质量/g	水及容量瓶总质量/g	表观密度 /(g·cm^{-3})	平均表观密度 /(g·cm^{-3})	平均表观相对密度

备注：

试验：　　　　　　　　　　　复核：　　　　　　　　　日期：　年　月　日

第 页，共 页

细集料表观密度试验检测记录表（容量瓶法）

JJ0209b

试验室名称： 记录编号：

工程部位/用途		委托/任务编号	
试验依据		样品编号	
样品名称		样品描述	
试验条件		试验日期	
主要仪器及编号			

试验次数	水温 t /℃	试样烘干质量/g	试样、水及容量瓶总质量/g	水及容量瓶总质量/g	表观密度 /(g·cm^{-3})	平均表观密度 /(g·cm^{-3})	平均表观相对密度

备注：

试验： 复核： 日期： 年 月 日

第 页，共 页

细集料含泥量试验检测记录表(筛洗法)

JJ0206

试验室名称：　　　　　　　　　　　　　　　　　　　　　　　　　　记录编号：

工程部位/用途		委托/任务编号	
样品编号		样品名称	
样品描述		试验依据	
试验条件		试验日期	
主要仪器及编号			

试验次数	试验前烘干试样质量/g	试验后烘干试样质量/g	含泥量/%	平均含泥量/%

备注：

试验：　　　　　　　　　　　　复核：　　　　　　　　日期：　年　月　日

第 页，共 页

细集料砂当量试验检测记录表

JJ0207

试验室名称：　　　　　　　　　　　　　　　　　　　　　　　　　　　记录编号：

工程部位/用途		委托/任务编号		样品编号	
样品名称		样品描述		试验依据	
试验条件		试验日期			
主要仪器及编号					

含水量计算	容器质量/g	未烘干试样与容器总质量/g	烘干后试样与容器总质量/g	含水量/%	含水量平均值/%

砂当量计算	相当干燥试样120g的潮湿试样质量/g	试筒内温度/℃	试筒底部到絮状凝结物上液面的高度/mm	试筒底部到沉淀部分上液面的高度/mm	砂当量/%	砂当量平均值/%

备注：

试验：　　　　　　　　　　　　　复核：　　　　　　　　　　　日期：　　年　月　日

第 页，共 页

细集料筛分试验检测记录表(水洗法)

JJ0201d

试验室名称： 记录编号：

工程部位/用途		委托/任务编号	
样品编号		样品名称	
样品描述		试验依据	
试验条件		试验日期	
主要仪器及编号			

试验次数	水洗前烘干试样总质量/g	水洗后烘干试样总质量/g	集料中小于 0.075 mm 的颗粒含量/%	
			单值	平均值
1				
2				

干燥试样总量/g	第一组				第二组				平均通过百分率/%
筛孔尺寸/mm	分计质量/g	分计筛余/%	累计筛余/%	通过百分率/%	分计质量/g	分计筛余/%	累计筛余/%	通过百分率/%	
合计质量	合计1=							合计2=	
细度模数	$M_{x_1}=$			$M_{x_2}=$				细度模数平均值=	

备注：

试验： 复核： 日期： 年 月 日

第 页，共 页

细集料筛分试验检测记录表(水洗法)

JJ0201d

试验室名称：　　　　　　　　　　　　　　　　　　　　　　　　　记录编号：

工程部位/用途		委托/任务编号	
样品编号		样品名称	
样品描述		试验依据	
试验条件		试验日期	
主要仪器及编号			

试验次数	水洗前烘干试样总质量/g	水洗后烘干试样总质量/g	集料中小于0.075 mm的颗粒含量/%	
			单值	平均值
1				
2				

干燥试样总量/g	第一组				第二组				平均通过百分率/%
筛孔尺寸/mm	分计质量/g	分计筛余/%	累计筛余/%	通过百分率/%	分计质量/g	分计筛余/%	累计筛余/%	通过百分率/%	
合计质量	合计1＝				合计2＝				
细度模数	$M_{x_1}=$				$M_{x_2}=$			细度模数平均值＝	

备注：

试验：　　　　　　　　　　　　　　　复核：　　　　　　　　　　　　日期：　　年　月　日

第 页，共 页

矿粉试验检测记录表

JJ0201e

试验室名称：　　　　　　　　　　　　　　　　　　　　　　　记录编号：

工程部位/用途		委托/任务编号	
样品编号		样品名称	
样品描述		试验依据	
试验条件		试验日期	
主要仪器及编号			

筛分试验

试样质量/g	第一组			第二组			平均累计筛余率/%	通过百分率/%
筛孔尺寸/mm	分计质量/g	分计筛余/%	累计筛余/%	分计质量/g	分计筛余/%	累计筛余/%		
0.6								
0.3								
0.15								
0.075								
<0.075								

密度试验

试验次数	试验温度/℃	t ℃时水的密度/(g·cm^{-3})	器皿及矿粉干燥质量/g		比重瓶读数/mL		矿粉密度/(g·cm^{-3})		矿粉相对密度
			试验前	试验后	加矿粉前	加矿粉后	单值	平均值	
1									
2									

备注：

试验：　　　　　　　　　　　　　复核：　　　　　　　　　　　日期：　　年　月　日

第 页，共 页

矿质混合料配合比设计试验检测记录表

JJ0901

试验室名称： 记录编号：

工程部位/用途		委托/任务编号		样品编号	
样品名称		试验依据		样品描述	
试验条件		试验日期			
主要仪器设备及编号					

材料名称	配合比/%	筛孔尺寸/mm										
		通过百分率/%										
合成级配												
规定通过百分率/%												

备注：

试验： 复核： 日期： 年 月 日

第 页，共 页

矿质混合料配合比设计试验检测记录表

JJ0901

试验室名称： 记录编号：

工程部位/用途		委托/任务编号		样品编号	
样品名称		试验依据		样品描述	
试验条件		试验日期			
主要仪器设备及编号					

图解法计算图	矿料级配检验图

备注：

试验： 复核： 日期： 年 月 日

第 页，共 页

沥青密度和相对密度试验检测记录表

JJ0801

试验室名称： 　　　　　　　　　　　　　　　　　　　　　　　　记录编号：

工程部位/用途		委托/任务编号		样品编号	
样品名称		沥青标号		样品描述	
试验依据		试验条件		试验日期	
主要仪器设备及编号					
沥青类型					

试样编号	试验温度/℃	比重瓶的质量/g	比重瓶＋水质量/g	比重瓶＋试样质量/g	比重瓶＋试样＋水质量/g	密度/(g·cm^{-3})		相对密度	
						单值	平均	单值	平均

备注：

试验： 　　　　　　　　　　　　复核： 　　　　　　　　　　　　日期： 　年　月　日

第 页，共 页

沥青三大指标试验检测记录表

JJ0802

试验室名称： 记录编号：

工程部位/用途		委托/任务编号	
样品编号		样品名称	
样品描述		试验依据	
试验条件		试验日期	

主要仪器设备及编号	

针入度试验	试验温度/℃							
	试验次数							
	针入度值(0.1 mm)							
	平均针入度值(0.1 mm)							
	25℃时针入度(0.1 mm)			直线回归相关系数			针入度指数 PI	
	当量软化点 T_{800}			当量脆点 $T_{1.2}$			塑性温度范围	

延度试验	试验次数	试验温度/℃	延伸速度/(cm·min^{-1})	延度值/cm			
				1	2	3	平均值

软化点试验	试验编号	室内温度/℃	烧杯内液体名称	烧杯中液体温度上升记录/℃															软化点/℃	
				每分钟上升温度值	起始温度	1分钟末	2分钟末	3分钟末	4分钟末	5分钟末	6分钟末	7分钟末	8分钟末	9分钟末	10分钟末	11分钟末	12分钟末	13分钟末	14分钟末	15分钟末	测值	平均值
	1																					
	2																					

备注	

试验： 复核： 日期： 年 月 日

第 页，共 页

沥青混合料理论最大相对密度试验检测记录表（真空法）

JJ0907

试验室名称： 记录编号：

工程部位/用途		委托/任务编号	
试验依据		样品编号	
样品名称		样品描述	
试验条件		试验日期	
主要仪器设备及编号			
混合料类型		级配类型	
试样类型		集料最大粒径/mm	
集料吸水率/%		25℃水的密度/(g·cm^{-3})	
负压容器类型	B类负压容器		

油石比/%	试样的空气中质量 m_a/g	装满25℃水的负压容器质量 m_b/g	25℃时试样、负压容器与水的总质量 m_c/g	理论最大相对密度	理论最大相对密度平均值	理论最大密度/(g·cm^{-3})

备注：

试验： 复核： 日期： 年 月 日

第 页，共 页

沥青混合料(浸水)马歇尔试验检测记录表

JJ0901

试验室名称： 　　　　　　　　　　　　　　　　　　　　　　　　　　　记录编号：

工程部位/用途		委托/任务编号	
样品编号		样品名称	
样品描述		试验依据	
试验条件		试验日期	

主要仪器设备及编号	

沥青混合料类型		结构层位		油石比/%		理论最大相对密度	
混合料密度检测方法		拌合温度/℃		击实次数/次		击实温度/℃	

试件编号	试件高度/mm		直径/mm		空气中质量/g	水中质量/g	表干质量/g	吸水率/%	毛体积相对密度	毛体积密度/(g·cm^{-3})	空隙率/%	矿料间隙率/%	沥青饱和度/%	稳定度/kN	流值/mm
	单值	平均	单值	平均											

该组试件检测结果					
毛体积密度/(g·cm^{-3})		空隙率/%		矿料间隙率/%	
沥青饱和度/%		稳定度/kN		流值/mm	

备注：

试验： 　　　　　　　　复核： 　　　　　　　　日期： 　年　月　日

第 页，共 页

沥青混合料(浸水)马歇尔试验检测记录表

JJ0901

试验室名称： 记录编号：

工程部位/用途		委托/任务编号	
样品编号		样品名称	
样品描述		试验依据	
试验条件		试验日期	

主要仪器设备及编号

沥青混合料类型		结构层位		油石比/%		理论最大相对密度	
混合料密度检测方法		拌合温度/℃		击实次数/次		击实温度/℃	

试件编号	试件高度/mm		直径/mm		空气中质量/g	水中质量/g	表干质量/g	吸水率/%	毛体积相对密度	毛体积密度/(g·cm⁻³)	空隙率/%	矿料间隙率/%	沥青饱和度/%	稳定度/kN	流值/mm
	单值	平均	单值	平均											

该组试件检测结果

毛体积密度/(g·cm⁻³)		空隙率/%		矿料间隙率/%	
沥青饱和度/%		稳定度/kN		流值/mm	

备注：

试验： 复核： 日期： 年 月 日

第 页，共 页

沥青混合料(浸水)马歇尔试验检测记录表

JJ0901

试验室名称：　　　　　　　　　　　　　　　　　　　　　　　　　　　　记录编号：

工程部位/用途		委托/任务编号	
样品编号		样品名称	
样品描述		试验依据	
试验条件		试验日期	
主要仪器设备及编号			

沥青混合料类型		结构层位		油石比/%		理论最大相对密度	
混合料密度检测方法		拌合温度/℃		击实次数/次		击实温度/℃	

试件编号	试件高度/mm		直径/mm		空气中质量/g	水中质量/g	表干质量/g	吸水率/%	毛体积相对密度	毛体积密度/(g·cm⁻³)	空隙率/%	矿料间隙率/%	沥青饱和度/%	稳定度/kN	流值/mm
	单值	平均	单值	平均											

该组试件检测结果

毛体积密度/(g·cm⁻³)		空隙率/%		矿料间隙率/%	
沥青饱和度/%		稳定度/kN		流值/mm	

备注：

试验：　　　　　　　　　　　　复核：　　　　　　　　　　　　日期：　　年　月　日

第 页，共 页

沥青混合料(浸水)马歇尔试验检测记录表

JJ0901

试验室名称：　　　　　　　　　　　　　　　　　　　　　　　　　　　　记录编号：

工程部位/用途		委托/任务编号	
样品编号		样品名称	
样品描述		试验依据	
试验条件		试验日期	

主要仪器设备及编号	

沥青混合料类型		结构层位		油石比/%		理论最大相对密度	
混合料密度检测方法		拌合温度/℃		击实次数/次		击实温度/℃	

试件编号	试件高度/mm		直径/mm		空气中质量/g	水中质量/g	表干质量/g	吸水率/%	毛体积相对密度	毛体积密度/(g·cm^{-3})	空隙率/%	矿料间隙率/%	沥青饱和度/%	稳定度/kN	流值/mm
	单值	平均	单值	平均											
该组试件检测结果															
毛体积密度/(g·cm^{-3})				空隙率/%					矿料间隙率/%						
沥青饱和度/%				稳定度/kN					流值/mm						

备注：

试验：　　　　　　　　　　　　　　　复核：　　　　　　　　　　　　　日期：　　年　月　日

沥青混合料(浸水)马歇尔试验检测记录表

JJ0901

试验室名称： 记录编号：

工程部位/用途		委托/任务编号	
样品编号		样品名称	
样品描述		试验依据	
试验条件		试验日期	
主要仪器设备及编号			

沥青混合料类型		结构层位		油石比/%		理论最大相对密度	
混合料密度检测方法		拌合温度/℃		击实次数/次		击实温度/℃	

试件编号	试件高度/mm		直径/mm		空气中质量/g	水中质量/g	表干质量/g	吸水率/%	毛体积相对密度	毛体积密度/(g·cm^{-3})	空隙率/%	矿料间隙率/%	沥青饱和度/%	稳定度/kN	流值/mm
	单值	平均	单值	平均											

该组试件检测结果					
毛体积密度/(g·cm^{-3})		空隙率/%		矿料间隙率/%	
沥青饱和度/%		稳定度/kN		流值/mm	

备注：

试验： 复核： 日期： 年 月 日

报告编号：

检 验 报 告

产品名称：　_____

委托单位：　_____

检验类别：　_____

单位名称： 山西交通职业技术学院
　　　　　　　公路交通试验检测中心

报告日期：

注意事项

1. 报告无我单位"CMA章""资质证书专用章""试验检验专用章"和"骑缝章"无效。
2. 复制报告未重新加盖我单位检验专用章或检验单位公章无效。
3. 报告无主检人、审核人、批准人签字无效,报告涂改无效。
4. 对检测报告若有异议,应于收到报告之日起十五日内,向本单位提出,逾期不予受理。
5. 委托检验仅对样品负责。
6. 需要退还的样品及其包装物可在收到报告十五日内领取,逾期不领者视弃样处理。
7. 未经本单位书面批准,不得部分复印,本报告不得用于商品广告。

地址:×××
电话:×××
传真:×××
电子信箱:×××
邮编:×××

第 页，共 页

山西交通职业技术学院公路交通试验检测中心
检验报告

报告编号：

产品名称		抽样地点	
受检单位		商标	
生产单位		产品号	
委托单位		样品批次	
规格型号		样品等级	
检验类别		样品数量	
检验依据		抽样基数	
检验项目		委托日期	
产品描述		抽样人员	
主要仪器设备			
检验结论			
试验环境			
批准人		审核人	
主检人			
备注	本报告空白处用"—"表示。		
录入		校对		打印日期	

第 页，共 页

报告续页 JB010202

试验室名称： 报告编号：

委托/施工单位		委托编号	
工程名称		工程部位/用途	
样品编号		样品名称	
样品描述		样品产地	
试验依据		判定依据	
主要仪器设备及编号			

颗粒级配	筛孔尺寸/mm	\multicolumn{13}{c}{通过百分率/%}

颗粒级配	筛孔尺寸/mm	31.5	26.5	19	16	13.2	9.5	4.75	2.36	1.18	0.6	0.3	0.15	0.075
	实测值													
	规范值													

序号	试验项目	规定值	试验结果	判定结果
1	压碎值指标/%			
2	洛杉矶磨耗损失/%			
3	表观相对密度			
4	毛体积相对密度			
5	吸水率/%			
6	坚固性/%			
7	针、片状颗粒含量/% 混合料			
	粒径大于 9.5 mm			
	粒径小于 9.5 mm			
8	水洗法＜0.075 mm 颗粒含量/%			
9	与沥青的黏附性			

检测结论：

备注：

试验：　　　　复核：　　　　签发：　　　　日期：　　年　月　日

第 页，共 页

报告续页 JB010202

试验室名称：　　　　　　　　　　　　　　　　　　　　　报告编号：

委托/施工单位		委托编号	
工程名称		工程部位/用途	
样品编号		样品名称	
样品描述		产地	
试验依据		判定依据	
主要仪器设备及编号			

颗粒级配		通过百分率/%											
	筛孔尺寸/mm	31.5	26.5	19	16	13.2	9.5	4.75	2.36	1.18	0.6	0.3	0.15	0.075
	实测值													
	规范值													

序号	试验项目		规定值	试验结果	判定结果
1	压碎值指标/%				
2	洛杉矶磨耗损失/%				
3	表观相对密度				
4	毛体积相对密度				
5	吸水率/%				
6	坚固性/%				
7	针、片状颗粒含量/%	混合料			
		粒径大于9.5 mm			
		粒径小于9.5 mm			
8	水洗法＜0.075 mm颗粒含量/%				
9	与沥青的黏附性				

检测结论：

备注：

试验：　　　　　　　复核：　　　　　　　签发：　　　　　　　日期：　　年　月　日

第 页，共 页

报告续页　　　　　　　　　　　　　　　　　　　　　　　JB010205

试验室名称：　　　　　　　　　　　　　　　　　　　　　报告编号：

委托/施工单位								委托编号		
工程名称								工程部位/用途		
样品编号								样品名称		
样品描述								产地		
试验依据								判定依据		
主要仪器设备及编号										

颗粒级配		通过量百分率/%							
	筛孔尺寸/mm	4.75	2.36	1.18	0.6	0.3	0.15	0.075	底
	实测值								
	规定值								

序号	试验项目	规定值	试验结果	判定结果
1	细度模数			
2	含泥量/%			
3	砂当量/%			
4	表观相对密度			
5	表观密度/(g·cm^{-3})			
6	亚甲蓝值/(g·kg^{-1})			
7	棱角性/s			
8	坚固性/%			

检测结论

备注

试验：　　　　　　复核：　　　　　　签发：　　　　　　日期：　　年　月　日

第 页，共 页

报告续页

JB010205

试验室名称：　　　　　　　　　　　　　　　　　　　　　　报告编号：

委托/施工单位										
委托编号										
工程名称										
工程部位/用途										
样品编号										
样品名称										
样品描述										
产地										
试验依据										
判定依据										
主要仪器设备及编号										

颗粒级配	筛孔尺寸/mm	通过量百分率/%							
		4.75	2.36	1.18	0.6	0.3	0.15	0.075	底
	实测值								
	规定值								

序号	试验项目	规定值	试验结果	判定结果
1	细度模数			
2	含泥量/%			
3	砂当量/%			
4	表观相对密度			
5	表观密度/(g·cm^{-3})			
6	亚甲蓝值/(g·kg^{-1})			
7	棱角性/s			
8	坚固性/%			

检测结论	
备注	

试验：　　　　　　复核：　　　　　　签发：　　　　　　日期：　　年　月　日

第 页，共 页

报告续页　　　　　　　　　　　　　　　　　　　　　JB010205

试验室名称：　　　　　　　　　　　　　　　　　　　　报告编号：

委托/施工单位			委托编号		
工程名称			工程部位/用途		
样品编号			样品名称		
样品描述			样品产地		
试验依据			判定依据		
主要仪器设备及编号					
筛孔尺寸/mm	0.6	0.3	0.15	0.075	<0.075
累计筛余率/%					
通过百分率/%					
粒度范围					
矿粉密度/(g·cm^{-3})			相对密度		
矿粉亲水系数			安定性		

检测结论：

备注：

试验：　　　　　复核：　　　　　签发：　　　　　日期：　年　月　日

第 页，共 页

报告续页

JB010801

试验室名称： 报告编号：

委托/施工单位			委托编号	
工程名称			工程部位/用途	
样品编号			样品名称	
厂家(产地)			样品描述	
试验依据			判定依据	
主要仪器设备及编号				

序号	检测项目(单位)		技术指标	检测结果	结果判定
1	针入度试验	针入度25℃，100 g，5 s(0.1 mm)			
		针入度指数 PI			
2	软化点/℃				
3	延度5℃，5 cm/min，cm				
4	60 ℃动力黏度/(Pa·s)				
5	10 ℃延度，5 cm/min，cm				
6	15 ℃延度，5 cm/min，cm				
7	闪点/℃				
8	溶解度/%				
9	15 ℃密度/(g·cm^{-3})				
10	25 ℃密度/(g·cm^{-3})				
11	含蜡量(蒸馏法)/%				
12	薄膜加热试验				

检测结论：

备注：

试验： 复核： 签发： 日期： 年 月 日

第 页，共 页

报告续页 JB010901

试验室名称　　　　　　　　　　　　　　　　　　　　　报告编号：

委托/施工单位		委托编号	
工程名称		工程部位/用途	
样品编号		样品名称	
试验依据		判定依据	
主要仪器设备及编号			

材料名称	配合比例/%	筛孔尺寸/mm											
		26.5	19	16	13.2	9.5	4.75	2.36	1.18	0.6	0.3	0.15	0.075
		通过百分率/%											
合成级配													
规定通过百分率/%													

检测结论：

备注：

试验：　　　　　复核：　　　　　签发：　　　　　日期：　年　月　日

报告续页   JB010901

第 页，共 页

试验室名称：						报告编号：	
委托/施工单位		委托编号			工程名称		
工程部位/用途		样品编号			样品名称		
样品描述		试验依据			判定依据		
主要仪器设备及编号							

拟定沥青用量(油石比)/%						
技术指标	稳定度/kN			空隙率/%		
	流值/mm			饱和度/%		

沥青用量/油石比/%	密度/(g·cm⁻³)	稳定度/kN	空隙率/%	流值/mm	间隙率/%	饱和度/%

检测结论：	备注：

试验：　　　　　复核：　　　　　签发：　　　　　日期：　　年　月　日

第 页，共 页

报告续页

JB010901

试验室名称： 报告编号：

委托/施工单位		委托编号		工程名称	
工程部位/用途		样品编号		样品名称	
样品描述		试验依据		判定依据	

主要仪器设备及编号	
拟定沥青用量(油石比)/%	

a_1	a_2	a_3	a_4

OAC_1/%	OAC_2/%	OAC/%

检测结论：	备注：

试验： 复核： 签发： 日期： 年 月 日

四、实训总结

项目二 C25 水泥混凝土配合比设计

一、实训日志

日期		天气	
实训任务			
主要仪器设备			
实训任务要求			
任务实施过程遇到的问题及解决方法			
任务实施结果			
备注			

日期		天气	
实训任务			
主要仪器设备			
实训任务要求			
任务实施过程遇到的问题及解决方法			
任务实施结果			
备注			

日期		天气	
实训任务			
主要仪器设备			
实训任务要求			
任务实施过程遇到的问题及解决方法			
任务实施结果			
备注			

日期			天气	
实训任务				
主要仪器设备				
实训任务要求				
任务实施过程遇到的问题及解决方法				
任务实施结果				
备注				

日期		天气		
实训任务				
主要仪器设备				
实训任务要求				
任务实施过程遇到的问题及解决方法				
任务实施结果				
备注				

日期		天气	
实训任务			
主要仪器设备			
实训任务要求			
任务实施过程遇到的问题及解决方法			
任务实施结果			
备注			

二、配合比设计流程图

三、试验检测记录、检验报告

第 页，共 页

粗集料筛分试验检测记录表（干筛法） JJ0201a

试验室名称： 记录编号：

工程部位/用途		委托/任务编号	
试验依据		样品编号	
样品名称		样品描述	
试验条件		试验日期	

主要仪器设备及编号

干燥试样总量/g	第一组				第二组				平均
筛孔尺寸/mm	筛上重/g	分计筛余/%	累计筛余/%	通过百分率/%	筛上重/g	分计筛余/%	累计筛余/%	通过百分率/%	累计筛余率/%
筛分后总量/g									
损耗/g									
损耗率/%									
备注：									

试验： 复核： 日期： 年 月 日

第 页，共 页

粗集料筛分试验检测记录表(干筛法)   JJ0201a

试验室名称：   记录编号：

工程部位/用途		委托/任务编号	
试验依据		样品编号	
样品名称		样品描述	
试验条件		试验日期	

主要仪器设备及编号									
干燥试样总量/g	第一组				第二组				平均
筛孔尺寸/mm	筛上重/g	分计筛余/%	累计筛余/%	通过百分率/%	筛上重/g	分计筛余/%	累计筛余/%	通过百分率/%	累计筛余率/%
筛分后总量/g									
损耗/g									
损耗率/%									
备注：									

试验：   复核：   日期：   年   月   日

第 页，共 页

粗集料密度及吸水率试验检测记录表

JJ0208a

试验室名称：　　　　　　　　　　　　　　　　　　　　　　　　　　　　　　　　　记录编号：

工程部位/用途		委托/任务编号		试验依据	
样品编号		样品名称		样品规格	
样品描述		试验条件		试验日期	
主要仪器设备及编号					

试验数据及吸水率							
水温 /℃	水密度 /(g·cm^{-3})	集料水中质量 /g	集料表干质量 /g	集料烘干质量 /g	吸水率单值 /%	吸水率平均值 /%	

密度											
集料表观相对密度		集料表干相对密度		集料毛体积相对密度		集料表观密度 /(g·cm^{-3})		集料表干密度 /(g·cm^{-3})		集料毛体积密度 /(g·cm^{-3})	
单值	平均值	单值	平均值	单值	平均值	单值	平均值	单值	平均值	单值	平均值

备注：

试验：　　　　　　　　　　　　　　　　　复核：　　　　　　　　　　　日期：　　年　月　日

第 页，共 页

粗集料密度及吸水率试验检测记录表

JJ0208a

试验室名称： 记录编号：

工程部位/用途		委托/任务编号		试验依据	
样品编号		样品名称		样品规格	
样品描述		试验条件		试验日期	
主要仪器设备及编号					

试验数据及吸水率						
水温 /℃	水密度 /(g·cm^{-3})	集料水中质量 /g	集料表干质量 /g	集料烘干质量 /g	吸水率单值 /%	吸水率平均值 /%

密度											
集料表观相对密度		集料表干相对密度		集料毛体积相对密度		集料表观密度 /(g·cm^{-3})		集料表干密度 /(g·cm^{-3})		集料毛体积密度 /(g·cm^{-3})	
单值	平均值	单值	平均值	单值	平均值	单值	平均值	单值	平均值	单值	平均值

备注：

试验： 复核： 日期： 年 月 日

第 页，共 页

粗集料压碎值试验检测记录表

JJ0203

试验室名称：　　　　　　　　　　　　　　　　　　　　　　　　　　　　　记录编号：

工程部位/用途		委托/任务编号	
试验依据		样品编号	
样品名称		样品描述	
试验条件		试验日期	

主要仪器设备及编号	

金属筒中石料数量/g	

试验次数	试验前试样质量/g	通过2.36 mm筛质量/g	压碎值/%	压碎值测定值/%	压碎值换算值/%

备注：

试验：　　　　　　　　　　　　　复核：　　　　　　　　　　　日期：　年　月　日

第 页，共 页

粗集料针、片状颗粒含量试验检测记录表（规准仪法）

JJ0202a

试验室名称：　　　　　　　　　　　　　　　　　　　　　　　　　　记录编号：

工程部位/用途		委托/任务编号		试验依据	
样品编号		样品名称		样品规格	
样品描述		试验条件		试验日期	
主要仪器及编号					

试样总质量/g	粒级/mm	针状质量/g	片状质量/g	针、片状颗粒总质量/g	针、片状颗粒含量/%
	31.5～37.5				
	26.5～31.5				
	19～26.5				
	16～19				
	9.5～16.0				
	4.75～9.5				

备注：

试验：　　　　　　　　　　　　　　复核：　　　　　　　　　　　日期：　　年　月　日

第 页，共 页

粗集料针、片状颗粒含量试验检测记录表（规准仪法）

JJ0202a

试验室名称： 记录编号：

工程部位/用途		委托/任务编号		试验依据	
样品编号		样品名称		样品规格	
样品描述		试验条件		试验日期	
主要仪器及编号					

试样总质量/g	粒级/mm	针状质量/g	片状质量/g	针、片状颗粒总质量/g	针、片状颗粒含量/%
	31.5～37.5				
	26.5～31.5				
	19～26.5				
	16～19				
	9.5～16.0				
	4.75～9.5				

备注：

试验： 复核： 日期： 年 月 日

第 页，共 页

粗集料堆积密度及空隙率试验检测记录表

JJ0209a

试验室名称： 记录编号：

工程部位/用途		委托/任务编号	
试验依据		样品编号	
样品名称		样品描述	
试验条件		试验日期	
主要仪器及编号			

堆积密度	试验次数	容量筒质量/kg	容量筒和试样总质量/kg	容量筒容积/L	堆积密度/(g·cm^{-3})	平均值/(g·cm^{-3})
	1					
	2					

振实密度	试验次数	容量筒质量/kg	容量筒和试样总质量/kg	容量筒容积/L	振实密度/(g·cm^{-3})	平均值/(g·cm^{-3})
	1					
	2					

空隙率	试验次数	表观密度/(g·cm^{-3})	堆积空隙率/%		振实空隙率/%	
			单值	平均值	单值	平均值
	1					
	2					

捣实密度及间隙率	试验次数	容量筒质量/kg	容量筒和试样总质量/kg	容量筒容积/L	振实密度/(g·cm^{-3})		毛体积密度/(g·cm^{-3})	骨架间隙率/%	
					单值	平均值		单值	平均值

备注：

试验： 复核： 日期： 年 月 日

粗集料堆积密度及空隙率试验检测记录表

JJ0209a

试验室名称：　　　　　　　　　　　　　　　　　　　　　　　　　　　　记录编号：

工程部位/用途		委托/任务编号	
试验依据		样品编号	
样品名称		样品描述	
试验条件		试验日期	
主要仪器及编号			

堆积密度	试验次数	容量筒质量/kg	容量筒和试样总质量/kg	容量筒容积/L	堆积密度/(g·cm^{-3})	平均值/(g·cm^{-3})
	1					
	2					

振实密度	试验次数	容量筒质量/kg	容量筒和试样总质量/kg	容量筒容积/L	振实密度/(g·cm^{-3})	平均值/(g·cm^{-3})
	1					
	2					

空隙率	试验次数	表观密度/(g·cm^{-3})	堆积空隙率/%		振实空隙率/%	
			单值	平均值	单值	平均值
	1					
	2					

捣实密度及间隙率	试验次数	容量筒质量/kg	容量筒和试样总质量/kg	容量筒容积/L	振实密度/(g·cm^{-3})		毛体积密度/(g·cm^{-3})	骨架间隙率/%	
					单值	平均值		单值	平均值

备注：

试验：　　　　　　　　　　　　　复核：　　　　　　　　　　　　日期：　　年　月　日

第 页，共 页

矿质混合料配合比设计试验检测记录表

JJ0504a

试验室名称： 记录编号：

工程部位/用途		委托/任务编号		样品编号	
样品名称		试验依据		样品描述	
试验条件		试验日期			
主要仪器设备及编号					
级配情况			公称粒级		

材料名称	配合比例/%	筛孔尺寸/mm										
		累计筛余/%										
合成级配												
规定累计筛余/%												

备注：

试验： 复核： 日期： 年 月 日

第 页，共 页

矿质混合料配合比设计试验检测记录表

JJ0504a

试验室名称：　　　　　　　　　　　　　　　　　　　　　　　　　　　　　　　记录编号：

工程部位/用途		委托/任务编号		样品编号	
样品名称		试验依据		样品描述	
试验条件		试验日期			
主要仪器设备及编号					
级配情况				公称粒级	

图解法计算图	矿料级配检验图

备注：

试验：　　　　　　　　　　　　　　复核：　　　　　　　　　　日期：　　年　月　日

第 页，共 页

粗集料筛分试验检测记录表(干筛法)

JJ0201a

试验室名称： 记录编号：

工程部位/用途					委托/任务编号				
试验依据					样品编号				
样品名称					样品描述				
试验条件					试验日期				
主要仪器设备及编号									

干燥试样总量/g	第一组				第二组				平均
筛孔尺寸/mm	筛上重/g	分计筛余/%	累计筛余/%	通过百分率/%	筛上重/g	分计筛余/%	累计筛余/%	通过百分分/%	累计筛余率/%
筛分后总量/g									
损耗/g									
损耗率/%									
备注：									

试验： 复核： 日期： 年 月 日

第 页，共 页

粗集料密度及吸水率试验检测记录表

JJ0208a

试验室名称： 记录编号：

工程部位/用途		委托/任务编号		试验依据	
样品编号		样品名称		样品规格	
样品描述		试验条件		试验日期	
主要仪器设备及编号					

试验数据及吸水率					
水温 /℃	水密度 /(g·cm^{-3})	集料水中质量 /g	集料表干质量 /g	集料烘干质量 /g	吸水率单值 /%	吸水率平均值 /%

密度											
集料表观相对密度		集料表干相对密度		集料毛体积相对密度		集料表观密度 /(g·cm^{-3})		集料表干密度 /(g·cm^{-3})		集料毛体积密度 /(g·cm^{-3})	
单值	平均值	单值	平均值	单值	平均值	单值	平均值	单值	平均值	单值	平均值

备注：

试验： 复核： 日期： 年 月 日

第 页,共 页

细集料筛分试验检测记录表(干筛法)

JJ0201c

试验室名称:　　　　　　　　　　　　　　　　　　　　　　　　　记录编号:

工程部位/用途				委托/任务编号			
试验依据				样品编号			
样品描述				样品名称			
试验条件				试验日期			
主要仪器设备及编号							
≥9.5 mm 颗粒含量计算	试样质量/g			≥9.5 mm 颗粒质量/g		≥9.5 mm 颗粒含量/%	

干燥试样总量/g	第一组				第二组				平均累计筛余/%
筛孔尺寸/mm	分计质量/g	分计筛余/%	累计筛余/%	通过百分率/%	分计质量/g	分计筛余/%	累计筛余/%	通过百分率/%	
合计质量	合计1=				合计2=				
细度模数	$Mx_1=$				$Mx_2=$			细度模数平均值=	

备注:

试验:　　　　　　　　　　　　　复核:　　　　　　　　　　日期:　　年　月　日

第 页，共 页

细集料表观密度试验检测记录表（容量瓶法）

试验室名称：　　　　　　　　　　　　　　　　　　　　　　　　　　　　　　记录编号：　　　　　　　JJ0209b

工程部位/用途		委托/任务编号	
试验依据		样品编号	
样品名称		样品描述	
试验条件		试验日期	
主要仪器设备及编号			

试验次数	水温 t /℃	试样烘干质量/g	试样、水及容量瓶总质量/g	水及容量瓶总质量/g	表观密度 /(g·cm^{-3})	平均表观密度 /(g·cm^{-3})	平均表观相对密度

备注：

试验：　　　　　　　　　　　　　　　复核：　　　　　　　　　　　　日期：　　年　月　日

第 页，共 页

细集料堆积密度及紧装密度试验检测记录表

JJ0209a

试验室名称：　　　　　　　　　　　　　　　　　　　　　　　　　　　记录编号：

工程部位/用途		委托/任务编号	
试验依据		样品编号	
样品名称		样品描述	
试验条件		试验日期	

主要仪器及编号	

砂的表观密度/(g·cm^{-3})		容器筒和玻璃板总质量/g	
容器筒、玻璃板和水总质量/g		容器筒容积/mL	

容器筒质量/g	容器筒及堆积密度砂总质量/g	容器筒及紧装密度砂总质量/g	堆积密度 ρ/(g·cm^{-3})	紧装密度 ρ'/(g·cm^{-3})	平均堆积密度/(g·cm^{-3})	平均紧装密度/(g·cm^{-3})

堆积空隙率/%		紧装空隙率/%	

备注：

试验：　　　　　　　　　　　　　　　复核：　　　　　　　　　　　日期：　　年　月　日

第 页，共 页

细集料含泥量试验检测记录表(筛洗法)

JJ0206

试验室名称：　　　　　　　　　　　　　　　　　　　　　　　　　　记录编号：

工程部位/用途		委托/任务编号	
样品编号		样品名称	
样品描述		试验依据	
试验条件		试验日期	
主要仪器及编号			

试验次数	试验前烘干试样质量/g	试验后烘干试样质量/g	含泥量/%	平均含泥量/%

备注：

试验：　　　　　　　　　　　　　　　复核：　　　　　　　　　　　　日期：　　年　月　日

第 页，共 页

水泥细度、比表面积试验检测记录表

JJ0402

试验室名称： 记录编号：

工程部位/用途		委托/任务编号		样品编号	
样品名称		样品强度等级		样品描述	
试验依据		试验条件		试验日期	
主要仪器设备及编号					

水泥细度试验

试验方法	试验次数	筛析用试样重/g	0.08 mm 筛余物重/g	筛余/%	修正系数	修正后筛余/%	筛余平均/%
负压筛法	1						
	2						

比表面积	参数	试样密度/(g·cm^{-3})	试料层体积/cm^3	空隙率	试样质量/g	温度/℃	液面降落时间/s	空气黏度/(Pa·s)	比表面积/(m^2·kg^{-1})	比表面积平均值/(m^2·kg^{-1})	比表面积规定值/(m^2·kg^{-1})
	标样										
	试样1										
	试样2										

备注：

试验： 复核： 日期： 年 月 日

第 页，共 页

水泥标准稠度用水量、凝结时间、安定性试验检测记录表

JJ0403

试验室名称： 　　　　　　　　　　　　　　　　　　　　　　　　　　　　　　　　　记录编号：

工程部位/用途		委托/任务编号	
样品编号		样品名称及强度等级	
样品描述		试验依据	
试验条件		试验日期	
主要仪器设备及编号			

水泥净浆标准稠度试验

试验方法	试验次数	水泥试样质量 /g	加水量 /mL	试杆距底板距离/mm	稠度 /%	结果 /%
标准法						

水泥凝结时间、安定性试验

凝结时间试验							安定性试验
试样重/g	用水量 /g	开始加水泥时间	初凝		终凝		$C_1(\ )-A_1(\ )=$
			初凝时间	初凝时长 /min	终凝时间	终凝时长 /min	$C_2(\ )-A_2(\ )=$ 平均值： 规定值：≯5.0 mm
							结论

备注：

试验：　　　　　　　　　　　　　　　　　　　　复核：　　　　　　　　　　　　　　　日期：　　年　月　日

第 页，共 页

水泥胶砂强度试验检测记录表

试验室名称： JJ0406

记录编号：

工程部位/用途		委托/任务编号	
样品编号		样品名称及强度等级	
样品描述		试验依据	
试验条件		试验日期	
主要仪器设备及编号			
养护条件		成型日期	

	龄期/d	试验日期	试件尺寸/mm	破坏荷载/kN	抗折强度测值/MPa	抗折强度值/MPa
抗折强度	3					
	28					

	龄期/d	试验日期	受压面积/mm²	破坏荷载/kN	抗压强度测值/MPa	抗压强度值/MPa
抗压强度	3					
	28					

备注：

试验： 复核： 日期： 年 月 日

第 页，共 页

水泥混凝土配合比设计试验检测记录表

JJ0504a

试验室名称： 记录编号：

工程部位/用途				委托/任务编号				样品编号			
样品名称				样品描述				试验依据			
试验条件				试验日期							
主要仪器设备及编号											
设计条件	设计强度/MPa	配制强度/MPa	设计坍落度/mm		级配类型	拌制方法		试件尺寸/mm	成型方法		养护方式
用料说明	水泥	水泥品牌及强度等级	密度/(kg·m⁻³)		出厂日期	3d抗折强度/MPa		28d抗折强度/MPa	3d抗压强度/MPa		28d抗压强度/MPa
	细集料	类别	产地			表观密度/(kg·m⁻³)			规格		细度模数
	粗集料	类别	规格	产地	表观密度/(kg·m⁻³)		规格				合成矿料表观密度/(kg·m⁻³)
						合成级配					
							比例/%				
	外掺剂	种类		剂量/%			掺合料	种类		剂量/%	
项目	水胶比	砂率/%	每立方米混凝土各材料单位用量/kg					坍落度/mm		表观密度/(kg·m⁻³)	
			水泥	粗集料	细集料	水	外掺剂	掺合料		计算	实测
初步配合比											
基准配合比											
检验强度配合比	Ⅰ										
	Ⅱ										
	Ⅲ										
备注：											

试验： 复核： 日期： 年 月 日

水泥混凝土配合比设计试验检测记录表

JJ0504a

试验室名称：　　　　　　　　　　　　　　　　　　　　记录编号：

工程部位/用途		委托/任务编号		样品编号	
样品名称		样品描述		试验依据	
试验条件		试验日期			
主要仪器设备及编号					

水胶比	试件组号	试件编号	7 d立方体抗压强度					28 d立方体抗压强度				
			试验日期	破坏荷载/kN	抗压强度/MPa	换算系数	抗压强度/MPa	试验日期	破坏荷载/kN	抗压强度/MPa	换算系数	抗压强度/MPa

备注：

试验：　　　　　　　　　　　　复核：　　　　　　　　　　　　日期：　　年　　月　　日

第 页，共 页

水泥混凝土配合比设计试验检测记录表

JJ0504a

试验室名称： 记录编号：

工程部位/用途		委托/任务编号		样品编号	
样品名称		样品描述		试验依据	
试验条件		试验日期			
主要仪器设备及编号					

		确定试验室配合比							
满足强度要求的配合比	水胶比	砂率/%	每立方米混凝土各材料单位用量/kg					坍落度/mm	表观密度/(kg·m^{-3})	
			水泥	粗集料	细集料	水	外掺剂	掺合料		计算	实测
试验室配合比											

备注：

试验： 复核： 日期： 年 月 日

报告编号：

检 验 报 告

产品名称：＿＿＿＿＿＿＿＿＿＿
委托单位：＿＿＿＿＿＿＿＿＿＿
检验类别：＿＿＿＿＿＿＿＿＿＿

单位名称：山西交通职业技术学院
　　　　　公路交通试验检测中心

报告日期：

注意事项

1. 报告无我单位"CMA 章""资质证书专用章""试验检验专用章"和"骑缝章"无效。

2. 复制报告未重新加盖我单位检验专用章或检验单位公章无效。

3. 报告无主检人、审核人、批准人签字无效,报告涂改无效。

4. 对检测报告若有异议,应于收到报告之日起十五日内,向本单位提出,逾期不予受理。

5. 委托检验仅对样品负责。

6. 需要退还的样品及其包装物可在收到报告十五日内领取,逾期不领者视弃样处理。

7. 未经本单位书面批准,不得部分复印,本报告不得用于商品广告。

地址:×××
电话:×××
传真:×××
电子信箱:×××
邮编:×××

第 页，共 页

山西交通职业技术学院公路交通试验检测中心
检验报告

报告编号：

产品名称		抽样地点	
受检单位		商标	
生产单位		产品号	
委托单位		样品批次	
规格型号		样品等级	
检验类别		样品数量	
检验依据		抽样基数	
检验项目		委托日期	
产品描述		抽样人员	
主要仪器设备			
检验结论			
试验环境			
批准人		审核人	
主检人			
备注	本报告空白处用"—"表示。		
录入		校对		打印日期	

第 页，共 页

报告续页

JB010201

试验室名称： 报告编号：

委托/施工单位			委托编号	
工程名称			工程部位/用途	
样品编号			样品名称	
样品描述			样品产地	
试验依据			判定依据	
主要仪器设备及编号				
序号	检测项目	技术指标	检测结果	结果判定
1	含泥量/%			
2	泥块含量/%			
3	针、片状颗粒含量/%			
4	压碎值/%			
5	有机物含量判定			
6	密度试验结果			
	表观密度/(kg·m^{-3})		表观相对密度	
	表干密度/(kg·m^{-3})		表干相对密度	
	毛体积密度/(kg·m^{-3})		毛体积相对密度	
	吸水率/%		松散堆积密度/(kg·m^{-3})	
	振实密度/(kg·m^{-3})		空隙率/%	
7	颗粒级配试验结果			

筛孔尺寸/mm								
标准累计筛余/%								
实际累计筛余/%								
符合粒级				最大粒径/mm				

检测结论：

备注：

试验： 复核： 签发： 日期： 年 月 日

第 页，共 页

报告续页 JB010201

试验室名称：　　　　　　　　　　　　　　　　　　　　报告编号：

委托/施工单位		委托编号	
工程名称		工程部位/用途	
样品编号		样品名称	
样品描述		样品产地	
试验依据		判定依据	
主要仪器设备及编号			

序号	检测项目	技术指标	检测结果	结果判定
1	含泥量/%			
2	泥块含量/%			
3	针、片状颗粒含量/%			
4	压碎值/%			
5	有机物含量判定			
6	密度试验结果			
	表观密度/(kg·m^{-3})		表观相对密度	
	表干密度/(kg·m^{-3})		表干相对密度	
	毛体积密度/(kg·m^{-3})		毛体积相对密度	
	吸水率/%		松散堆积密度/(kg·m^{-3})	
	振实密度/(kg·m^{-3})		空隙率/%	
7	颗粒级配试验结果			

筛孔尺寸/mm							
标准累计筛余/%							
实际累计筛余/%							
符合粒级				最大粒径/mm			

检测结论：

备注：

试验：　　　　复核：　　　　签发：　　　　日期：　　年　月　日

第 页，共 页

报告续页

JB010504

试验室名称： 报告编号：

委托/施工单位		委托编号	
工程名称		工程部位/用途	
样品编号		样品名称	
样品描述		样品产地	
试验依据		判定依据	
主要仪器设备及编号			

材料名称	配合比例/%	筛孔尺寸/mm											
		26.5	19	16	13.2	9.5	4.75	2.36	1.18	0.6	0.3	0.15	0.075
		累计筛余/%											
合成级配													
规定累计筛余/%													

检测结论：

备注：

试验： 复核： 签发： 日期： 年 月 日

第 页，共 页

报告续页　　　　　　　　　　　　　　　　　　　JB010201

试验室名称：　　　　　　　　　　　　　　　　　　报告编号：

委托/施工单位		委托编号	
工程名称		工程部位/用途	
样品编号		样品名称	
样品描述		样品产地	
试验依据		判定依据	
主要仪器设备及编号			

序号	检测项目	技术指标	检测结果	结果判定
1	含泥量/%			
2	泥块含量/%			
3	针、片状颗粒含量/%			
4	压碎值/%			
5	有机物含量判定			
6	密度试验结果			
	表观密度/(kg·m^{-3})		表观相对密度	
	表干密度/(kg·m^{-3})		表干相对密度	
	毛体积密度/(kg·m^{-3})		毛体积相对密度	
	吸水率/%		松散堆积密度/(kg·m^{-3})	
	振实密度/(kg·m^{-3})		空隙率/%	
7	颗粒级配试验结果			

筛孔尺寸/mm					
标准累计筛余/%					
实际累计筛余/%					
符合粒级			最大粒径/mm		

检测结论：

备注：

试验：　　　　　复核：　　　　　签发：　　　　　日期：　　年　月　日

第 页，共 页

报告续页   JB010204

试验室名称：　　　　　　　　　　　　　　　　　　　　报告编号：

委托/施工单位		委托编号	
工程名称		工程部位/用途	
样品编号		样品名称	
样品描述		样品产地	
试验依据		判定依据	
主要仪器设备及编号			

序号	检测项目		技术指标	检测结果	结果判定
1	含泥量/%				
2	泥块含量/%				
3	含水量/%				
4	砂当量/%				
5	云母含量/%				
6	膨胀率/%				
7	坚固性指标/%				
8	三氧化硫含量/%				
9	棱角性试验	间隙率/%			
10		流动时间/s			
11	亚甲蓝值/%				
12	压碎指标值/%				
13	有机质含量判定				
14	密度试验结果				

表观密度/(kg·m^{-3})		表观相对密度	
表干密度/(kg·m^{-3})		表干相对密度	
毛体积密度/(kg·m^{-3})		毛体积相对密度	
松散堆积密度/(kg·m^{-3})		吸水率/%	
紧装密度/(kg·m^{-3})		空隙率/%	

15	颗粒级配试验结果			
筛孔尺寸/mm	累计筛余值/%		试验结果	
	标准规定	试验结果		
9.5			级配区属	
4.75				
2.36				
1.18			细度模数	
0.6				
0.3			粗细程度	
0.15				
<0.15				

检测结论：

备注：

试验：　　　　　　复核：　　　　　　签发：　　　　　　日期：　　年　月　日

第 页，共 页

报告续页 JB010401

试验室名称：　　　　　　　　　　　　　　　　　　　　报告编号：

委托/施工单位				委托编号	
工程名称				工程部位/用途	
样品编号				样品名称	
样品描述				样品产地	
试验依据				判定依据	
主要仪器设备及编号					
序号	检测项目		技术指标	检测结果	结果判定
1	细度/%				
2	密度/(kg·m^{-3})				
3	比表面积/(m^2·kg^{-1})				
4	标准稠度用水量/%				
5	凝结时间/min	初凝			
		终凝			
6	安定性				
7	胶砂流动度/mm				
8	抗折强度/MPa				
	抗压强度/MPa				
9	烧失量/%				

检测结论：

备注：

试验：　　　　　　复核：　　　　　　签发：　　　　　　日期：　　年　月　日

第 页，共 页

报告续页 JB010504

试验室名称：　　　　　　　　　　　　　　　　　　　　报告编号：

委托/施工单位		委托编号		工程名称	
工程部位/用途		样品编号		样品名称	
样品描述		试验依据		判定依据	
主要仪器设备及编号					

混凝土种类		强度等级/MPa		搅拌方式		养护条件	
设计条件	设计强度/MPa	配制强度/MPa	设计坍落度/mm	级配类型		成型方法	试件尺寸/mm

用料说明	水泥	水泥品牌及强度等级	密度/(kg·m⁻³)	出厂日期	3 d 抗折强度/MPa	28 d 抗折强度/MPa	3 d 抗压强度/MPa	28 d 抗压强度/MPa
	细集料	类别	产地		表观密度/(kg·m⁻³)	规格		细度模数
						比例/%		
	粗集料	类别	规格	产地	表观密度/(kg·m⁻³)	合成级配	规格	合成矿料表观密度/(kg·m⁻³)
							比例/%	
	外掺剂	种类		剂量/%		掺合料	种类	剂量/%

试验室配合比	水胶比	每立方米混凝土各材料单位用量/kg						质量配合比						坍落度/mm
		水泥	粗集料	细集料	水	外掺剂	掺合料	水泥	粗集料	细集料	水	外掺剂	掺合料	

检测结论：	备注：

试验：　　　　　复核：　　　　　签发：　　　　　日期：　　年　月　日

四、实训总结

项目三 水泥稳定级配碎石配合比设计

一、实训日志

日期		天气	
实训任务			
主要仪器设备			
实训任务要求			
任务实施过程遇到的问题及解决方法			
任务实施结果			
备注			

日 期		天气	
实训任务			
主要仪器设备			
实训任务要求			
任务实施过程遇到的问题及解决方法			
任务实施结果			
备注			

日期		天气	
实训任务			
主要仪器设备			
实训任务要求			
任务实施过程遇到的问题及解决方法			
任务实施结果			
备注			

日期		天气	
实训任务			
主要仪器设备			
实训任务要求			
任务实施过程遇到的问题及解决方法			
任务实施结果			
备注			

日期		天气		
实训任务				
主要仪器设备				
实训任务要求				
任务实施过程遇到的问题及解决方法				
任务实施结果				
备注				

日期		天气	
实训任务			
主要仪器设备			
实训任务要求			
任务实施过程遇到的问题及解决方法			
任务实施结果			
备注			

二、配合比设计流程图

三、试验检测记录、检验报告

第 页，共 页

粗集料筛分试验检测记录表(水洗法)　　　　　　　　　　JJ0201b

试验室名称：　　　　　　　　　　　　　　　　　　　　　记录编号：

工程部位/用途				委托/任务编号					
试验依据				样品编号					
样品名称				样品描述					
试验条件				试验日期					
主要仪器设备及编号									
干燥试样总量/g	第一组				第二组				平均值
水洗后筛上总量/g									
水洗后0.075 mm筛下量/g									
0.075 mm通过率/%									

	筛孔尺寸/mm	筛上重/g	分计筛余/%	累计筛余/%	通过百分率/%	筛上重/g	分计筛余/%	累计筛余/%	通过百分率/%	平均通过百分率/%
水洗后干筛法筛分	31.5									
	26.5									
	19									
	16									
	13.2									
	9.5									
	4.75									
	2.36									
	1.18									
	0.6									
	0.3									
	0.15									
	0.075									
	底盘									
	干筛后总量/g									
损耗/g										
损耗率/%										
扣除损耗后总量/g										
备注：										

试验：　　　　　　　　　　复核：　　　　　　　　　　日期：　　年　月　日

第 页，共 页

粗集料筛分试验检测记录表(水洗法)

JJ0201b

试验室名称：　　　　　　　　　　　　　　　　　　　　　　　　　　记录编号：

工程部位/用途		委托/任务编号	
试验依据		样品编号	
样品名称		样品描述	
试验条件		试验日期	
主要仪器设备及编号			

	第一组	第二组	
干燥试样总量/g			
水洗后筛上总量/g			平均值
水洗后 0.075 mm 筛下量/g			
0.075 mm 通过率/%			

	筛孔尺寸/mm	筛上重/g	分计筛余/%	累计筛余/%	通过百分率/%	筛上重/g	分计筛余/%	累计筛余/%	通过百分率/%	平均通过百分率/%
水洗后干筛法筛分	31.5									
	26.5									
	19									
	16									
	13.2									
	9.5									
	4.75									
	2.36									
	1.18									
	0.6									
	0.3									
	0.15									
	0.075									
	底盘									
	干筛后总量/g									
损耗/g										
损耗率/%										
扣除损耗后总量/g										

备注：

试验：　　　　　　　　　　　　复核：　　　　　　　　　　　　日期：　　年　月　日

粗集料筛分试验检测记录表(水洗法)

JJ0201b

试验室名称： 记录编号：

工程部位/用途		委托/任务编号	
试验依据		样品编号	
样品名称		样品描述	
试验条件		试验日期	
主要仪器设备及编号			

	干燥试样总量/g	第一组	第二组	平均值
	水洗后筛上总量/g			
	水洗后0.075 mm筛下量/g			
	0.075 mm通过率/%			

	筛孔尺寸/mm	筛上重/g	分计筛余/%	累计筛余/%	通过百分率/%	筛上重/g	分计筛余/%	累计筛余/%	通过百分率/%	平均通过百分率/%
水洗后干筛法筛分	31.5									
	26.5									
	19									
	16									
	13.2									
	9.5									
	4.75									
	2.36									
	1.18									
	0.6									
	0.3									
	0.15									
	0.075									
	底盘									
	干筛后总量/g									
损耗/g										
损耗率/%										
扣除损耗后总量/g										

备注：

试验： 复核： 日期： 年 月 日

第 页，共 页

粗集料压碎值试验检测记录表

JJ0203

试验室名称：　　　　　　　　　　　　　　　　　　　　　　　　　　　　　记录编号：

工程部位/用途		委托/任务编号	
试验依据		样品编号	
样品名称		样品描述	
试验条件		试验日期	
主要仪器及编号			

金属筒中石料质量/g					
试验次数	试验前试样质量/g	通过2.36 mm筛质量/g	压碎值/%	压碎值测定值/%	压碎值换算值/%

备注：

试验：　　　　　　　　　　　　　　　　复核：　　　　　　　　　　日期：　　年　月　日

第 页，共 页

粗集料压碎值试验检测记录表

JJ0203

试验室名称：　　　　　　　　　　　　　　　　　　　　　　　　记录编号：

工程部位/用途		委托/任务编号	
试验依据		样品编号	
样品名称		样品描述	
试验条件		试验日期	
主要仪器及编号			

金属筒中石料质量/g	

试验次数	试验前试样质量/g	通过2.36 mm筛质量/g	压碎值/%	压碎值测定值/%	压碎值换算值/%

备注：

试验：　　　　　　　　　　　复核：　　　　　　　　　　日期：　　年　月　日

第 页，共 页

粗集料针、片状颗粒含量试验检测记录表（游标卡尺法）

JJ0202b

试验室名称： 记录编号：

工程部位/用途		委托/任务编号		试验依据	
样品编号		样品名称		样品规格	
样品描述		试验条件		试验日期	
主要仪器及编号					

试样编号							
集料种类	试验用集料质量/g	扁平细长比例大于3的针、片状颗粒质量/g	针、片状颗粒含量/%	试验用集料质量/g	扁平细长比例大于3的针、片状颗粒质量/g	针、片状颗粒含量/%	针、片状颗粒平均含量/%
混合料							
粒径大于9.5 mm							
粒径小于9.5 mm							

备注：

试验： 复核： 日期： 年 月 日

第 页，共 页

粗集料针、片状颗粒含量试验检测记录表（游标卡尺法）

JJ0202b

试验室名称： 　　　　　　　　　　　　　　　　　　　　　　　　　　　记录编号：

工程部位/用途		委托/任务编号		试验依据	
样品编号		样品名称		样品规格	
样品描述		试验条件		试验日期	
主要仪器及编号					

试样编号							
集料种类	试验用集料质量/g	扁平细长比例大于3的针、片状颗粒质量/g	针、片状颗粒含量/%	试验用集料质量/g	扁平细长比例大于3的针、片状颗粒质量/g	针、片状颗粒含量/%	针、片状颗粒平均含量/%
混合料							
粒径大于9.5 mm							
粒径小于9.5 mm							

备注：

试验： 　　　　　　　　　　　　　　　复核： 　　　　　　　　　　　　　　日期： 　年　月　日

第 页，共 页

粗集料针、片状颗粒含量试验检测记录表（游标卡尺法）　　JJ0202b

试验室名称：　　　　　　　　　　　　　　　　　　　　　　　　　记录编号：

工程部位/用途		委托/任务编号		试验依据	
样品编号		样品名称		样品规格	
样品描述		试验条件		试验日期	

主要仪器及编号							
试样编号							
集料种类	试验用集料质量/g	扁平细长比例大于3的针、片状颗粒质量/g	针、片状颗粒含量/%	试验用集料质量/g	扁平细长比例大于3的针、片状颗粒质量/g	针、片状颗粒含量/%	针、片状颗粒平均含量/%
混合料							
粒径大于 9.5 mm							
粒径小于 9.5 mm							

备注：

试验：　　　　　　　　　　　　　　复核：　　　　　　　　　　　日期：　　年　月　日

第 页，共 页

粗集料含泥量及泥块含量试验检测记录表

JJ0215

试验室名称： 记录编号：

工程部位/用途			委托/任务编号		
样品编号			样品名称		
样品描述			试验依据		
试验条件			试验日期		
主要仪器及编号					
含泥量	试验前烘干试样质量/g	试验后烘干试样质量/g	含泥量/%	平均含泥量/%	
泥块含量	试验前烘干试样质量/g	4.75 mm筛余量/g	试验后烘干试样质量/g	泥块含量/%	平均泥块含量/%
备注：					

试验： 复核： 日期： 年 月 日

第 页，共 页

粗集料含泥量及泥块含量试验检测记录表

JJ0215

试验室名称： 记录编号：

工程部位/用途				委托/任务编号		
样品编号				样品名称		
样品描述				试验依据		
试验条件				试验日期		
主要仪器及编号						
含泥量	试验前烘干试样质量/g	试验后烘干试样质量/g	含泥量/%		平均含泥量/%	
泥块含量	试验前烘干试样质量/g	4.75 mm 筛余量/g	试验后烘干试样质量/g		泥块含量/%	平均泥块含量/%
备注：						

试验： 复核： 日期： 年 月 日

第 页，共 页

粗集料含泥量及泥块含量试验检测记录表

JJ0215

试验室名称：　　　　　　　　　　　　　　　　　　　　　　　记录编号：

工程部位/用途			委托/任务编号		
样品编号			样品名称		
样品描述			试验依据		
试验条件			试验日期		
主要仪器及编号					

含泥量	试验前烘干试样质量/g	试验后烘干试样质量/g	含泥量/%	平均含泥量/%

泥块含量	试验前烘干试样质量/g	4.75 mm筛余量/g	试验后烘干试样质量/g	泥块含量/%	平均泥块含量/%

备注：

试验：　　　　　　　　　　　复核：　　　　　　　　日期：　　年　月　日

第 页，共 页

细集料筛分试验检测记录表(水洗法)

JJ0201d

试验室名称：　　　　　　　　　　　　　　　　　　　　　　　　　记录编号：

工程部位/用途		委托/任务编号	
样品编号		样品名称	
样品描述		试验依据	
试验条件		试验日期	
主要仪器及编号			

试验次数	水洗前烘干试样总质量/g	水洗后烘干试样总质量/g	集料中小于0.075 mm的颗粒含量/%	
			单值	平均值
1				
2				

干燥试样总量/g	第一组				第二组				平均通过百分率/%
筛孔尺寸/mm	分计质量/g	分计筛余/%	累计筛余/%	通过百分率/%	分计质量/g	分计筛余/%	累计筛余/%	通过百分率/%	
合计质量	合计1=				合计2=				
细度模数	$M_{x_1}=$				$M_{x_2}=$				细度模数平均值=

备注：

试验：　　　　　　　　　　　复核：　　　　　　　　　　日期：　　年　月　日

第 页,共 页

土的界限含水量试验检测记录表(液塑限联合测定仪法)　　JJ0102a

试验室名称:　　　　　　　　　　　　　　　　　　　　　　　　　　　记录编号:

工程部位/用途		委托/任务编号		样品编号	
样品名称		样品描述		试验依据	
试验条件		试验日期			
主要仪器设备及编号					

	试验次数	1	2	3
入土深度/mm	h_1			
	h_2			
	$(h_1+h_2)/2$			
含水量/%	盒号	1　2	3　4	5　6
	盒重			
	盒+湿土重/g			
	盒+干土重/g			
	水分重/g			
	干土重/g			
	含水量/%			
	平均含水量/%			

纵轴:锥入深度/mm (10–30)　横轴:含水量 w/%(10–70)

液限 $w_L=$　　/%($h=20$ mm 时)

塑限 $w_P=$　　/%(h_P 时)

塑性指数 $I_P=w_L-w_P=$

备注	塑限入土深度 h_P	细粒土 $h_P=w_L/(0.524w_L-7.606)$ 砂类土 $h_P=29.6-1.22w_L+0.017w_L^2-0.000\,074\,4w_L^3$

土的工程分类:　　　　　土的名称:

试验:　　　　　　　　　　　　复核:　　　　　　　　　　　日期:　年　月　日

第 页，共 页

矿质混合料配合比设计试验检测记录表

JJ0700

试验室名称：　　　　　　　　　　　　　　　　　　　　　　　　　　　　　　　记录编号：

工程部位/用途		委托/任务编号		样品编号	
样品名称		样品描述		试验依据	
试验条件		试验日期			

主要仪器设备及编号														
材料名称	配合比/%	筛孔尺寸/mm												
		通过百分率/%												
合成级配														
规定通过百分率/%														

备注：

试验：　　　　　　　　　　　　　复核：　　　　　　　　　　　　日期：　　年　月　日

第 页，共 页

矿质混合料配合比设计试验检测记录表

JJ0700

试验室名称：　　　　　　　　　　　　　　　　　　　　　　　　　　　　记录编号：

工程部位/用途		委托/任务编号		样品编号	
样品名称		样品描述		试验依据	
试验条件		试验日期			
主要仪器设备及编号					

图解法计算图	矿料级配检验图

备注：

试验：　　　　　　　　　　　　　　　复核：　　　　　　　　　　日期：　　年　月　日

第 页，共 页

水泥细度、比表面积试验检测记录表

JJ0402

试验室名称：　　　　　　　　　　　　　　　　　　　　　　　　　　　　　　　记录编号：

工程部位/用途		委托/任务编号		样品编号	
样品名称		样品强度等级		样品描述	
试验依据		试验条件		试验日期	
主要仪器设备及编号					

水泥细度试验

试验方法	试验次数	筛析用试样重/g	0.08 mm 筛余物重/g	筛余/%	修正系数	修正后筛余/%	筛余平均/%
负压筛法	1						
	2						

	参数	试样密度/(g·cm^{-3})	试料层体积/cm^3	空隙率	试样质量/g	温度/℃	液面降落时间/s	空气黏度/(Pa·s)	比表面积/(m^2·kg^{-1})	平均值/(m^2·kg^{-1})	规定值/(m^2·kg^{-1})
比表面积	标样										
	试样1										
	试样2										

备注：

试验：　　　　　　　　　　　　　　　复核：　　　　　　　　　　　　日期：　　年　月　日

第 页，共 页

水泥标准稠度用水量、凝结时间、安定性试验检测记录表　　JJ0403

试验室名称：　　　　　　　　　　　　　　　　　　　　　　　　　　　　记录编号：

工程部位/用途		委托/任务编号	
样品编号		样品名称及强度等级	
样品描述		试验依据	
试验条件		试验日期	
主要仪器设备及编号			

水泥净浆标准稠度试验

试验方法	试验次数	水泥试样质量/g	加水量/mL	试杆距底板距离/mm	稠度/%	结果/%
标准法						

水泥凝结时间、安定性试验

凝结时间试验							安定性试验	
试样重/g	用水量/g	开始加水泥时间	初凝		终凝		$C_1(\ )-A_1(\ )=$ $C_2(\ )-A_2(\ )=$ 平均值： 规定值：≥5.0 mm	
			初凝时间	初凝时长/min	终凝时间	终凝时长/min		
							结论	

备注：

试验：　　　　　　　　　　　　　　复核：　　　　　　　　　　　日期：　　年　月　日

第 页，共 页

水泥胶砂强度试验检测记录表

JJ0406

试验室名称： 记录编号：

工程部位/用途				委托/任务编号		
样品编号				样品名称及强度等级		
样品描述				试验依据		
试验条件				试验日期		
主要仪器设备及编号						
养护条件				成型日期		
抗折强度	龄期/d	试验日期	试件尺寸/mm	破坏荷载/kN	抗折强度测值/MPa	抗折强度值/MPa
	3					
	28					
抗压强度	龄期/d	试验日期	受压面积/mm²	破坏荷载/kN	抗压强度测值/MPa	抗压强度值/MPa
	3					
	28					
备注：						

试验： 复核： 日期： 年 月 日

第 页，共 页

无机结合料稳定材料击实试验检测记录表

JJ0701

试验室名称：　　　　　　　　　　　　　　　　　　　　　　　　　　　　　　记录编号：

工程部位/用途			委托/任务编号		样品编号			
样品名称			样品描述		试验依据			
试验条件			试验日期					
主要仪器设备及编号								
混合料比例			材料名称规格					
筒容积/cm³			产地					
	试验次数	1	2		3	4	5	
干密度	筒+湿样质量/g							
	筒质量/g							
	湿密度/(g·cm⁻³)							
	干密度/(g·cm⁻³)							
含水量	盒号							
	盒质量/g							
	盒+湿样质量/g							
	盒+干样质量/g							
	含水量/%							
	平均含水量/%							

备注：

试验：　　　　　　　　　　　　　复核：　　　　　　　　　　　　日期：　　年　月　日

第 页，共 页

无机结合料稳定材料击实试验检测记录表

JJ0701

试验室名称： 记录编号：

工程部位/用途		委托/任务编号		样品编号	
样品名称		样品描述		试验依据	
试验条件		试验日期			

主要仪器设备及编号	

混合料比例			材料名称规格			
筒容积/cm³			产地			

	试验次数	1	2	3	4	5
干密度	筒＋湿样质量/g					
	筒质量/g					
	湿密度/(g·cm⁻³)					
	干密度/(g·cm⁻³)					
含水量	盒号					
	盒质量/g					
	盒＋湿样质量/g					
	盒＋干样质量/g					
	含水量/%					
	平均含水量/%					

备注：

试验： 复核： 日期： 年 月 日

第 页，共 页

无机结合料稳定材料击实试验检测记录表

JJ0701

试验室名称：　　　　　　　　　　　　　　　　　　　　　　　　　　记录编号：

工程部位/用途		委托/任务编号		样品编号	
样品名称		样品描述		试验依据	
试验条件		试验日期			

主要仪器设备及编号	

混合料比例				材料名称规格					
筒容积/cm³				产地					

	试验次数	1	2	3	4	5
干密度	筒+湿样质量/g					
	筒质量/g					
	湿密度/(g·cm⁻³)					
	干密度/(g·cm⁻³)					
含水量	盒号					
	盒质量/g					
	盒+湿样质量/g					
	盒+干样质量/g					
	含水量/%					
	平均含水量/%					

备注：

试验：　　　　　　　　　　　　复核：　　　　　　　　　　　　日期：　　年　月　日

第 页，共 页

无机结合料稳定材料击实试验检测记录表

JJ0701

试验室名称： 　　　　　　　　　　　　　　　　　　　　　　　　　记录编号：

工程部位/用途		委托/任务编号		样品编号	
样品名称		样品描述		试验依据	
试验条件		试验日期			

主要仪器设备及编号	

混合料比例			材料名称规格				
筒容积/cm^3			产地				

	试验次数	1	2	3	4	5
干密度	筒＋湿样质量/g					
	筒质量/g					
	湿密度/(g·cm^{-3})					
	干密度/(g·cm^{-3})					
含水量	盒号					
	盒质量/g					
	盒＋湿样质量/g					
	盒＋干样质量/g					
	含水量/%					
	平均含水量/%					

备注：

试验： 　　　　　　　　　　复核： 　　　　　　　　　　日期： 　年　月　日

第 页，共 页

无机结合料稳定材料击实试验检测记录表

JJ0701

试验室名称： 记录编号：

工程部位/用途		委托/任务编号		样品编号	
样品名称		样品描述		试验依据	
试验条件		试验日期			

主要仪器设备及编号	

混合料比例		材料名称规格	
筒容积/cm³		产地	

	试验次数	1	2	3	4	5	
干密度	筒＋湿样质量/g						
	筒质量/g						
	湿密度/(g·cm⁻³)						
	干密度/(g·cm⁻³)						
含水量	盒号						
	盒质量/g						
	盒＋湿样质量/g						
	盒＋干样质量/g						
	含水量/%						
	平均含水量/%						

备注：

试验： 复核： 日期： 年 月 日

第 页，共 页

无机结合料稳定材料无侧限抗压强度试验检测记录表

JJ0703

试验室名称： 记录编号：

工程部位/用途		委托/任务编号		样品编号	
样品名称		样品描述		试验依据	
试验条件		试验日期			

主要仪器设备及编号	

矿质混合料比例			灰剂量/%		成型压实度/%		设计强度/MPa	
成型时干密度/(g·cm^{-3})		材料名称及规格					成型日期	
成型时含水量/%		产地					试压日期	

编号	成型后测定		饱水前测定	饱水后测定		龄期/d	破坏荷载/N	抗压强度/MPa	平均值/MPa	代表值/MPa
	试件重/g	试件高度/mm	试件重/g	试件重/g	试件高度/mm					

备注：

试验： 复核： 日期： 年 月 日

第 页，共 页

无机结合料稳定材料无侧限抗压强度试验检测记录表

JJ0703

试验室名称： 记录编号：

工程部位/用途		委托/任务编号		样品编号	
样品名称		样品描述		试验依据	
试验条件		试验日期			

主要仪器设备及编号	

矿质混合料比例				灰剂量/%		成型压实度/%		设计强度/MPa	
成型时干密度/(g·cm^{-3})		材料名称及规格						成型日期	
成型时含水量/%		产地						试压日期	

编号	成型后测定		饱水前测定	饱水后测定		龄期/d	破坏荷载/N	抗压强度/MPa	平均值/MPa	代表值/MPa
	试件重/g	试件高度/mm	试件重/g	试件重/g	试件高度/mm					

备注：

试验： 复核： 日期： 年 月 日

第 页，共 页

无机结合料稳定材料无侧限抗压强度试验检测记录表

JJ0703

试验室名称： 记录编号：

工程部位/用途		委托/任务编号		样品编号	
样品名称		样品描述		试验依据	
试验条件		试验日期			

主要仪器设备及编号

矿质混合料比例				灰剂量/%		成型压实度/%		设计强度/MPa	
成型时干密度/(g·cm^{-3})		材料名称及规格						成型日期	
成型时含水量/%		产地						试压日期	

编号	成型后测定		饱水前测定	饱水后测定		龄期/d	破坏荷载/N	抗压强度/MPa	平均值/MPa	代表值/MPa
	试件重/g	试件高度/mm	试件重/g	试件重/g	试件高度/mm					

备注：

试验： 复核： 日期： 年 月 日

第 页，共 页

无机结合料稳定材料无侧限抗压强度试验检测记录表

JJ0703

试验室名称：　　　　　　　　　　　　　　　　　　　　　　　　　　　　　　　　记录编号：

工程部位/用途		委托/任务编号		样品编号	
样品名称		样品描述		试验依据	
试验条件		试验日期			
主要仪器设备及编号					

矿质混合料比例		灰剂量/%		成型压实度/%		设计强度/MPa	
成型时干密度/(g·cm^{-3})		材料名称及规格				成型日期	
成型时含水量/%		产地				试压日期	

编号	成型后测定		饱水前测定	饱水后测定		龄期/d	破坏荷载/N	抗压强度/MPa	平均值/MPa	代表值/MPa
	试件重/g	试件高度/mm	试件重/g	试件重/g	试件高度/mm					

备注：

试验：　　　　　　　　　　　复核：　　　　　　　　　　日期：　年　月　日

第 页，共 页

无机结合料稳定材料无侧限抗压强度试验检测记录表

JJ0703

试验室名称： 记录编号：

工程部位/用途		委托/任务编号		样品编号	
样品名称		样品描述		试验依据	
试验条件		试验日期			
主要仪器设备及编号					

矿质混合料比例		灰剂量/%		成型压实度/%		设计强度/MPa	
成型时干密度/(g·cm^{-3})		材料名称及规格				成型日期	
成型时含水量/%		产地				试压日期	

编号	成型后测定		饱水前测定	饱水后测定		龄期/d	破坏荷载/N	抗压强度/MPa	平均值/MPa	代表值/MPa
	试件重/g	试件高度/mm	试件重/g	试件重/g	试件高度/mm					

备注：

试验： 复核： 日期： 年 月 日

报告编号：

检 验 报 告

产品名称：＿＿＿＿＿＿＿＿＿＿

委托单位：＿＿＿＿＿＿＿＿＿＿

检验类别：＿＿＿＿＿＿＿＿＿＿

单位名称：山西交通职业技术学院
　　　　　公路交通试验检测中心

报告日期：

注意事项

1. 报告无我单位"CMA 章""资质证书专用章""试验检验专用章"和"骑缝章"无效。
2. 复制报告未重新加盖我单位检验专用章或检验单位公章无效。
3. 报告无主检人、审核人、批准人签字无效,报告涂改无效。
4. 对检测报告若有异议,应于收到报告之日起十五日内,向本单位提出,逾期不予受理。
5. 委托检验仅对样品负责。
6. 需要退还的样品及其包装物可在收到报告十五日内领取,逾期不领者视弃样处理。
7. 未经本单位书面批准,不得部分复印,本报告不得用于商品广告。

地址:×××
电话:×××
传真:×××
电子信箱:×××
邮编:×××

第 页，共 页

山西交通职业技术学院公路交通试验检测中心
检验报告

报告编号：

产品名称			抽样地点	
受检单位			商标	
生产单位			产品号	
委托单位			样品批次	
规格型号			样品等级	
检验类别			样品数量	
检验依据			抽样基数	
检验项目			委托日期	
产品描述			抽样人员	
主要仪器设备				
检验结论				
试验环境				
批准人			审核人	
主检人				
备注		本报告空白处用"—"表示。		
录入		校对		打印日期

第 页，共 页

报告续页

JB010203

试验室名称： 报告编号：

委托/施工单位		委托编号	
工程名称		工程部位/用途	
样品编号		样品名称	
样品描述		样品产地	
试验依据		判定依据	
主要仪器设备及编号			

序号	检测项目	技术指标	检测结果	结果判定
1	压碎值/%			
2	针、片状颗粒含量/%			
3	0.075 mm 以下粉尘含量/%			
4	软石含量			
5	颗粒级配试验结果			

筛孔尺寸/mm	实测值/%	规范值/%	

检测结论：

备注：

试验： 复核： 签发： 日期： 年 月 日

报告续页 第 页，共 页

JB010203

试验室名称：　　　　　　　　　　　　　　　　　　　　　　　　　　　报告编号：

委托/施工单位		委托编号	
工程名称		工程部位/用途	
样品编号		样品名称	
样品描述		样品产地	
试验依据		判定依据	
主要仪器设备及编号			

序号	检测项目	技术指标	检测结果	结果判定
1	压碎值/%			
2	针、片状颗粒含量/%			
3	0.075 mm 以下粉尘含量/%			
4	软石含量			
5	颗粒级配试验结果			

筛孔尺寸/mm	实测值/%	规范值/%

检测结论：

备注：

试验：　　　　　　　复核：　　　　　　　签发：　　　　　　　日期：　　年　月　日

第 页，共 页

报告续页

JB010203

试验室名称：　　　　　　　　　　　　　　　　　　　　　　　　　　报告编号：

委托/施工单位		委托编号	
工程名称		工程部位/用途	
样品编号		样品名称	
样品描述		样品产地	
试验依据		判定依据	
主要仪器设备及编号			

序号	检测项目	技术指标	检测结果	结果判定
1	压碎值/%			
2	针、片状颗粒含量/%			
3	0.075 mm以下粉尘含量/%			
4	软石含量			
5	颗粒级配试验结果			

筛孔尺寸/mm	实测值/%	规范值/%	

检测结论：

备注：

试验：　　　　　复核：　　　　　签发：　　　　　日期：　年　月　日

第 页，共 页

报告续页 JB010206

试验室名称：　　　　　　　　　　　　　　　　　　　　　　　　　报告编号：

委托/施工单位		委托编号	
工程名称		工程部位/用途	
样品编号		样品名称	
样品描述		样品产地	
试验依据		判定依据	
主要仪器设备及编号			

序号	检测项目	技术指标	检测结果	结果判定
1	压碎值/%			
2	针、片状颗粒含量/%			
3	0.075 mm 以下粉尘含量/%			
4	软石含量			
5	颗粒级配试验结果			

筛孔尺寸/mm	实测值/%	规范值/%

检测结论：

备注：

试验：　　　　　　复核：　　　　　　签发：　　　　　　日期：　　年　月　日

第 页，共 页

报告续页 JB010700

试验室名称 报告编号：

委托/施工单位		委托编号	
工程名称		工程部位/用途	
样品编号		样品名称	
样品描述		样品产地	
试验依据		判定依据	
主要仪器设备及编号			

材料名称	配合比例/%	筛孔尺寸/mm											
		26.5	19	16	13.2	9.5	4.75	2.36	1.18	0.6	0.3	0.15	0.075
		通过百分率/%											
合成级配													
规定通过百分率/%													

检测结论：

备注：

试验：　　　复核：　　　签发：　　　日期：　年　月　日

第 页，共 页

报告续页　　　　　　　　　　　　　　　　　　　　　　　JB010402

试验室名称：　　　　　　　　　　　　　　　　　　　　　　报告编号：

委托/施工单位		委托编号	
工程名称		工程部位/用途	
样品编号		样品名称	
样品描述		样品产地	
试验依据		判定依据	
主要仪器设备及编号			

序号	检测项目		技术指标	检测结果	结果判定
1	细度/%				
2	密度/(kg·m^{-3})				
3	比表面积/(m^2·kg^{-1})				
4	标准稠度用水量/%				
5	凝结时间/min	初凝			
		终凝			
6	安定性				
7	胶砂流动度/mm				
8	抗折强度/MPa				
	抗压强度/MPa				
9	烧失量/%				

检测结论：

备注：

试验：　　　　　复核：　　　　　签发：　　　　　　　　　　　日期：　年　月　日

第 页，共 页

报告续页

JB010703

试验室名称： 报告编号：

委托/施工单位		委托编号		工程名称	
工程部位/用途		样品编号		样品名称	
样品描述		试验依据		判定依据	
主要仪器设备及编号					

组号	试验次数	平均含水量	干密度		
				1	2

检测结论：	备注：

试验： 复核： 签发： 日期： 年 月 日

第 页，共 页

报告续页 JB010703

试验室名称：　　　　　　　　　　　　　　　　　　　　　　　　　　报告编号：

委托/施工单位		委托编号		工程名称	
工程部位/用途		样品编号		样品名称	
样品描述		试验依据		判定依据	
主要仪器设备及编号					

组号	试验次数	平均含水量	干密度	1	2

检测结论：	备注：

试验：　　　　　　复核：　　　　　　签发：　　　　　　日期：　　年　月　日

第 页，共 页

报告续页

JB010703

试验室名称：　　　　　　　　　　　　　　　　　　　　　　　　　　　　报告编号：

委托/施工单位		委托编号		工程名称	
工程部位/用途		样品编号		样品名称	
样品描述		试验依据		判定依据	
主要仪器设备及编号					

组号	试验次数	平均含水量	干密度		
				1	2

检测结论：

备注：

试验：　　　　　　复核：　　　　　　签发：　　　　　　日期：　年　月　日

第 页，共 页

报告续页　　　　　　　　　　　　　　　　　　　　　　JB010703

试验室名称：　　　　　　　　　　　　　　　　　　　报告编号：

委托/施工单位		委托编号		工程名称	
工程部位/用途		样品编号		样品名称	
样品描述		试验依据		判定依据	
主要仪器设备及编号					

组号	试验次数	平均含水量	干密度	1	2

检测结论：	备注：

试验：　　　　　　　复核：　　　　　　　签发：　　　　　　　日期：　　年　月　日

第 页，共 页

报告续页

JB010703

试验室名称：　　　　　　　　　　　　　　　　　　　　　　　　　　　报告编号：

委托/施工单位		委托编号		工程名称	
工程部位/用途		样品编号		样品名称	
样品描述		试验依据		判定依据	
主要仪器设备及编号					

组号	试验次数	平均含水量	干密度	1	2

检测结论：	备注：

试验：　　　　　　　复核：　　　　　　　签发：　　　　　　　日期：　　年　月　日

第 页，共 页

报告续页　　　　　　　　　　　　　　　　　　　　　JB010704

试验室名称：　　　　　　　　　　　　　　　　　　　　报告编号：

委托/施工单位		委托编号	
工程名称		工程部位/用途	
样品编号		样品名称	
样品描述		样品产地	
试验依据		判定依据	
主要仪器设备及编号			
矿质混合料比例		设计强度/MPa	
灰剂量/%		成型压实度/%	
成型时干密度/(g·cm^{-3})		成型时含水量/%	
成型日期		试验日期	

编号	破坏荷载/N	抗压强度/MPa	平均值/MPa	代表值/MPa

检测结论：

备注：

试验：　　　　复核：　　　　签发：　　　　日期：　年　月

第 页，共 页

报告续页

JB010704

试验室名称： 报告编号：

委托/施工单位		委托编号	
工程名称		工程部位/用途	
样品编号		样品名称	
样品描述		样品产地	
试验依据		判定依据	
主要仪器设备及编号			
矿质混合料比例		设计强度/MPa	
灰剂量/%		成型压实度/%	
成型时干密度/(g·cm^{-3})		成型时含水量/%	
成型日期		试验日期	

编号	破坏荷载/N	抗压强度/MPa	平均值/MPa	代表值/MPa

检测结论：

备注：

试验： 复核： 签发： 日期： 年 月

第 页，共 页

报告续页

JB010704

试验室名称：　　　　　　　　　　　　　　　　　　　　　　　　　　报告编号：

委托/施工单位		委托编号	
工程名称		工程部位/用途	
样品编号		样品名称	
样品描述		样品产地	
试验依据		判定依据	
主要仪器设备及编号			
矿质混合料比例		设计强度/MPa	
灰剂量/%		成型压实度/%	
成型时干密度/(g·cm^{-3})		成型时含水量/%	
成型日期		试验日期	

编号	破坏荷载/N	抗压强度/MPa	平均值/MPa	代表值/MPa

检测结论：

备注：

试验：　　　　　复核：　　　　　签发：　　　　　日期：　年　月

报告续页

第 页，共 页

JB010704

试验室名称： 报告编号：

委托/施工单位		委托编号	
工程名称		工程部位/用途	
样品编号		样品名称	
样品描述		样品产地	
试验依据		判定依据	
主要仪器设备及编号			
矿质混合料比例		设计强度/MPa	
灰剂量/%		成型压实度/%	
成型时干密度/(g·cm^{-3})		成型时含水量/%	
成型日期		试验日期	

编号	破坏荷载/N	抗压强度/MPa	平均值/MPa	代表值/MPa

检测结论：

备注：

试验： 复核： 签发： 日期： 年 月

第 页，共 页

报告续页 JB010704

试验室名称：　　　　　　　　　　　　　　　　　　　　　报告编号：

委托/施工单位		委托编号	
工程名称		工程部位/用途	
样品编号		样品名称	
样品描述		样品产地	
试验依据		判定依据	
主要仪器设备及编号			
矿质混合料比例		设计强度/MPa	
灰剂量/％		成型压实度/％	
成型时干密度/(g·cm^{-3})		成型时含水量/％	
成型日期		试验日期	

编号	破坏荷载/N	抗压强度/MPa	平均值/MPa	代表值/MPa

检测结论：

备注：

试验：　　　　　复核：　　　　　签发：　　　　　　　　　　　日期：　年　月

四、实训总结

项目四 路基填土指标检测

一、实训日志

日期		天气	
实训任务			
主要仪器设备			
实训任务要求			
任务实施过程遇到的问题及解决方法			
任务实施结果			
备注			

日期		天气	
实训任务			
主要仪器设备			
实训任务要求			
任务实施过程遇到的问题及解决方法			
任务实施结果			
备注			

日期		天气	
实训任务			
主要仪器设备			
实训任务要求			
任务实施过程遇到的问题及解决方法			
任务实施结果			
备注			

日期			天气	
实训任务				
主要仪器设备				
实训任务要求				
任务实施过程遇到的问题及解决方法				
任务实施结果				
备注				

日期		天气	
实训任务			
主要仪器设备			
实训任务要求			
任务实施过程遇到的问题及解决方法			
任务实施结果			
备注			

日期		天气	
实训任务			
主要仪器设备			
实训任务要求			
任务实施过程遇到的问题及解决方法			
任务实施结果			
备注			

二、细粒土样的试验检测记录、检验报告

第　页，共　页

土的击实试验检测记录表　　　　　　　　　JJ0103

试验室名称：　　　　　　　　　　　　　　　　　　　　　记录编号：

工程部位/用途		委托/任务编号	
样品编号		样品名称	
样品描述		试验依据	
试验条件		试验日期	
主要仪器设备及编号			

击锤质量/kg		每层击数		落距/cm	

	试验次数					
干密度	筒容积/cm³					
	筒质量/g					
	筒＋湿土质量/g					
	湿土质量/g					
	湿密度/(g·cm⁻³)					
	干密度/(g·cm⁻³)					
含水量	盒号					
	盒质量/g					
	盒＋湿土质量/g					
	盒＋干土质量/g					
	水质量/g					
	干土质量/g					
	含水量/%					
	平均含水量/%					

最大干密度/(g·cm⁻³)		最佳含水量/%	

击实曲线：（干密度/(g·cm⁻³) 纵轴 1.6～2.1，含水量/% 横轴 5～20）

备注：

试验：　　　　　　　复核：　　　　　　　日期：　　年　月　日

第 页，共 页

土的界限含水量试验检测记录表(液塑限联合测定仪法)　　JJ0102a

试验室名称：　　　　　　　　　　　　　　　　　　　　　　　　　　　　　　　记录编号：

工程部位/用途		委托/任务编号		样品编号	
样品名称		样品描述		试验依据	
试验条件		试验日期			
主要仪器设备及编号					

试验次数		1	2	3
入土深度/mm	h_1			
	h_2			
	$(h_1+h_2)/2$			
含水量/%	盒号	1	2	3	4	5	6
	盒重						
	盒+湿土重/g						
	盒+干土重/g						
	水分重/g						
	干土重/g						
	含水量/%						
	平均含水量/%						

液限 $w_L=$　　/%($h=20$ mm 时)

塑限 $w_P=$　　/%(h_P 时)

塑性指数 $I_P=w_L-w_P=$

备注：塑限入土深度 h_P
细粒土 $h_P=w_L/(0.524w_L-7.606)=$
砂类土 $h_P=29.6-1.22w_L+0.017w_L^2-0.000\,074\,4w_L^3$

土的工程分类：　　　　土的名称：

试验：　　　　　　　复核：　　　　　　　日期：　　年　月　日

第 页，共 页

土的承载比CBR试验检测记录表

JJ0105

试验室名称： 记录编号：

工程部位/用途				委托/任务编号			
样品编号				样品名称			
样品描述				试验依据			
试验条件				试验日期			
主要仪器设备及编号							

	每层击数						
	试件编号						
含水量	盒号						
	盒＋湿土重/g						
	盒＋干土重/g						
	水重/g						
	盒重/g						
	含水量/%						
	平均含水量/%						
干密度	筒质量/g						
	筒＋试件质量/g						
	筒体积/cm^3						
	湿密度/$(g \cdot cm^{-3})$						
	干密度/$(g \cdot cm^{-3})$						
	干密度平均值/$(g \cdot cm^{-3})$						
膨胀量	筒号						
	泡水前试件高度/mm						
	泡水后试件高度/mm						
	膨胀量/%						
	膨胀量平均值/%						
吸水量	泡水后筒＋试件质量/g						
	吸水量/g						
	吸水量平均值/g						
备注：							

试验： 复核： 日期： 年 月 日

第 页，共 页

土的承载比CBR试验检测记录表

JJ0105

试验室名称：　　　　　　　　　　　　　　　　　　　　　　　　　记录编号：

工程部位/用途		委托/任务编号	
样品编号		样品名称	
样品描述		试验依据	
试验条件		试验日期	
主要仪器设备及编号			

	每层击数				
	试件编号				
含水量	盒号				
	盒+湿土重/g				
	盒+干土重/g				
	水重/g				
	盒重/g				
	含水量/%				
	平均含水量/%				
干密度	筒质量/g				
	筒+试件质量/g				
	筒体积/cm^3				
	湿密度/(g·cm^{-3})				
	干密度/(g·cm^{-3})				
	干密度平均值/(g·cm^{-3})				
膨胀量	筒号				
	泡水前试件高度/mm				
	泡水后试件高度/mm				
	膨胀量/%				
	膨胀量平均值/%				
吸水量	泡水后筒+试件质量/g				
	吸水量/g				
	吸水量平均值/g				

备注：

试验：　　　　　　　　　　　　　复核：　　　　　　　　　　日期：　　年　月　日

第 页，共 页

土的承载比CBR试验检测记录表

JJ0105

试验室名称：　　　　　　　　　　　　　　　　　　　　　　　记录编号：

工程部位/用途			委托/任务编号		
样品编号			样品名称		
样品描述			试验依据		
试验条件			试验日期		
主要仪器设备及编号					

	每层击数					
	试件编号					
含水量	盒号					
	盒+湿土重/g					
	盒+干土重/g					
	水重/g					
	盒重/g					
	含水量/%					
	平均含水量/%					
干密度	筒质量/g					
	筒+试件质量/g					
	筒体积/cm³					
	湿密度/(g·cm^{-3})					
	干密度/(g·cm^{-3})					
	干密度平均值/(g·cm^{-3})					
膨胀量	筒号					
	泡水前试件高度/mm					
	泡水后试件高度/mm					
	膨胀量/%					
	膨胀量平均值/%					
吸水量	泡水后筒+试件质量/g					
	吸水量/g					
	吸水量平均值/g					

备注：

试验：　　　　　　　　　　　　　复核：　　　　　　　　　日期：　　年　月　日

第 页，共 页

土的承载比 CBR 试验检测记录表

JJ0105

试验室名称： 记录编号：

工程部位/用途		委托/任务编号	
样品编号		样品名称	
样品描述		试验依据	
试验条件		试验日期	
主要仪器设备及编号			
每层击数	最大干密度/(g·cm^{-3})		最佳含水量/%
试件编号	量力环校正系数		贯入杆面积/cm^2

荷载测力百分表读数 R	荷载压力/kN	单位压力 P/kPa	百分表读数 (0.01 mm)			贯入量 l/mm	荷载测力百分表读数 R	荷载压力/kN	单位压力 P/kPa	百分表读数 (0.01 m)			贯入量 l/mm
			左	右	平均					左	右	平均	

单位压力与贯入量关系曲线

$l=2.5$ mm 时	$P=$ kPa,	CBR=
$l=5$ mm 时	$P=$ kPa,	CBR=

备注：

试验： 复核： 日期： 年 月 日

第 页，共 页

土的承载比CBR试验检测记录表

JJ0105

试验室名称：　　　　　　　　　　　　　　　　　　　　　　　　　　　记录编号：

工程部位/用途		委托/任务编号	
样品编号		样品名称	
样品描述		试验依据	
试验条件		试验日期	
主要仪器及编号			
每层击数		最大干密度/(g·cm^{-3})		最佳含水量/%	
试件编号		量力环校正系数		贯入杆面积/cm^2	

荷载测力百分表读数 R	荷载压力/kN	单位压力 P/kPa	百分表读数 (0.01 mm)			贯入量 l/mm	荷载测力百分表读数 R	荷载压力/kN	单位压力 P/kPa	百分表读数 (0.01 m)			贯入量 l/mm
			左	右	平均					左	右	平均	

单位压力与贯入量关系曲线

l=2.5 mm时	P=　　kPa,	CBR=
l=5 mm时	P=　　kPa,	CBR=

备注：

试验：　　　　　　　　　　　　复核：　　　　　　　　　　　日期：　　年　月　日

第 页，共 页

土的承载比 CBR 试验检测记录表

JJ0105

试验室名称：　　　　　　　　　　　　　　　　　　　　　　　　　　记录编号：

工程部位/用途						委托/任务编号					
样品编号						样品名称					
样品描述						试验依据					
试验条件						试验日期					
主要仪器及编号											
每层击数		最大干密度/(g·cm^{-3})					最佳含水量/%				
试件编号		量力环校正系数					贯入杆面积/cm^2				

荷载测力百分表读数 R	荷载压力/kN	单位压力 P/kPa	百分表读数 (0.01 mm)			贯入量 l/mm	荷载测力百分表读数 R	荷载压力/kN	单位压力 P/kPa	百分表读数 (0.01 m)			贯入量 l/mm
			左	右	平均					左	右	平均	

单位压力与贯入量关系曲线

l=2.5 mm 时	P=　　kPa,	CBR=
l=5 mm 时	P=　　kPa,	CBR=

备注：

试验：　　　　　　　　　　　　　　　复核：　　　　　　　　　　　日期：　　年　月　日

第 页，共 页

土的承载比 CBR 试验检测记录表   JJ0105

试验室名称：　　　　　　　　　　　　　　　　　　　　　　　　　　　　记录编号：

工程部位/用途		委托/任务编号	
样品编号		样品名称	
样品描述		试验依据	
试验条件		试验日期	
主要仪器及编号			
每层击数		最大干密度/(g·cm^{-3})		最佳含水量/%	
试件编号		量力环校正系数		贯入杆面积/cm^2	

荷载测力百分表读数 R	荷载压力/kN	单位压力 P/kPa	百分表读数 (0.01 mm)			贯入量 l/mm	荷载测力百分表读数 R	荷载压力/kN	单位压力 P/kPa	百分表读数 (0.01 m)			贯入量 l/mm
			左	右	平均					左	右	平均	

单位压力与贯入量关系曲线

$l=2.5$ mm 时	$P=$　　kPa，	CBR=
$l=5$ mm 时	$P=$　　kPa，	CBR=

备注：

试验：　　　　　　　　　　　　复核：　　　　　　　　　　　日期：　　年　月　日

第 页，共 页

土的承载比CBR试验检测记录表　　JJ0105

试验室名称：　　　　　　　　　　　　　　　　　　　　　　　　　　　记录编号：

工程部位/用途						委托/任务编号					
样品编号						样品名称					
样品描述						试验依据					
试验条件						试验日期					
主要仪器及编号											
每层击数			最大干密度/(g·cm^{-3})					最佳含水量/%			
试件编号			量力环校正系数					贯入杆面积/cm^2			

荷载测力百分表读数 R	荷载压力/kN	单位压力 P/kPa	百分表读数 (0.01 mm)			贯入量 l/mm	荷载测力百分表读数 R	荷载压力/kN	单位压力 P/kPa	百分表读数 (0.01 m)			贯入量 l/mm
			左	右	平均					左	右	平均	

单位压力与贯入量关系曲线

$l=2.5$ mm时	$P=$ 　　kPa,	CBR=
$l=5$ mm时	$P=$ 　　kPa,	CBR=

备注：

试验：　　　　　　　　　　　　　　　复核：　　　　　　　　　　　　　日期：　　年　月　日

第 页，共 页

土的承载比 CBR 试验检测记录表

JJ0105

试验室名称： 记录编号：

工程部位/用途		委托/任务编号	
样品编号		样品名称	
样品描述		试验依据	
试验条件		试验日期	
主要仪器及编号			
每层击数		最大干密度/(g·cm^{-3})		最佳含水量/%	
试件编号		量力环校正系数		贯入杆面积/cm^2	

荷载测力百分表读数 R	荷载压力/kN	单位压力 P/kPa	百分表读数 (0.01 mm)			贯入量 l/mm	荷载测力百分表读数 R	荷载压力/kN	单位压力 P/kPa	百分表读数 (0.01 m)			贯入量 l/mm
			左	右	平均					左	右	平均	

单位压力与贯入量关系曲线

$l=2.5$ mm 时	$P=$ kPa，	CBR=
$l=5$ mm 时	$P=$ kPa，	CBR=

备注：

试验： 复核： 日期： 年 月 日

第 页，共 页

土的承载比CBR试验检测记录表

JJ0105

试验室名称：　　　　　　　　　　　　　　　　　　　　　　　　　　　　　　记录编号：

工程部位/用途		委托/任务编号	
样品编号		样品名称	
样品描述		试验依据	
试验条件		试验日期	

主要仪器及编号

每层击数		最大干密度/(g·cm^{-3})		最佳含水量/%	
试件编号		量力环校正系数		贯入杆面积/cm²	

荷载测力百分表读数 R	荷载压力/kN	单位压力 P/kPa	百分表读数 (0.01 mm)			贯入量 l/mm	荷载测力百分表读数 R	荷载压力/kN	单位压力 P/kPa	百分表读数 (0.01 m)			贯入量 l/mm
			左	右	平均					左	右	平均	

单位压力与贯入量关系曲线

$l=2.5$ mm时	$P=$　　kPa,	CBR=
$l=5$ mm时	$P=$　　kPa,	CBR=

备注：

试验：　　　　　　　　　　　　　复核：　　　　　　　　　　　　日期：　　年　月　日

第 页，共 页

土的承载比CBR试验检测记录表

JJ0105

试验室名称： 记录编号：

工程部位/用途		委托/任务编号	
样品编号		样品名称	
样品描述		试验依据	
试验条件		试验日期	
主要仪器及编号			
每层击数		最大干密度/(g·cm^{-3})	最佳含水量/%
试件编号		量力环校正系数	贯入杆面积/cm^2

荷载测力百分表读数 R	荷载压力/kN	单位压力 P/kPa	百分表读数 (0.01 mm)			贯入量 l/mm	荷载测力百分表读数 R	荷载压力/kN	单位压力 P/kPa	百分表读数 (0.01 m)			贯入量 l/mm
			左	右	平均					左	右	平均	

单位压力与贯入量关系曲线

$l=2.5$ mm 时	$P=$ kPa，	CBR=
$l=5$ mm 时	$P=$ kPa，	CBR=

备注：

试验： 复核： 日期： 年 月 日

第 页，共 页

土的承载比CBR试验检测记录表

JJ0105

试验室名称：　　　　　　　　　　　　　　　　　　　　　　　记录编号：

工程部位/用途		委托/任务编号	
样品编号		样品名称	
样品描述		试验依据	
试验条件		试验日期	
主要仪器及编号			
每层击数		最大干密度/(g·cm^{-3})		最佳含水量/%	
试件编号		量力环校正系数		贯入杆面积/cm^2	

荷载测力百分表读数 R	荷载压力 /kN	单位压力 P /kPa	百分表读数 (0.01 mm)			贯入量 l/mm	荷载测力百分表读数 R	荷载压力 /kN	单位压力 P/kPa	百分表读数 (0.01 m)			贯入量 l/mm
			左	右	平均					左	右	平均	

单位压力与贯入量关系曲线

$l=2.5$ mm 时	$P=$　　kPa，	CBR=
$l=5$ mm 时	$P=$　　kPa，	CBR=

备注：

试验：　　　　　　　　　　　　复核：　　　　　　　　　　　　日期：　年　月　日

第 页，共 页

土的承载比CBR试验检测记录表

JJ0105

试验室名称： 记录编号：

工程部位/用途		委托/任务编号	
试验依据		样品编号	
样品描述		样品名称	
试验条件		试验日期	
主要仪器及编号			

最大干密度/(g·cm^{-3})					最佳含水量/%				
组号	每层击数	试件编号	实测CBR值						实测平均干密度/(g·cm^{-3})
			CBR2.5/%	CBR5.0/%	结果	平均值/%	标准差	变异系数/%	CBR值/%	

对应于所需压实度的膨胀量曲线图		对应于所需压实度的CBR曲线图	
所需压实度/%	对应于所需压实度的干密度/(g·cm^{-3})	对应于所需压实度的CBR/%	对应于所需压实度的膨胀量/%

备注：

试验： 复核： 日期： 年 月 日

报告编号：

检 验 报 告

产品名称：＿＿＿＿＿＿＿＿＿＿

委托单位：＿＿＿＿＿＿＿＿＿＿

检验类别：＿＿＿＿＿＿＿＿＿＿

单位名称：山西交通职业技术学院
　　　　　公路交通试验检测中心

报告日期：

注意事项

1. 报告无我单位"CMA 章""资质证书专用章""试验检验专用章"和"骑缝章"无效。
2. 复制报告未重新加盖我单位检验专用章或检验单位公章无效。
3. 报告无主检人、审核人、批准人签字无效,报告涂改无效。
4. 对检测报告若有异议,应于收到报告之日起十五日内,向本单位提出,逾期不予受理。
5. 委托检验仅对样品负责。
6. 需要退还的样品及其包装物可在收到报告十五日内领取,逾期不领者视弃样处理。
7. 未经本单位书面批准,不得部分复印,本报告不得用于商品广告。

地址:×××
电话:×××
传真:×××
电子信箱:×××
邮编:×××

第 页，共 页

山西交通职业技术学院公路交通试验检测中心
检验报告

报告编号：

产品名称		抽样地点	
受检单位		商标	
生产单位		产品号	
委托单位		样品批次	
规格型号		样品等级	
检验类别		样品数量	
检验依据		抽样基数	
检验项目		委托日期	
产品描述		抽样人员	
主要仪器设备			
检验结论			
试验环境			
批准人		审核人	
主检人			
备注	本报告空白处用"—"表示。		
录入		校对		打印日期	

第 页，共 页

报告续页　　　　　　　　　　　　　　　　　　　　　　　　JB010101

试验室名称：　　　　　　　　　　　　　　　　　　　　　　报告编号：

委托/施工单位		委托编号	
工程名称		工程部位/用途	
样品编号		样品名称	
样品描述		样品产地	
试验依据		判定依据	

主要仪器设备及编号：

序号	检测项目		技术指标				检测结果				结果判定
1	天然状态物理指标	含水量/%									
		密度/(g·cm^{-3})									
2	界限含水量	液限 w_L/%									
		塑限 w_P/%									
		塑性指数									
3	天然稠度	稠度									
4	标准击实	最大干密度/(g·cm^{-3})									
		最佳含水量/%									
5	土的承载比	对应压实度93%的承载比/%									
		对应压实度93%的膨胀量/%									
		对应压实度94%的承载比/%									
		对应压实度94%的承载比/%									
		对应压实度96%的承载比/%									
		对应压实度96%的承载比/%									
6	筛分法	孔径/mm	60	40	20	10	5	2.0	1.0	0.5	0.25	0.075
		小于该孔径质量分数/%										
		占总土质量分数/%										
		不均匀系数 C_u				曲率系数 C_c					
7	土样定名及代号										

检测结论：

备注：

试验：　　　　　　　复核：　　　　　　　签发：　　　　　　　日期：　年　月　日

三、砂砾样品的试验检测记录、检验报告

第 页，共 页

土的颗粒分析试验检测记录表(筛分法)

JJ0101a

试验室名称：　　　　　　　　　　　　　　　　　　　　　　　　　　　　记录编号：

工程部位/用途					委托/任务编号				
样品编号					样品名称				
样品描述					试验依据				
试验条件					试验日期				
主要仪器设备及编号									
筛前总土质量/g					小于2mm土占总土质量百分数/%				
小于2mm土质量/g					小于2mm取试样质量/g				
粗筛分析					细筛分析				
孔径/mm	分计留筛土质量/g	累积留筛土质量/g	小于该孔径土质量/g	小于该孔径土质量分数/%	孔径/mm	分计留筛土质量/g	累积留筛土质量/g	小于该孔径土质量/g	小于该孔径土质量分数/%	占总土质量分数/%
60					2					
40					1.0					
20					0.5					
10					0.25					
5					0.075					
2					底					

不均匀系数：	曲率系数：

备注：

试验：　　　　　　　　　复核：　　　　　　　　　日期：　　年　月　日

第 页，共 页

土的击实试验检测记录表

试验室名称：　　　　　　　　　　　　　　　　　　　　　　　　　　　　JJ0103
记录编号：

工程部位/用途		委托/任务编号	
样品编号		样品名称	
样品描述		试验依据	
试验条件		试验日期	
主要仪器设备及编号			
击锤质量/kg		每层击数		落距/cm	

	试验次数							
干密度	筒容积/cm³							
	筒质量/g							
	筒+湿土质量/g							
	湿土质量/g							
	湿密度/(g·cm⁻³)							
	干密度/(g·cm⁻³)							
含水量	盒号							
	盒质量/g							
	盒+湿土质量/g							
	盒+干土质量/g							
	水质量/g							
	干土质量/g							
	含水量/%							
	平均含水量/%							

最大干密度/(g·cm⁻³)		最佳含水量/%	

击实曲线：干密度/(g·cm⁻³) vs 含水量/%（纵轴1.6~2.1，横轴5~20）

备注：

试验：　　　　　　　　　　复核：　　　　　　　　　　日期：　　年　月　日

第 页，共 页

土的承载比 CBR 试验检测记录表

JJ0105

试验室名称： 　　　　　　　　　　　　　　　　　　　　　　　　　　记录编号：

工程部位/用途				委托/任务编号			
样品编号				样品名称			
样品描述				试验依据			
试验条件				试验日期			
主要仪器设备及编号							

	每层击数					
	试件编号					
含水量	盒号					
	盒＋湿土重/g					
	盒＋干土重/g					
	水重/g					
	盒重/g					
	含水量/％					
	平均含水量/％					
干密度	筒质量/g					
	筒＋试件质量/g					
	筒体积/cm³					
	湿密度/(g·cm^{-3})					
	干密度/(g·cm^{-3})					
	干密度平均值/(g·cm^{-3})					
膨胀量	筒号					
	泡水前试件高度/mm					
	泡水后试件高度/mm					
	膨胀量/％					
	膨胀量平均值/％					
吸水量	泡水后筒＋试件质量/g					
	吸水量/g					
	吸水量平均值/g					

备注：

试验： 　　　　　　　　　　　　　复核： 　　　　　　　　　　　日期： 　年　月　日

第 页，共 页

土的承载比CBR试验检测记录表

JJ0105

试验室名称：　　　　　　　　　　　　　　　　　　　　　　　记录编号：

工程部位/用途					委托/任务编号	
样品编号					样品名称	
样品描述					试验依据	
试验条件					试验日期	
主要仪器设备及编号						
	每层击数					
	试件编号					
含水量	盒号					
	盒+湿土重/g					
	盒+干土重/g					
	水重/g					
	盒重/g					
	含水量/%					
	平均含水量/%					
干密度	筒质量/g					
	筒+试件质量/g					
	筒体积/cm^3					
	湿密度/(g·cm^{-3})					
	干密度/(g·cm^{-3})					
	干密度平均值/(g·cm^{-3})					
膨胀量	筒号					
	泡水前试件高度/mm					
	泡水后试件高度/mm					
	膨胀量/%					
	膨胀量平均值/%					
吸水量	泡水后筒+试件质量/g					
	吸水量/g					
	吸水量平均值/g					
备注：						

试验：　　　　　　　　　　复核：　　　　　　　　　日期：　　年　月　日

第 页，共 页

土的承载比 CBR 试验检测记录表

JJ0105

试验室名称：　　　　　　　　　　　　　　　　　　　　　　　　　　　　　　　　　　　记录编号：

工程部位/用途				委托/任务编号		
样品编号				样品名称		
样品描述				试验依据		
试验条件				试验日期		
主要仪器设备及编号						
每层击数						
试件编号						

含水量	盒号					
	盒＋湿土重/g					
	盒＋干土重/g					
	水重/g					
	盒重/g					
	含水量/%					
	平均含水量/%					
干密度	筒质量/g					
	筒＋试件质量/g					
	筒体积/cm^3					
	湿密度/$(g \cdot cm^{-3})$					
	干密度/$(g \cdot cm^{-3})$					
	干密度平均值/$(g \cdot cm^{-3})$					
膨胀量	筒号					
	泡水前试件高度/mm					
	泡水后试件高度/mm					
	膨胀量/%					
	膨胀量平均值/%					
吸水量	泡水后筒＋试件质量/g					
	吸水量/g					
	吸水量平均值/g					

备注：

试验：　　　　　　　　　　　　　　复核：　　　　　　　　　　日期：　　年　月　日

第 页，共 页

土的承载比 CBR 试验检测记录表

JJ0105

试验室名称：　　　　　　　　　　　　　　　　　　　　　　　　　　　记录编号：

工程部位/用途						委托/任务编号					
样品编号						样品名称					
样品描述						试验依据					
试验条件						试验日期					
主要仪器设备及编号											
每层击数		最大干密度/(g·cm^{-3})					最佳含水量/%				
试件编号		量力环校正系数					贯入杆面积/cm^2				
荷载测力百分表读数 R /kN	荷载压力/kPa	单位压力 P /kPa	百分表读数 (0.01 mm)			贯入量 l /mm	荷载测力百分表读数 R /kN	荷载压力/kPa	单位压力 P /kPa	百分表读数 (0.01 m)			贯入量 l /mm
			左	右	平均					左	右	平均	
单位压力与贯入量关系曲线													
$l=2.5$ mm 时		$P=$　　　kPa,					CBR=						
$l=5$ mm 时		$P=$　　　kPa,					CBR=						
备注：													

试验：　　　　　　　　　　　　　复核：　　　　　　　　　　日期：　　年　月　日

第 页，共 页

土的承载比CBR试验检测记录表

JJ0105

试验室名称： 　　　　　　　　　　　　　　　　　　　　　　　　　　　　　记录编号：

工程部位/用途					委托/任务编号				
样品编号					样品名称				
样品描述					试验依据				
试验条件					试验日期				
主要仪器设备及编号									
每层击数		最大干密度/(g·cm^{-3})				最佳含水量/%			
试件编号		量力环校正系数				贯入杆面积/cm^2			

荷载测力百分表读数 R	荷载压力/kN	单位压力 P/kPa	百分表读数 (0.01 mm)			贯入量 l/mm	荷载测力百分表读数 R	荷载压力/kN	单位压力 P/kPa	百分表读数 (0.01 m)			贯入量 l/mm
			左	右	平均					左	右	平均	

单位压力与贯入量关系曲线

$l=2.5$ mm 时	$P=$ 　　kPa，	CBR=
$l=5$ mm 时	$P=$ 　　kPa，	CBR=

备注：

试验：　　　　　　　　　　　　　　　复核：　　　　　　　　　　　日期：　　年　月　日

第 页，共 页

土的承载比 CBR 试验检测记录表

JJ0105

试验室名称： 　　　　　　　　　　　　　　　　　　　　　　　　　　　记录编号：

工程部位/用途						委托/任务编号					
样品编号						样品名称					
样品描述						试验依据					
试验条件						试验日期					
主要仪器设备及编号											
每层击数			最大干密度/(g·cm^{-3})					最佳含水量/%			
试件编号			量力环校正系数					贯入杆面积/cm^2			
荷载测力百分表读数 R	荷载压力/kN	单位压力 P/kPa	百分表读数 (0.01 mm)			贯入量 l/mm	荷载测力百分表读数 R	荷载压力/kN	单位压力 P/kPa	百分表读数 (0.01 m)			贯入量 l/mm
			左	右	平均					左	右	平均	

单位压力与贯入量关系曲线

l=2.5 mm 时	P=　　kPa，	CBR=
l=5 mm 时	P=　　kPa，	CBR=

备注：

试验： 　　　　　　　　　　复核： 　　　　　　　　　　日期：　　年　月　日

第 页，共 页

土的承载比 CBR 试验检测记录表

JJ0105

试验室名称： 记录编号：

工程部位/用途		委托/任务编号	
样品编号		样品名称	
样品描述		试验依据	
试验条件		试验日期	
主要仪器设备及编号			
每层击数		最大干密度/(g·cm^{-3})		最佳含水量/%	
试件编号		量力环校正系数		贯入杆面积/cm^2	

荷载测力百分表读数 R	荷载压力/kN	单位压力 P/kPa	百分表读数 (0.01 mm)			贯入量 l/mm	荷载测力百分表读数 R	荷载压力/kN	单位压力 P/kPa	百分表读数 (0.01 m)			贯入量 l/mm
			左	右	平均					左	右	平均	

单位压力与贯入量关系曲线

$l=2.5$ mm 时	$P=$ kPa，	CBR=
$l=5$ mm 时	$P=$ kPa，	CBR=

备注：

试验： 复核： 日期： 年 月 日

土的承载比CBR试验检测记录表

第 页，共 页
JJ0105

试验室名称： 记录编号：

工程部位/用途		委托/任务编号	
样品编号		样品名称	
样品描述		试验依据	
试验条件		试验日期	
主要仪器设备及编号			
每层击数		最大干密度/(g·cm^{-3})		最佳含水量/%	
试件编号		量力环校正系数		贯入杆面积/cm^2	

荷载测力百分表读数 R	荷载压力/kN	单位压力 P/kPa	百分表读数(0.01 mm)			贯入量 l/mm	荷载测力百分表读数 R	荷载压力/kN	单位压力 P/kPa	百分表读数(0.01 m)			贯入量 l/mm
			左	右	平均					左	右	平均	

单位压力与贯入量关系曲线

$l=2.5$ mm 时	$P=$ kPa,	CBR=
$l=5$ mm 时	$P=$ kPa,	CBR=

备注：

试验： 复核： 日期： 年 月 日

第 页，共 页

土的承载比 CBR 试验检测记录表

JJ0105

试验室名称：　　　　　　　　　　　　　　　　　　　　　　　　　　记录编号：

工程部位/用途							委托/任务编号					
样品编号							样品名称					
样品描述							试验依据					
试验条件							试验日期					
主要仪器设备及编号												
每层击数			最大干密度/(g·cm^{-3})					最佳含水量/%				
试件编号			量力环校正系数					贯入杆面积/cm²				
荷载测力百分表读数 R	荷载压力 /kN	单位压力 P /kPa	百分表读数 (0.01 mm)			贯入量 l/mm	荷载测力百分表读数 R	荷载压力 /kN	单位压力 P/kPa	百分表读数 (0.01 m)			贯入量 l /mm
			左	右	平均					左	右	平均	

单位压力与贯入量关系曲线

$l=2.5$ mm 时	$P=$　　kPa，	CBR=
$l=5$ mm 时	$P=$　　kPa，	CBR=

备注：

试验：　　　　　　　　　　　　　　复核：　　　　　　　　　　　日期：　　年　月　日

土的承载比 CBR 试验检测记录表　　　　　　　　　　　　JJ0105

试验室名称：　　　　　　　　　　　　　　　　　　　　　　　　　　　　记录编号：

工程部位/用途						委托/任务编号					
样品编号						样品名称					
样品描述						试验依据					
试验条件						试验日期					
主要仪器设备及编号											
每层击数			最大干密度/(g·cm^{-3})					最佳含水量/%			
试件编号			量力环校正系数					贯入杆面积/cm^2			

荷载测力百分表读数 R	荷载压力/kN	单位压力 P/kPa	百分表读数 (0.01 mm)			贯入量 l/mm	荷载测力百分表读数 R	荷载压力/kN	单位压力 P/kPa	百分表读数 (0.01 m)			贯入量 l/mm
			左	右	平均					左	右	平均	

单位压力与贯入量关系曲线

$l=2.5$ mm 时	$P=$　　kPa，	CBR=
$l=5$ mm 时	$P=$　　kPa，	CBR=

备注：

试验：　　　　　　　　　　　　　　　复核：　　　　　　　　　　　　日期：　　年　月　日

第 页，共 页

土的承载比 CBR 试验检测记录表

JJ0105

试验室名称：　　　　　　　　　　　　　　　　　　　　　　　　　　　　记录编号：

工程部位/用途						委托/任务编号					
样品编号						样品名称					
样品描述						试验依据					
试验条件						试验日期					
主要仪器设备及编号											
每层击数			最大干密度/(g·cm^{-3})					最佳含水量/%			
试件编号			量力环校正系数					贯入杆面积/cm^2			
荷载测力百分表读数 R	荷载压力/kN	单位压力 P/kPa	百分表读数(0.01 mm)			贯入量 l/mm	荷载测力百分表读数 R	荷载压力/kN	单位压力 P/kPa	百分表读数(0.01 m)			贯入量 l/mm
			左	右	平均					左	右	平均	
单位压力与贯入量关系曲线													
$l=2.5$ mm 时		$P=$　　kPa,				CBR$=$							
$l=5$ mm 时		$P=$　　kPa,				CBR$=$							
备注：													

试验：　　　　　　　　　　　　　　　　复核：　　　　　　　　　　日期：　　年　月　日

第 页，共 页

土的承载比 CBR 试验检测记录表

JJ0105

试验室名称：　　　　　　　　　　　　　　　　　　　　　　　　记录编号：

工程部位/用途		委托/任务编号	
样品编号		样品名称	
样品描述		试验依据	
试验条件		试验日期	
主要仪器设备及编号			
每层击数		最大干密度/(g·cm^{-3})		最佳含水量/%	
试件编号		量力环校正系数		贯入杆面积/cm^2	

荷载测力百分表读数 R	荷载压力/kN	单位压力 P/kPa	百分表读数 (0.01 mm)			贯入量 l/mm	荷载测力百分表读数 R	荷载压力/kN	单位压力 P/kPa	百分表读数 (0.01 m)			贯入量 l/mm
			左	右	平均					左	右	平均	

单位压力与贯入量关系曲线

| l=2.5 mm 时 | P=　　kPa， | CBR= |
| l=5 mm 时 | P=　　kPa， | CBR= |

备注：

试验：　　　　　　　　　　　复核：　　　　　　　　　　日期：　　年　月　日

第 页，共 页

土的承载比(CBR)试验检测记录表

JJ0105

试验室名称： 　　　　　　　　　　　　　　　　　　　　　记录编号：

工程部位/用途		委托/任务编号	
试验依据		样品编号	
样品描述		样品名称	
试验条件		试验日期	

主要仪器设备及编号	

最大干密度/(g·cm^{-3})		最佳含水量/%	

组号	每层击数	试件编号	实测 CBR 值						CBR 值 /%	实测平均干密度 /(g·cm^{-3})
			CBR2.5 /%	CBR5.0 /%	结果	平均值 /%	标准差	变异系数/%		

对应于所需压实度的膨胀量曲线图		对应于所需压实度的 CBR 曲线图	

所需压实度/%	对应于所需压实度的干密度/(g·cm^{-3})	对应于所需压实度的 CBR/%	对应于所需压实度的膨胀量/%

备注：

试验： 　　　　　　　　　　　　复核： 　　　　　　　　　　　日期： 　年　月　日

报告编号：

检 验 报 告

产品名称：_____

委托单位：_____

检验类别：_____

单位名称：山西交通职业技术学院
　　　　　公路交通试验检测中心

报告日期：

注意事项

1. 报告无我单位"CMA 章""资质证书专用章""试验检验专用章"和"骑缝章"无效。
2. 复制报告未重新加盖我单位检验专用章或检验单位公章无效。
3. 报告无主检人、审核人、批准人签字无效,报告涂改无效。
4. 对检测报告若有异议,应于收到报告之日起十五日内,向本单位提出,逾期不予受理。
5. 委托检验仅对样品负责。
6. 需要退还的样品及其包装物可在收到报告十五日内领取,逾期不领者视弃样处理。
7. 未经本单位书面批准,不得部分复印,本报告不得用于商品广告。

地址:×××
电话:×××
传真:×××
电子信箱:×××
邮编:×××

第 页，共 页

山西交通职业技术学院公路交通试验检测中心
检验报告

报告编号：

产品名称		抽样地点	
受检单位		商标	
生产单位		产品号	
委托单位		样品批次	
规格型号		样品等级	
检验类别		样品数量	
检验依据		抽样基数	
检验项目		委托日期	
产品描述		抽样人员	
主要仪器设备			
检验结论			
试验环境			
批准人		审核人	
主检人			
备注	本报告空白处用"—"表示。		
录入		校对		打印日期	

第 页，共 页

报告续页

JB010101

试验室名称：　　　　　　　　　　　　　　　　　　　　　　　　　　报告编号：

委托/施工单位		委托编号	
工程名称		工程部位/用途	
样品编号		样品名称	
样品描述		样品产地	
试验依据		判定依据	
主要仪器设备及编号			

序号	检测项目		技术指标	检测结果	结果判定
1	天然状态物理指标	含水量/%			
		密度/(g·cm^{-3})			
2	界限含水量	液限 w_L/%			
		塑限 w_P/%			
		塑性指数			
3	天然稠度	稠度			
4	标准击实	最大干密度/(g·cm^{-3})			
		最佳含水量/%			
5	土的承载比	对应压实度93%的承载比/%			
		对应压实度93%的膨胀量/%			
		对应压实度94%的承载比/%			
		对应压实度94%的承载比/%			
		对应压实度96%的承载比/%			
		对应压实度96%的承载比/%			

序号											
6	筛分法	孔径/mm	60	40	20	10	5	2.0	1.0	0.5	0.25	0.075
		小于该孔径质量分数/%										
		占总土质量分数/%										
	不均匀系数 C_u					曲率系数 C_c						
7	土样定名及代号											

检测结论：

备注：

试验：　　　　　　复核：　　　　　　签发：　　　　　　　　　　　　日期：　　年　月　日

四、实训总结